U0361507

民 商 法 论 丛

Civil and Commercial Law Series

比较法视野下的现代家庭财产关系规制与重构

Regulation and Reconstruction of Modern Family Property Relations Under the Perspective of Comparative Law

◉ 安宗林 肖立梅 潘志玉 著

北京大学出版社

PEKING UNIVERSITY PRESS

图书在版编目(CIP)数据

比较法视野下的现代家庭财产关系规制与重构/安宗林,肖立梅,潘志玉
著.—北京:北京大学出版社,2014.11
(民商法论丛)
ISBN 978 - 7 - 301 - 24997 - 0

Ⅰ.①比… Ⅱ.①安… ②肖… ③潘… Ⅲ.①家庭财产—财产权益纠
纷—研究—中国 Ⅳ.①D923.904

中国版本图书馆 CIP 数据核字(2014)第 239699 号

书 名:比较法视野下的现代家庭财产关系规制与重构
著作责任者:安宗林 肖立梅 潘志玉 著
责 任 编 辑:李 倩
标 准 书 号:ISBN 978 - 7 - 301 - 24997 - 0/D · 3696
出 版 发 行:北京大学出版社
地 址:北京市海淀区成府路 205 号 100871
网 址:http://www.pup.cn
新 浪 微 博:@北京大学出版社
电 子 信 箱:law@ pup. pku. edu. cn
电 话:邮购部 62752015 发行部 62750672 编辑部 62752027
出版部 62754962
印 刷 者:北京汇林印务有限公司
经 销 者:新华书店
965 毫米×1300 毫米 16 开本 16 印张 254 千字
2014 年 11 月第 1 版 2014 年 11 月第 1 次印刷
定 价:36.00 元

作 者 简 介

安宗林,男,1963 年出生,山东省威海市人。1984 年 7 月毕业于西南政法学院(现西南政法大学)法律专业。现担任山东政法学院科研处处长,法学教授,硕士生导师,研究方向为民商法学。社会兼职有中国民法学会理事,山东省民商法学会副会长,山东省人大常委会专家咨询委员。出版专著《大学治理的法制框架构建研究》(北京大学出版社 2010 年版),主编教材《民法原理与实务》(中国检察出版社 2002 年版)、《民事案例研究》(法律出版社 2006 年版,2011 第二版)。主持省部级课题多项。

肖立梅,女,1974 年出生,山东省平原县人。1998 年 7 月毕业于西南政法大学获法学学士学位,2006 年毕业于山东大学获硕士学位,目前为山东大学民商法在读博士。现任山东政法学院民商法学院副院长,副教授,硕士生导师。出版专著《无权处分制度研究》(山东大学出版社 2009 年版),在《东岳论丛》《法学杂志》《社会科学家》《河北法学》《理论学刊》等杂志上公开发表论文 20 余篇。主持省级课题多项。

潘志玉,男,1980 年出生,山东齐河县人。西南政法大学法律硕士,山东政法学院民商法学院讲师,山东京鲁律师事务所兼职律师。研究方向为民商法学和诉讼法学。在《政法论丛》《中国海洋大学学报》等核心期刊发表多篇论文。主持课题多项。

序　言

　　家庭从它产生之日起就具有其他任何一种社会组织所无法代替的社会功能,家庭成员通过共同居住、共同生活,经济上共同扶助、情感上互相关心,从而满足物质生活需要和基本精神需求。我国社会是一个以家庭为本位的社会,建立和谐、有序的家庭关系是社会稳定发展的重要基础,也是保障个人生活幸福、健康发展的根本,家庭财产关系作为家庭关系中举足轻重的部分,理应成为法律调整的重要对象。但是,由于历史和社会意识形态等方面的影响,我国现行的《民法通则》《婚姻法》和《物权法》对夫妻共有财产以外的家庭财产制度,均缺乏明确、系统的规范,通常准用普通共有财产制度。尽管现代社会的家庭结构以核心家庭为主,然夫妻共同财产与家庭共有财产终究是两个不同的法律范畴,况且在我国也依然存在数量较多的直系家庭、复合家庭等类型,在这种家庭中所形成的财产关系是夫妻财产制度无法解决的。家庭成员间的伦理亲情固然是和谐家庭关系的基石,而清晰有序的家庭财产关系无疑是和谐家庭关系的重要保障。民事规范中家庭财产制度和家庭财产观念的缺乏和无序,在很多方面产生矛盾和纠纷:一方面,个人财产与家庭财产不分,家庭成员间个人财产权界限不明,个人财产权得不到保障,甚至会受到其他家庭成员的侵害;另一方面,家庭财产制度的支离破碎,家庭财产的范围不明,使家庭的利益得不到保障,也会影响与之交易的第三人的利益及整个社会的交易安全。通过深入研究家庭财产制度,对于完善民事立法、统一协调司法裁判、稳定和谐家庭关系,具有十分重要的理论和现实意义;对家庭财产制度的全面设计和论证,既弥补了当前法律规定的不足,为司法实践中解决家庭财产纠纷提供理论指导,也为将来关于家庭财产制度的立法完善提供理论研究上的依据。

　　世界各国关于家庭共有财产的立法有两种体例:一种立法例是法律不

明确规定家庭共有财产,只在民法典或者婚姻家庭法中规定夫妻共有财产,家庭共有财产并不具有异于一般共有的特殊性,所以采用共有的一般规则予以调整;另一种立法例是明确承认家庭共有财产制,并对家庭共有财产关系制订详细的法律条文。由于许多西方国家家庭的基本形态是典型的核心家庭,成员复杂的大家庭较为少见,同时人们对亲属之间的关系也更多作为一种平等的经济联系对待,故采用夫妻财产制即可解决绝大多数的家庭财产问题。因此,大多数国家对于家庭共有财产的关注和研究都比较少,在立法上明确规定家庭共有财产的非常少,最具有代表性的国家是瑞士。《瑞士民法典》在"家庭的共同生活"一章中专设"家产"一节,其中专门规定"家庭共有财产关系",分设立、效力、管理及代理、终止、收益的共有关系等共 13 条,对于我们研究家庭共有财产制具有重要意义。

在中国现行法律规定中,有关家庭财产制度的规定极为简单,从理论上对家庭财产制度进行全面研究的几乎没有。我国婚姻法理论中对夫妻财产制度的研究已经非常深入且较为成熟,而对于相对复杂的家庭共有财产、家庭成员个人财产以及家庭成员之间在家庭财产中的关系如何,目前缺乏系统深入地研究。关于家庭共有财产的研究成果主要集中在家庭共有财产的概念、性质、权利主体的范围和权利行使的方式等方面。在概念方面,多数学者都是从家庭共有财产来源的角度来界定其含义,同时对于是否应以"共同创造""共同所得"来概括家庭共有财产有不同看法。在家庭共有财产的性质方面,学者们对于家庭共有财产是否当然为共同共有有异议,有的认为家庭共有财产的性质不能自行约定,是一种法定的共同共有,而有的则认为,家庭成员之间有约定则遵照其约定,在没有约定的情况下才按照法律规定确定其性质。另有学者在分析我国家庭共有财产制的历史演变过程后,提出家庭财产按份共有制是我国当今乃至今后一个时期家庭共有财产制度发展的必然趋势。

针对家庭共有财产的权利主体范围,多数学者都忽视了家庭的主体地位,因此争议的焦点集中在是否包括没有对家庭共有财产的形成做出贡献的人。针对家庭共有财产权利如何行使,法学界的通说认为,应适用普通共同共有的一般原理,即对家庭共有财产的处分、使用、分割应取得所有家庭成员的同意,这种观点似乎和现实并不相符,也不利于家庭共有财产的经营和流通;有学者主张家庭共有财产在性质上属于结合的共同共有,每个家庭成员均有权行使家庭共有财产权;还有学者提出建立新型家长制行使家庭共有财产权。这些观点理论是否科学、合理,实践中是否符合社会现实的需要,还存在很多值得商榷之处。这些研究成果虽然都从一定角度对家庭财产进行了剖析,但尚缺乏严谨性、系统性和深入性,尤其是从立法的角度,如何来进一步完善我国法律体系中有关家庭财产制度的规范,还需要从家庭共有财产产生的目的、本质等角度来认识家庭共有财产对家庭成员及社会的重要作用,同时家庭的民事主体地位的确定也是解决家庭共有财产性质、范围和利益归属的根本。

本书是在研究 2011 年山东省社科规划课题"中国民事立法中家庭财产制度的缺陷与重塑"的过程中产生的,其从关于家庭的基本理论、我国家庭财产制度的历史、世界其他国家的家庭财产制度比较借鉴、我国家庭财产制度的立法现状及存在问题和我国现代家庭财产制度的重新构建等五个方面对家庭财产制度进行了研究。

在第一部分关于家庭的基本理论中,本书分析了家庭的起源及其未来的发展趋势,并提出家庭的形式从产生之后即随着社会的发展而不断地发生变化,其变化形式是以不同的婚姻类型来体现。但是家庭并不会随着历史的发展而消亡,未来的婚姻家庭形式要由新的一代人自己去创造。本书剖析了家庭的本质,认为家庭是人类社会发展到一定阶段产生的,以婚姻关系和血缘关系为实质内容的,受社会物质资料的生产方式决定的人类基本的生活组织形式。从法律的角度分析家庭的含义,家庭是指不同自然人之间基于婚姻、血缘和法律拟制而产生特定的权利义务关系,他们以共同生活为目的,以同居共财为基本特征而形成的稳定共同体。同时,本书分析了家庭的结构类型和家庭与户籍之间的关系。

在第二部分我国家庭财产制度的历史中,本书主要从封建社会的家庭财产制度、近代时期的家庭财产制度和新中国成立前后的家庭财产制度等三个方面进行了重点研究。中国家庭具有几千年的发展历史,是从传统社会中脱胎出来的,通过研究我国家庭财产制度的发展历史,可以更清晰的发现家庭的发展轨迹和变化规律,并有利于探究家庭财产制度的根源与实质。

在第三部分世界其他国家的家庭财产制度中,主要研究了大陆法系国家的家庭财产制度、英美法系国家的家庭财产制度。虽然西方国家在家庭观念和家庭类型方面与我国有很大不同,根据"他山之石可以攻玉"的原理,通过分析其家庭财产制度的特点也可以为我国构建科学、合理的现代家庭制度提供一定的借鉴和帮助。尤其是通过分析家庭财产制度较为规范的《瑞士民法典》，更可以为我们提供较好的思路。

在第四部分我国家庭财产制度的立法现状及存在问题研究中，本书主要从家庭的民事主体地位、家庭财产共同共有的性质、不同法律在调整家庭财产关系中的冲突及重个人轻家庭的立法现状与社会现实之间的差异等几个方面进行了重点研究。我国法律并没有明确规定家庭的民事主体，通过分析民事法律中的相关条款和社会现实中家庭与自然人之间的具体关系，本书认为应当赋予家庭民事主体地位，归入第三类民事主体即非法人组织中，这样既符合家庭和家庭成员个人之间存在相对独立性的社会现实，又能更好地维护家庭这一特殊组织的整体利益。这种观点还可以进一步弥补将家庭共有财产认定为共同共有性质所带来的不足，共同共有与按份共有最大的不同之处在于其以共同关系为基础，并形成相对独立的共同体。我国《婚姻法》和《物权法》在调整夫妻财产归属方面有较大不同，如何协调统一不同法律在调整夫妻关系和家庭财产关系方面的适用是需要重点解决的问题。通过严密分析，本书提出婚姻家庭内部的财产关系优先适用《婚姻法》规定，婚姻家庭与第三人之间的外部财产关系优先适用《物权法》规定的观点。针对目前婚姻家庭法律中重个人轻家庭的发展趋势，研究者提出一定质疑，认为凡事过犹不及，应当重新认识家庭在个人生活和社会现实中的重要作用，在法律上为其重新正确定位。

在第五部分我国现代家庭财产制度的重新构建中，本书主要从家庭在现代法律中的重新认识和定位、家庭的民事主体地位、家庭共有财产的基本理论、家庭共有财产的性质、家庭成员之间的关系类型、家庭共有财产制度与家庭其他财产制度的关系和家庭内部财产侵权法律问题等七个方面对现代家庭财产制度进行了全面研究和构建，该部分内容为本书的重点内容。通过分析家庭的历史发展过程，提出应当采用古今中外兼收并蓄的原则对现代家庭进行重新定位，要明确家庭的民事主体地位，清晰界定家庭和家庭成员个人之间的法律关系；科学分析家庭共有财产的来源以及现代家庭中家庭共有财产的不同类型，明确家庭共有财产的特征和意义；主张家庭共有财产的直接权利主体是家庭，间接权利主体是全体家庭成员，应当在未来的婚姻家庭立法中明确承认并进行全面有效规范；全面分析家庭中存在的基本亲属关系及在此基础上产生的抚养、扶养、赡养等财产关系,梳理监护制度和扶养关系之间的密切联系,并与家庭共有财产制度进行有效衔接;在承认和尊重个人和家庭的相对独立地位及个人财产和家庭财产相对独立性的基础上,进一步分析在家庭中可能存在的财产侵权行为,以更好地保护家庭弱势成员的利益。最后,综合本部分研究的内容,对家庭财产制度进行了立法规范,以为将来的法律完善提供借鉴。

2014 年 8 月

目　　录

第一部分　关于家庭的基本理论…………………………………（1）

第一节　家庭的起源………………………………………（1）

第二节　家庭的本质……………………………………（10）

第三节　家庭的法律含义……………………………………（15）

第四节　家庭的结构类型……………………………………（23）

第二部分　我国家庭财产制度的历史…………………………（30）

第一节　封建社会的家庭财产制度……………………（30）

第二节　近代时期的家庭财产制度……………………（52）

第三节　新中国成立前后的家庭财产制度……………（67）

第三部分　世界其他国家的家庭财产制度……………………（74）

第一节　大陆法系国家的家庭财产制度………………（74）

第二节　英美法系国家的家庭财产制度………………（97）

第三节　国外立法中可资借鉴的家庭财产制内容……（108）

第四部分　我国家庭财产制度的立法现状及存在问题………（112）

第一节　现行法律中关于家庭地位的规定和社会实践的
　　　　差异………………………………………………（112）

第二节　关于家庭财产共同共有的性质所存在的问题………（119）

第三节　不同法律在调整家庭财产关系中的冲突………（126）

第四节　重个人轻家庭的立法现状与社会现实的差异………（141）

第五部分　我国现代家庭财产制度的重新构建…………………………（151）

　　第一节　家庭在现代法律中的重新认识与定位………………（151）

　　第二节　家庭的民事主体地位…………………………………（161）

　　第三节　家庭共有财产的基本理论……………………………（177）

　　第四节　家庭共有财产的性质…………………………………（187）

　　第五节　家庭成员之间的关系类型……………………………（210）

　　第六节　家庭共有财产制度与家庭其他财产制度的关系………（220）

　　第七节　家庭内部财产侵权法律问题…………………………（225）

参考文献………………………………………………………………（238）

第一部分　关于家庭的基本理论

第一节　家庭的起源

　　家庭是以婚姻和血缘、亲缘关系为纽带而形成的初级社会群体,是社会的最小细胞。家庭的组织形式及整个社会的伦理观念等都反映了其所处社会的社会生产关系,因此,家庭问题的研究对于社会历史的发展有着极其重要的作用。关于家庭史的研究是从 1861 年,即从巴霍芬的《母权论》的出版开始的,但该著作是用德文写的,用恩格斯的话说是用那时对现代家庭的史前史最不感兴趣的民族的语言写的,因此并没有引起社会的关注。而真正推动家庭史研究的著作是美国人类学家摩尔根的《古代社会》和恩格斯的《家庭、私有制和国家的起源》。

一、摩尔根的《古代社会》关于原始社会的研究

　　美国著名人类学家路易斯·亨利·摩尔根(1818—1881 年)在对印第安人的调查研究过程中,意外地发现了人类早期的社会组织原则及其发展的普遍规律,经过多年的实地调查和专心写作,终于形成了他毕生最重要的代表作《古代社会》(Ancient Society)。在这部书中,摩尔根以美国印第安人亲属制度、家庭生活为基础,进而拓展到整个人类早期的氏族制度与社会生活,展示了人类初始时期的生存面貌,摩尔根以自己搜集的丰富而详实的案例,形象而生动地再现了人类社会初期的财产继承关系和家庭婚姻形式变化,从而加深了对上古时代的认识。尤其是他发现按照母权制建立的氏族是文明民族的父权制氏族以前的阶段,这个重要发现对于原始历史的意义,

正如达尔文的进化理论对于生物学和马克思的剩余价值理论对于经济学的意义一样。[①] 摩尔根的《古代社会》第一次描绘了人类婚姻和家庭发展史的图画，恢复和确立了人类婚姻和家庭史发展演进形式，从而在原始历史的研究方面开辟了一个新的时代。

《古代社会》全书共分为四编。第一编题为"各种发明和发现所体现的智力发展"，它由三章组成，总的概括了人类经济文化发展的过程，认为人类遵循大体一致的途径前进，从阶梯的底层开始，不断进步，登上文明门槛。他根据生活资料生产的进步，把原始时代分为七个阶段：低级蒙昧社会、中级蒙昧社会、高级蒙昧社会、低级野蛮社会、中级野蛮社会、高级野蛮社会、文明社会，每一个阶段各有其特征，以发明、发现为主要标志。实际上，摩尔根是以生产力的发展作为分期的基础，认为生产力是社会进步的决定因素。第二编题为"政治观念的发展"，共十五章，指出人类社会有两种组织方式，原始时代是以氏族、部落为基础的氏族制度社会组织，文明时代的阶级社会是以地域和财产为基础的政治社会即国家，认为这是人类社会历史发展的共同途径。摩尔根通过对易洛魁人、希腊人、罗马人的氏族、胞族、部落、联盟、民族的研究证明与文献的分析，论证了社会组织的发展过程及政治制度的建立过程。第三编题为"家族观念的发展"，此编共六章，这一部分是摩尔根对家庭发展形式的研究最有意义和最富创造性的。摩尔根从研究各民族的亲属制度入手，探讨了家庭婚姻的历史，论述了古代社会中存在的五种顺序相承的家族形态，即血缘家庭（或译"血婚制家族"）、普那路亚家庭（或译"伙婚制家族"）、对偶家庭（或译"偶婚制家族"）、家长制家庭（或译"父权制家族"）、一夫一妻制家庭（或译成"专偶制家族"）各自的产生、构成及特点，记录了人类家族婚姻形态的发展过程，以及其如何由蒙昧时代走向文明时代。摩尔根根据亲属制度，区分了各种不同类型的家庭，得出了婚姻制度的分类结论，各个家族制度合起来贯穿了从蒙昧社会到文明社会的每个阶段。同时也说明了文明社会的家族就应该是专偶制的婚姻关系。摩尔根推断出血婚制家族属于蒙昧时代；偶婚制家族属于野蛮时代；专偶制家族属于文明时代。摩尔根的家庭史研究，批判和推翻了主张家庭是社会的原始细胞、父权制家庭是最古老的家庭的"父权论"。第四编题为"财产观念的发

---

① 〔德〕恩格斯：《家庭、私有制和国家的起源》，人民出版社 1999 年版，第 4 页。

展",共二章,阐明了历史上存在的两种财产所有制,即公有制和私有制,以及前者向后者的转变。通过描述人类对财产占有欲从无到有,以及蒙昧社会到高级野蛮社会中三种继承法(在本氏族成员中分配财产——在同宗亲属中分配——子女独享继承权)的发展过程,论证了人类财产观念的发展,说明了人类从蒙昧走向文明的历程。最后他谈到了资本主义之后的未来社会"将是古代氏族的自由、平等和博爱的复活,但却是在更高级形式上的复活"。

如恩格斯所言,"摩尔根的伟大功绩,就在于他在主要特点上发现和恢复了我们成文史的这种史前的基础,并且在北美印第安人的血族团体中找到了一把解开希腊、罗马和德意志上古史上那些极为重要而至今尚未解决的哑谜的钥匙。而他的著作也并非一日之功,他研究自己所得的材料,到完全掌握为止,前后大约有 40 年。然而也正因为如此,他这本书才成为今日划时代的少数著作之一。"①

二、恩格斯的《家庭、私有制和国家的起源》关于家庭起源的研究

马克思和恩格斯在很早以前就已经开始研究原始社会,探讨它的政治、经济和社会结构等问题。但是,由于缺乏丰富的、确切的和真实的材料,他们的探讨只能是初步的、表象的,所提出的观点和结论也只能是抽象的,缺乏科学的论证和实际可靠材料的说明。到了 19 世纪 70 年代,对古代社会研究的专著和对现在原始部落的实地考察、调查报告的发表,特别是 1877 年摩尔根的具有划时代意义的巨作《古代社会》的问世,开辟了原始社会历史研究的新时期。新的观点和丰富的史料不但给马克思带来兴趣,而且对他的研究也产生了深远的影响。摩尔根在美国,以他自己的方式,重新发现了 40 年前马克思所发现的唯物主义历史观,并且以此为指导,在把野蛮时代和文明时代加以对比的时候,在主要点上得出了与马克思相同的结果。②《古代社会》这本书引起了马克思强烈的兴趣,他不顾晚年的疾病缠身,更是放下了《资本论》第二、三卷的整理工作,集中精力研读了这本书,并作了十分详细的摘录,用唯物史观来说明摩尔根的研究成果。马克思结合早期积

---

① 〔德〕恩格斯:《家庭、私有制和国家的起源》,人民出版社 1999 年版,第 2 页。
② 同上。

累的资料，以及阅读梅因、泰罗、拉伯克等人的作品所得的资料，准备写一部关于原始社会的著作。马克思的《摩尔根〈古代社会〉一书摘要》（后面简称《摘要》）在学术界很受关注。在此书中，马克思不仅摘录了摩尔根著作中的材料和论点，而且还附上了自己的评语和结论，同时也指出了摩尔根在有些问题上的错误观点或论述的不确切。马克思晚年对摩尔根思想的研究，开辟了马克思主义人类学的新领域，发展和完善唯物主义历史观。但马克思还没来得及写完这部历史著作就与世长辞了，这一遗愿最终是由恩格斯替他完成的。恩格斯在执行马克思的遗言"根据美国学者摩尔根《古代社会》一书的研究成果，从历史唯物主义立场出发撰写一部关于人类早期阶段的专著——《家庭、私有制和国家的起源》"时，曾经致书考茨基说："如果只是客观地叙述摩尔根的著作，对它不做批判的探讨，不利用新得出的成果，不同我们的观点和已经得出的结论联系起来阐述，那就没有意义了。这对我们的工人不会有什么帮助。"①

恩格斯在《家庭、私有制和国家的起源》中，科学地分析了人类早期历史的发展，概括了各个历史时期家庭模式的发展及其特点，揭示了原始社会制度的解体及以私有制为基础的阶级社会的形成过程，剖析了国家的起源和实质，描述了人类社会发展过程，总结了人类社会的发展规律，预测了人类社会的发展趋势。这一著作虽是恩格斯命名，但在思想观点方面，恩格斯几乎全部采纳了马克思在《摘要》中的精辟见解，因此，从某种意义上说，《家庭、私有制和国家的起源》是马克思和恩格斯两人共同劳动的结晶，其思想是马克思和恩格斯两人的共同思想，它是马克思和恩格斯呕心沥血地研究人类社会的发展史、揭示人类社会发展总规律的力作。

在马克思主义理论宝库中，《家庭、私有制和国家的起源》具有特殊重要的地位，这是众所周知的。就家庭史的研究而言，它第一次以较长的篇幅集中论述了婚姻家庭的起源及其发展演变的历史过程。"家庭"一章是全书篇幅最长的一章，约占全书的1/3。《家庭、私有制和国家的起源》称得上是一部简明的马克思主义家庭发展史，比较全面地体现了马克思恩格斯关于史前家庭的理论，将家庭史的研究推向了一个崭新的阶段。恩格斯在本书中

---

① 〔德〕马克思、恩格斯：《马克思恩格斯全集》（第36卷），人民出版社1974年版，第144页。

全面地阐述了马克思主义的家庭观,提出了研究家庭问题的指导思想和原则,为科学的家庭理论奠定了坚实的基础。恩格斯在其第一版序言中开宗明义地指出:"根据唯物主义观点,历史中的决定性因素,归根结底是直接生活的生产和再生产。但是,生产本身又有两种,一方面是生活资料即食物、衣服、住房以及为此所必需的工具的生产;另一方面是人自身的生产,即种的繁衍。一定历史时代和一定地区内的人们生活于其下的社会制度,受着两种生产的制约:一方面受劳动的发展阶段的制约,另一方面受家庭的发展阶段的制约。"①这是理解恩格斯家庭思想的核心,也是研究家庭属性即血缘性、社会性、历史性的理论依据。恩格斯深入细致地考察了家庭模式从早期的群婚制发展到专偶制的过程,揭示了这些变化的根源在于生产力的发展,并对人类不同历史时期的婚姻家庭与社会发展的关系进行了深入系统的分析。

恩格斯沿用摩尔根的历史分期法,将人类历史划分为蒙昧时代、野蛮时代和文明时代,每个时代又分为低级、中级和高级三个阶段,考察了各个历史时代及其不同的发展阶段上家庭形式的历史变迁。恩格斯肯定了摩尔根把家庭关系当作一个历史范畴来考察,同时更为深刻地指出家庭作为经济细胞和社会生活的组织形式之一,它的产生、存在和发展又是受一定的社会经济关系制约的。在这种思想的指导下,恩格斯深入地考察了史前人类社会发展的过程,发现婚姻家庭不是从来就有的,而是人类两性间的性生活受到风俗规定的某种限制的时候才产生的,归根结底也是由于生产发展到一定阶段才出现的。恩格斯考察了随着习俗和生产的发展而发展的婚姻、家庭依次更替的四种形式:

(1)血缘家庭。这是家庭形式的最初阶段,它产生于蒙昧时代低级阶段的后期。在这个时期,出现了以性别和年龄为基础的自然分工。由于年龄的分工(如成年人狩猎和采集,老年人修理工具和看管儿童等),使年龄相近的人们经常在一起劳动,而使年龄不同的人们逐渐分开,他们的性关系也就逐渐分离。这样,人们由不自觉而逐渐形成一种习惯,使人们由杂乱性交状态过渡到了血缘家庭。

这种家庭形式的特点,是按照辈数来划分的,排除了不同辈的男女之间

---

① 〔德〕恩格斯:《家庭、私有制和国家的起源》,人民出版社 1999 年版,第 2 页。

的性交关系,而同辈男女,包括兄弟姐妹都可以互为夫妻。血缘家庭虽然还是群婚,但相对于原始社会最初阶段的杂乱性交来说,这是人类发展史上的第一个进步,因为它排除了父母和子女之间的性关系。但是,这种血亲婚配,对后代的体质和智力的发展仍然有很大的不利影响。于是随着人类社会的发展和理智的进步,兄弟姐妹之间的性交关系逐渐被禁止,而过渡到普纳路亚家庭。

(2) 普纳路亚家庭。这是人类社会的第二种家庭模式,它的特点是排除了兄弟姐妹之间的婚姻关系,大概是先从排除同胞的兄弟和姐妹之间的性交开始,最后禁止旁系兄弟和姐妹之间的结婚,形成同胞的或血统较远的一群兄弟跟若干数目的女子共同组成家庭。也就是说,它实行外婚制,氏族的任何成员都不得在氏族内部通婚。这是氏族的根本规则,也是维系氏族发展和存在的纽带。普纳路亚家庭是群婚制的最高形式,它比血缘家庭有着更大的进步,因为排除年龄相当的兄弟姐妹之间的性关系比排除父母和子女之间的性关系困难得多。普纳路亚家庭的出现是人类发展史上的一个重大进步。

(3) 对偶家庭。这是人类社会的第三种家庭形式,它产生于蒙昧时代和野蛮时代交替的时期,也即是大部分是蒙昧时代的高级阶段,也有个别的产生于野蛮时期的低级阶段。对偶家庭是野蛮时代所特有的家庭形式,它是与群婚并行的,是从群婚制向个体婚制的过渡形式。开始时是或长或短时期内的成对配偶制,但很不稳定,随时可以破裂,婚姻关系很容易由任意一方撕破,而子女像以前一样仍然只属于母亲。但是,随着氏族内部禁止通婚的规则越来越多,对偶家庭也逐渐巩固下来,发展为以一个男子和一个女子的婚姻结合为特征。也就在这个时候,生产力的发展,社会财富的增加,使男子在家庭中的地位也越来越重要。子女不但能知其母,而且也能知其父了。家庭财产的继承权提出来了,于是父权制逐渐代替了母权制。

(4) 一夫一妻制家庭。这是人类社会的第四种家庭形式,它是在野蛮时期的中级阶段和高级阶段交替的时候从对偶家庭中产生的,这种家庭形式的最后确立也就是文明时代开始的标志之一。所以说,一夫一妻制家庭的出现同氏族社会的解体和私有制的产生是同步的。如果说,从血缘家庭发展到对偶家庭,是由于自然选择起决定性作用,那么从对偶家庭发展到一夫一妻制家庭,主要的是由私有财产的出现起决定性作用。一夫一妻制家庭的主要特征:一是男子对妇女的统治;二是妇女对婚姻的不可离异性,只有丈夫才可以解除婚姻关系,离弃他的妻子。个体婚制在历史上绝不是作为男女之间的和好而出现的,更不是作为这种和好的最高形式而出现。恰好相反,它是作为女性被男性奴役,作为整个史前时代所未有的两性冲突的宣告而出现的。恩格斯说:"只有达到共产主义社会,真正的一夫一妻制家庭、以个人性爱为基础的婚姻关系才能实现。因为随着生产资料转为社会所有,雇佣劳动、无产阶级、从而一定数量的——用统计方法可以计算出来的——妇女为金钱而献身的必要性,也就消失了。卖淫将要消失,而一夫一妻制不仅不会终止其存在,而且最后对男子也将成为现实。"①

三、关于家庭未来发展的观点

对于未来家庭的发展如何,摩尔根认为,如果承认家庭已经依次经过四种形式而现在正处在第五种形式中这一事实,那么就要产生一个问题:这一形式在将来会不会长久存在?可能的答案只有一个:它正如迄今的情形一样,一定要随着社会的发展而发展,随着社会的变化而变化。它是社会制度的产物,它将反映社会制度的发展状况。既然专偶制家庭在遥远的将来不能满足社会的需要,那也无法预言,它的后继者将具有什么性质了。

恩格斯在《家庭、私有制和国家的起源》中对家庭的未来是这样描述的:"这一代男子一生中将永远不会用金钱或其他社会权力手段去买得妇女的献身;而这一代妇女除了真正的爱情以外,也永远不会再出于其他某种考虑而委身于男子,或者由于担心经济后果而拒绝委身于她所爱的男子。这样的人们一经出现,对于今日人们认为他们应该做的一切,他们都将不去理会,他们自己将做出他们自己的实践,并且造成他们的据此来衡量的关于个人实践的社会舆论——如此而已。"②新的婚姻家庭的特点有以下几个方面:第一,婚姻和家庭是建立在生产资料公有制的基础之上的。由于消灭了生产资料私有制,在它的基础上生产的雇佣劳动以及妇女为金钱而献身的必要性等也就消失了,财产继承权也就不复存在。第二,随着生产资料转为

---

① 〔德〕马克思、恩格斯:《马克思恩格斯选集》(第 4 卷),人民出版社 2012 年版,第 87 页。

② 同上书,第 73 页。

社会所有,个体家庭将不再是社会的经济单位。私人的家庭经济变为社会的劳动部门,管理家务和抚养、教育子女将成为社会的公共事业,整个社会承担了培养新一代的任务。第三,婚姻家庭以个人性爱为基础,以自由平等为前提。由于彻底消灭了生产资料私有制,社会生产力高度发展,物质和文化生活水平极大提高,在此基础上形成的男女之间的性爱获得充分的发展,成为婚姻和家庭的基础。随着私有制的消灭和物质财富的极大增多,男子在家中的统治地位就失去了存在的物质基础。男子不能用金钱和其他社会手段买得妇女的献身;妇女除了爱情之外,再不会出于别的考虑而委身于男子。换言之,到那时,男女的结合是完全建立在自愿的基础之上的。这种婚姻家庭的产生,是由社会经济条件和文化生活以及道德情操所决定的。未来的婚姻家庭将体现共产主义者所追求的人的解放的原则。任何符合人的本性的变更是进步的,而任何压抑人的本性的制度、习俗、伦理道德则是反动的。

近年来,有不少学者在研究家庭的未来发展趋势问题时,提出了家庭将会消亡的观点。我们归纳了一下他们认为家庭将会消亡的主要理由在于:

(1) 一夫一妻制家庭产生的必要性就在于私有制的出现,而它存在的可能性则是国家的建立。但是,私有制是不会永远存在的,国家也是不会永恒存在的,也就是说,作为家庭存在的客观必然性是注定要消亡的,那么,家庭还会永恒存在吗?"皮之不存,毛将焉附?"①

(2) 在共产主义社会,由于两性关系真正平等地实现,家庭也就不再作为一个经济单位存在了,人口生产也像物质生产那样走上了社会,成为社会化的生产了。凡是在历史上产生的事物必然会在历史的进一步发展中消亡,这是不以人们的意志为转移的客观规律。可见家庭不是一个永恒的范畴,而是一个恰似国家一样的历史范畴。②

(3) 随着社会的发展家庭的职能正在逐步减弱并转向社会,一旦家庭职能完全被社会所剥夺,家庭的生命也就终结了。而道德伦理观念也会不断发展和更新,人们的家庭观念将日益淡薄直至最后消失,这是当今家庭发

---

① 白和平:《家庭的消亡》,载《延安大学学报(社会科学版)》1986年第1期。
② 李志凯:《家庭的产生、发展与消亡——学习马克思主义有关论述札记》,载《理论导刊》1996年第9期。

展的总趋势。①

（4）家庭的出现是以生产力发展和社会发展作为基础的，随着人类社会由农业经济、工业经济而迈入知识经济时代，家庭也必然随之发生一系列相应的变化。在工业经济和知识经济的交替过程中，我们已经可以清楚地看到家庭革命的出现：家庭形式多样化，家庭功能社会化，家庭内涵感情化。将这些变化与传统的家庭进行对照，我们可以明确地感到，家庭的第二次革命已经走向我们，走向人类。在未来，在知识经济时代，家庭将通过第二次革命走向其终结阶段。②

我们认为，家庭的形式从产生之后即随着社会的发展而不断地发生变化，而影响其变化的根本因素是物质资料的生产，其变化形式则是以不同的婚姻类型来体现的。而婚姻是男女两性之间的结合，是人类自然本性的需求，不会在社会中消失。因此，家庭也不可能消亡，只是到了共产主义社会后其形式会发生变化，到了共产主义社会会实现真正的一夫一妻制，这种一夫一妻制和阶级社会的一夫一妻制虽名同而质不同。恩格斯在其《家庭、私有制和国家的起源》中并没有明确提出家庭消亡的观点，更没有提出婚姻消亡的观点，而是指出随着社会的发展和变革，一夫一妻制迄今存在的经济基础将不可避免地全部消失。既然一夫一妻制是由于经济的原因产生的，那么当这种原因消失的时候，它是不是也要消失呢？可以不无理由地回答："它不仅不会消失，而且相反的，只有那时它才能完全地实现，而且最后对于男子也将成为现实。"③恩格斯在对未来家庭做了上述推想之后，非常严肃、科学地写到："这样，我们现在关于资本主义生产行将消灭以后的两性关系的秩序所能推想的，主要是否定性质的，大都限于将要消失的东西。但是，取而代之的将是什么呢？这要在新的一代成长起来的时候才能确定……这样的人们一经出现，对于今日人们认为他们应该做的一切，他们都将不会去理会，他们自己将知道他们该怎样行动，他们自己将造成他们的与此相适应的关于个人行为的社会舆论——如此而已。"④恩格斯的这段话明确地告诉

---

① 吴燕燕：《略论家庭的存在与消亡》，载《社会科学家》1993 年第 4 期。
② 石五学：《试论知识经济必将引致家庭的革命和消亡》，载《河南师范大学学报（哲学社会科学版）》2002 年第 2 期。
③ 〔德〕恩格斯：《家庭、私有制和国家的起源》，人民出版社 1999 年版，第 81 页。
④ 同上书，第 85 页。

我们:对未来共产主义的婚姻家庭关系的一些推想,只具有假设的性质,它能否实现,要由未来的实践来回答,未来的婚姻家庭的具体形式要由新的一代人自己去创造。

第二节　家庭的本质

长期以来,人们从各种不同的角度给家庭下了各种各样的定义,而对它的内在本质,却缺少清晰透彻的理性分析。对家庭概念的界定,必须以家庭的本质特征为研究起点,将其作为定义家庭概念的依据。

一、家庭本质的含义

何谓本质? 通说认为,本质的基本释义为本身的形体,本来的形体;指事物本身所固有的根本的属性。根据辩证唯物主义观点,事物的本质,是事物本身所固有的,同其他事物相区别的一种内在的规定性。家庭的本质是家庭自身所固有的一种内在规定性[1],是家庭区别于其他社会事物的规定性。所以,研究家庭的本质,就不能是对所有家庭的、历史的和现实的全部活动的抽象概括,而应舍弃家庭现象(非本质)的东西,只是对家庭最根本的属性进行揭示。就家庭同其他社会现象关系的范围来讲,家庭的本质则是家庭区别于其他社会事物的规定性。这种规定性既是家庭历史发展过程中稳定的属性,即家庭的共性;同时也应该是每个家庭的根本属性,也应该反映出不同历史时期具体家庭的本质。不论家庭的性质、形式、结构、职能发生怎样的变化,家庭的本质特征则始终保持不变,它贯穿于家庭变化的全过程。家庭一旦失去这种规定性和本质特征,也就不称其为"家庭",而变成别的什么东西了。[2]

二、有关家庭本质的不同观点

关于家庭的本质是什么,多年以来一直是一个模糊不清且争论不休的

---

① 丁文:《家庭本质初探》,载《社会学研究》1987 年第 2 期。
② 周宝余:《论家庭的本质》,载《吉林大学社会科学学报》1988 年第 4 期。

问题。我们总结了关于家庭本质的以下几种代表性观点:有的观点认为,婚姻关系是家庭的本质。① 因为从家庭历史演变的实际过程来看,无论是血缘家庭、普那路亚家庭、对偶家庭、家长制家庭,还是一夫一妻制家庭,虽然婚姻关系的形式不同,但都毫无例外地存在着婚姻关系,才统称它们为家庭,而不把它们称为别的社会组织。在社会生活中没有婚姻关系的社会组织,哪怕是具有血缘关系也不能称其为家庭。如果离开了家庭的本质规定性,离开了婚姻关系,家庭这一社会现象将不会存在。有的观点认为,家庭本质上是在自身生产中所形成的一种特殊的社会关系。② 家庭包括两种关系即自然关系和社会关系,家庭也就是在这两种关系的矛盾统一之中,不断向前发展着。而社会关系总是规定和制约着家庭中的自然关系,从而决定家庭本质的社会性。有的观点认为,家庭的本质是人口生产关系。③ 人口的生产是社会生产的一个重要方面,所以人们首先必须建立一种经济组织才能维持人口的生产和再生产,而家庭就是这种经济组织形式,因此,家庭是以一定形式的经济为基础的人口生产组织。有的观点认为,家庭的本质是感情关系,因为家庭中的各类关系无论是夫妻间的性爱关系、父母子女之间的血缘关系,还是其他关系,都是以一定的感情为基础的生活组织。④ 还有的观点认为,家庭的本质与核心功能是市民的私人生活单位,以将私人生活与社会生活相隔离为目的。⑤ 家庭的建立往往不是基于某种单一的关系,而是基于多重关系而建立,但都有一个共同的特征和功能,使家庭成员取得一个虚拟的身份或标签,使市民的私人生活与社会公共活动相分开,从而使家庭区别于其他各种社团与社会组织。

以上这些观点都从不同的角度阐述了家庭关系的本质,但又都存在一定的片面性和虚幻性。如认为家庭的本质是婚姻关系的观点,看到了婚姻关系在家庭中的重要作用,但忽视了亲属关系在家庭中的地位,婚姻关系是产生家庭的基础或者前提,但父母子女关系等血缘关系也是家庭中非常重要的关系,不能忽略,不能将婚姻关系和家庭关系等同起来;认为家庭的本

---

① 周宝余:《论家庭的本质》,载《吉林大学社会科学学报》1988 年第 4 期。
② 丁文:《家庭本质初探》,载《社会学研究》1987 年第 2 期。
③ 黄友林:《家庭的本质是什么——与邓伟志同志商榷》,载《社会》1983 年第 5 期。
④ 何道宏:《社会主义家庭的本质是感情关系》,载《社会》1984 年第 1 期。
⑤ 曾培芳、王冀:《议"家庭"概念的重构》,载《南京社会科学》2008 年第 11 期。

质是人口生产关系的观点,将家庭的重要功能和家庭的本质混淆在一起,人口生产是家庭的重要功能,也是人类得以延续的重要方式,但其并非家庭的本质;认为家庭的本质是自身生产中所形成的一种特殊社会关系的观点,对家庭本质的总结不够明确具体,不能将家庭和其他的社会组织区分开来。

三、对于家庭本质的剖析

判断是否为家庭的本质和核心功能,关键是看如果从一个家庭组织中抽走这个特征或功能,这个家庭是否失去了存在的意义。如果抽走该特征或功能对家庭的存在并无影响或者影响不大,那该特征就不能称之为家庭的本质和核心功能;如果抽走这个特征或功能会导致所有的家庭组织名存实亡,这才能作为界定家庭概念的标准。通过前面对家庭的起源和历史发展的阐述,我们认为家庭应包含以下几个基本特征。

(1)家庭是人类社会发展到一定阶段的历史产物,并且随着社会的发展和物质资料的生产而不断地发生变化。家庭不是从来就有的,而是在人类社会一定发展阶段上产生的,同时也是不断变化的。美国学者摩尔根在研究家庭时曾提出一个著名的论断,他说:"家庭是个能动的要素,它从不停止在一个地方,而是随着社会之由低级阶段发展到高级阶段,而从低级形式进入较高的形式的。"①恩格斯在《家庭、私有制和国家的起源》一书中,也用大量的历史材料和科学的分析,论证家庭的起源和发展过程。这说明家庭不仅是自身的自然关系与社会关系的辨证统一,也是历史的稳定性和变异性的辨证统一。

(2)家庭是以婚姻关系和血缘关系为必要条件的。家庭的基础是两性的结合,被一定的社会制度所确认,成为婚姻关系。从社会学的角度来看,婚姻是男女关系正常的社会形式,家庭则是夫妻关系、父母与子女关系正常的具有历史具体性的系统,它是一种小社会群体,其成员由婚姻关系、血缘关系或收养关系结合在一起,他们有共同的日常生活和彼此道德责任。著名的苏联社会学家哈尔切夫在《婚姻与家庭的社会本质》中认为,婚姻和家庭并不等同,从量上看,婚姻是男女两性的结合,家庭不仅仅是夫妇两人组

---

① 〔美〕路易斯·亨利·摩尔根:《古代社会》(下册),杨东莼等译,商务印书馆1997年版,第433页。

成;从质上看,婚姻是仅仅一种关系,而家庭却是人们有组织的社会结合体。所以,婚姻关系是家庭产生的前提或基础,没有婚姻关系,就组不成家庭。而正是有了婚姻关系,才顺理成章的有了两性结合从而生儿育女、传宗接代产生血缘关系,家庭才能延续和发展下去。婚姻关系是家庭存在的客观基础,血缘关系从婚姻关系而来,对家庭的存在与维系起着加固的作用,血缘关系则是家庭得以世代相传的纽带。应当说,家庭的这一基本特征是它的本质特征。唯其如此,才把家庭和人类的其他社会组织区别开来。马克思和恩格斯曾在其早期著作中指出:"一开始就纳入历史发展过程的第三种关系就是:每日都在重新生产自己生命的人们开始生产另外一些人,即增值。这就是夫妻之间的关系,父母和子女之间的关系,也就是家庭。"[①]马恩在这里不是给家庭下定义,而只是指出了家庭的本质特征。他们是在论述历史发展过程中人口生产的作用时指出这一特征的。

（3）家庭是受物质资料的生产方式决定的。家庭的产生、发展和消亡,归根到底都是建立在一定的物质生产基础上的。物质资料生产的发展决定家庭的发展变化是家庭发展的客观规律。恩格斯在《家庭、私有制和国家的起源》中,依据历史唯物主义的基本原理,利用《古代社会》中的材料,对家庭产生和发展的各种历史形态作了精辟的论述,并对未来的共产主义社会中的家庭作了科学的预见,其主要观点是:人类之初的群体生活方式决定了两性关系上的杂乱性交状态。以性别和年龄为基础的自然分工导致了血缘家庭的产生。普那路亚家庭的出现,固然是自然选择的原则起了重要作用,但归根到底还是"以比较牢固定居的共产制公社为前提的"[②]。对偶婚的产生,是由于生产力的进一步发展、人口的增多、荣辱等道德观念的滋长和自然选择作用推动的结果。一夫一妻制家庭产生的根本动力则是私有制和财产继承权的产生。在论述了家庭发展的历史形态之后,恩格斯作出结论说:"群婚制是与蒙昧时代相适应的,对偶婚制是与野蛮时代相适应的,以通奸

---

①　〔德〕马克思、恩格斯:《马克思恩格斯选集》(第 1 卷),人民出版社 2012 年版,第 40 页。

②　〔德〕马克思、恩格斯:《马克思恩格斯选集》(第 4 卷),人民出版社 2012 年版,第 49 页。

和卖淫为补充的一夫一妻制是与文明时代相适应的。"① 按照恩格斯的观点,家庭形式从产生到消亡,不管经历怎样复杂的发展变化,归根到底都是由社会的经济状况决定的。

(4)家庭是由个人组成的社会基本生活单位。家庭虽然是由人们之间的各种关系组成,可家庭不是一种"关系"形态,而是一种"组织"形态,是一种人们共同生活的社会基层组织,是社会结构中的"基本粒子"。② 恩格斯曾说:"家庭是以生产为目的的社会结合的最简单的和最初的形式。"③ 根据唯物主义观点,历史中的决定性因素归根结底是直接生活的生产和再生产。但是,生产本身又有两种:一方面是生活资料即食物、衣服、住房以及为此所必需的工具的生产;另一方面是人自身的生产,即种的繁衍。人类自从脱离动物界以来,一直以一种特殊身份从事着物质生产和人自身的生产,在这两种生产的过程中,逐渐形成了人类的婚姻家庭。恩格斯说过:"一开始就纳入历史发展过程的第三种关系就是:每日都在重新生产自己生命的人们开始生产另外一些人,即增值。这就是夫妻之间的关系,父母和子女之间的关系,也就是家庭。"从恩格斯的两种生产理论来看,很明显家庭作为社会的最小细胞,它既担任着社会物质资料的生产任务,同时也从事着人自身的生产。

而在这些基本特征中,婚姻关系和血缘关系是家庭的实质性内容。历史性(家庭形式的发生和发展)是家庭发展的表现形式,而由生产方式所决定则是揭示家庭发生、发展的物质基础和发展动力,社会基本生活单位则是家庭的具体形式和属性。家庭发展的历史性和家庭发展的动力是同一个问题的不可分割的两个方面。家庭有了发展变化的动力,才能使之成为充满生机的有机体,才能促使其发展变化,从而依次出现各种历史形式。在阶级社会中,家庭具有阶级性,它是由社会发展的一定阶段上的经济关系所派生的。它不能与家庭共始终,不是家庭的基本特征,因此在家庭定义中不应当体现阶级性。另外,家庭中具有思想关系、伦理道德关系以及亲属称谓等上

---

① 〔德〕马克思、恩格斯:《马克思恩格斯选集》(第4卷),人民出版社2012年版,第85—86页。

② 丁文:《家庭本质初探》,载《社会学研究》1987年第2期。

③ 〔德〕马克思、恩格斯:《马克思恩格斯选集》(第3卷),人民出版社2012年版,第151页。

层建筑的因素,但这些也都不能成为家庭的基本特征,因而不应包含在家庭定义之内。现实中有的家庭除两性关系和血缘关系外,还存在着收养关系,所以,很多学者在定义家庭概念时将收养关系与婚姻关系和血缘关系并列,但我们认为收养关系并非家庭的本质特征。一方面,收养关系并非在家庭产生时就存在,而是随着社会发展的需要才在家庭中产生的一种关系;另一方面,收养关系究其实质为拟制的血缘关系,所以也应归到血缘关系中去,只是其产生并非基于自然原因而已,从法律地位和权利义务上来讲两者也基本等同。

　　基于对家庭基本特征的上述理解和分析,我们认为,家庭是人类社会发展到一定阶段产生的,以婚姻关系和血缘关系为实质内容的,受社会物质资料的生产方式决定的人类基本的生活组织形式。

第三节　家庭的法律含义

一、家庭的词源

　　关于家庭的概念,一直存在着不同的解释。"家"字在甲骨文中的写法,像屋子中关着猪的形状。中国古代辞书《说文解字》对"家"的解释是"凥也,从宀"。清段玉裁注云:"本义乃豕之凥也,引申假借以为人之凥。"家庭一词是后来出现的,基本含义是指一家之内。如南朝宋《后汉书.郑均传》:"均好义笃实,养寡嫂孤儿,恩礼敦至家庭。常称疾家庭,不应州郡辟召"。唐朝刘知几《史通·辨职》:"班固之成书也,出自家庭;陈寿之草志也,创於私室。"宋代欧阳修《相挽词》诗之二:"平昔家庭敦友爱,可怜松槚亦连阴。"《康熙字典》所录《说文》对"家"的解释为:"豕居之圈曰家,故从宀从豕,后人借为室家之意。"而"庭"则指"厅堂",为"正房前的空地"。这里都是从居住的角度揭示"家"。在古代西方,家庭一词包含了奴隶的意思。在罗马,Famulus(家庭)的意思是一个家庭奴隶,而 Familia 则是指属于一个人的全体奴隶。罗马人用 Familia 一词表示父权支配着妻子、子女和一定数量奴隶的社会机体。史尚宽先生说:"家由有形之建筑物,而变为共同生活之亲属团体,乃至无形人格"。①"家庭"不仅具有安居和乐业的个体人生状态的双重意义,而且具有纵向代际结构的血统家族态和横向婚姻结构的血缘社会态。家,作为政治控制、文化教习、道德修治、技能获得、人际交往等一系列社会活动的基本单位,彰显着国是大家、家是小国的自身民族之观念意识。家庭是一个非常具有时代性的词语,在人类进化的不同阶段中存在着各种家庭形式。从历史上看,无论是中国还是外国,家庭都是由过去的家族演变而来。最早的氏族群体构成社会的基础,随着氏族制度的瓦解,家族成为社会的组成基础,于是,有了家长制、长子继承制、分家析产制等。随着社会经济的发展,家庭也逐渐从家族中分离出来,开始演变为以父母子女为核心的小家庭,并成为社会的组成细胞,在社会生活中起着不可替代的作用。②

二、从社会学角度对家庭含义的界定

对家庭含义本质的认识是从近代才开始的。实际上,关于如何界定家庭内涵的问题,近代社会学学者从不同研究角度有多种观点。美国社会学家 E. W. 伯吉斯和 H. J. 洛克在《家庭》(1953 年)一书中提出:"家庭是被婚姻、血缘或收养的纽带联合起来的人的群体,各人以其作为父母、夫妻或兄弟姐妹的社会身份相互作用和交往,创造一个共同的文化"。中国社会学家孙本文认为家庭是夫妇、子女等亲属所结合的团体。中国社会学家费孝通认为家庭是父母子女形成的团体。美国学者古德(Goode)认为,传统的家庭具有如下特征:(1) 至少有两个性别不同的成年人居住在一起;(2) 他们之间存在着某种劳动分工,有交换关系;(3) 他们共享共同生活,既包括物质生活,也包括社会活动;(4) 成年人与其子女间有亲子关系,对子女承担保护与抚养教育的义务;(5) 他们共享物质和精神利益;(6) 孩子们相互间存在着互助性质的兄弟姐妹关系。③ 联合国社会发展和人道事务中心认为:"家庭的概念不太容易确切地下定义,他没有标准,而且从一种文化到另一种文化的含义不清。然而,通常使用三种混合和重叠的关系来表明构成家庭的各个人,这些是血缘、婚姻和共同居住。三种因素的任何一种因素,在

---

① 史尚宽:《亲属法论》,中国政法大学出版社 2000 年版,第 786 页。
② 付翠英:《家庭破产制度初探》,载《金陵法律评论》2006 年春季卷。
③ 〔美〕W. J. 古德:《家庭》,魏宗玲译,社会科学文献出版社 1986 年版,第 13 页。

影响和确定家庭关系的程度上,不同的文化都有所不同。"①社会学者在研究家庭的概念时主要突出其社会意义。心理学家主要强调家庭是人与人之间的生理结合,如奥地利心理学家 S．弗洛伊德认为,家庭是肉体生活同社会机体生活之间的联系纽带。人类学家从比较文化的意义上将家庭界定为共同使用火(厨房),也就是共同吃饭的共同体。《辞海》对家庭的定义为"以婚姻和血缘关系为基础的一种社会生活组织形式"。《中国大百科全书·社会学卷》中"家庭"条目所下的定义为"家庭是由婚姻、血缘或收养所组成的社会生活的基本单位"。家庭有广义、狭义之分,狭义的指一夫一妻制个体家庭;广义的则泛指人类进化的不同阶段上的各种家庭形式。

三、从法律角度分析家庭的含义

从法律意义的角度讲,家庭的含义有一个逐步发展的过程。罗马法中所称的"家"指家长权之下的一切人和物。② 随着社会政治文明和经济制度的发展,尤其是自由、平等、人权等法治思想的产生,现代法学将家庭定义为因婚姻、血缘和法律拟制所产生的,具有民事权利义务内容的,由一定范畴的亲属所组成的共同体。③ 对于什么是家庭,我国没有统一的立法定义。从法律的角度来分析家庭与社会学角度不同,应有其独特之处,作为法律概念,我们必须指出其法律上的基本特点。

(1)家庭是自然人基于婚姻、自然血缘和法律拟制等关系而形成的组织体。这些特殊的身份关系是形成家庭这一群体组织的基础和纽带。家庭来源于婚姻,并以婚姻关系作为构成家庭关系的基础,这是家庭区别于其他社会组织、社会团体的本质特质之一。苏联社会学家谢苗诺夫认为:"婚姻关系包含性交关系,但绝不归结为性交关系。婚姻是两性关系的一定社会组织。它必须以结婚双方负有一定的为社会所承认的权利和义务为前提。"④有婚姻即有生育,由生育而形成父母子女、兄弟姐妹等血亲关系。它以天然的血缘纽带,把家庭成员紧紧地连接在一起,形成一个稳固的共同

---

① 谢联辉、宋玉华主编:《全球行动——迎接人口老龄化》(联合国老龄话题文件总汇),华龄出版社 1998 年版,第 138—139 页。

② 周枏:《罗马法原论》(上册),商务印书馆 1994 年版,第 141 页。

③ 曹诗权:《婚姻家庭继承法》,中国法制出版社 2002 年版,第 4 页。

④ 〔苏联〕谢苗诺夫:《婚姻与家庭的起源》,中国社会科学出版社 1983 年版,第 73 页。

体。血亲关系无论是对婚姻关系还是对家庭关系,都起着巩固和稳定的作用。另外,血亲关系并不仅仅包括自然血统关系,也有其社会内容。这种生物学和遗传学意义上的自然血统关系,被赋予一定的权利和义务之后,就形成社会意义上的亲属关系。亲属关系是自然血统关系的社会形式,本质上是一种社会关系。此外,家庭成员中还包括一些没有血缘关系的成员,如因收养而形成的养父母子女关系,因再婚而形成的继父母子女关系等。这些人之间虽没有自然血亲关系,但通过法律规定产生某种权利义务关系,形成一种法律拟制的亲属关系。

《菲律宾共和国家庭法》第 150 条明确规定家庭关系包括:丈夫与妻子的关系;父母与子女的关系;祖父母与孙子女、外祖父母与外孙子女的关系;兄弟姐妹关系,包括全血缘和半血缘的兄弟姐妹。这与我国立法上的近亲属的范围是一致的,而实际上我国的家庭成员组成也多以近亲属为主。夫妻关系和父母子女关系是最基本的家庭关系,前者因婚姻事实而生,后者因生育事实而成,前者是一种后天获致性的关系,后者是一种先天赋予性的关系,二者共同的基础是情感。夫妻关系主要因爱情而缔结,虽有其他因素介入,但是,以爱情为基础的夫妻关系是比较稳定的,也是其他关系无法相比的;父母子女亲情因生命的延续而相衍,比爱情更为恒定,是一种最基本的人际关系。但在特殊情况下,家庭也包括准亲属在内,即虽非血、姻亲属,却视同亲属。如台湾地区"民法"第 1123 条明确规定:"虽非亲属而以永久共同生活为目的同居一家者,视为家属。"《瑞士民法典》第 331 条规定:"(1)共同生活的成员,依法律或约定或习惯有家长时,其家长有家长权。(2)所有血亲、姻亲或依契约受雇佣的佣人或因类似关系而与家庭共同生活的人,均须服从家长权。"①

(2)家庭是自然人以共同生活为目的而形成的组织体。家庭从它产生之日起就具有其他任何一种社会组织所无法代替的社会职能或功能,除了具有养育后代的功能外,还具有社会化功能、满足家庭成员情感交流的功能、包括生产、分配和消费等在内的经济功能,以及照顾弱者的功能。② 无论

---

① 《瑞士民法典》,殷生根、王燕译,中国政法大学出版社 1999 年版,第 87 页。
② 黄琳、唐孝东:《从传统家庭到现代家庭》,载《重庆工学院学报(社会科学版)》2008年第 3 期。

是传统家庭还是非传统家庭,其最重要的功能都是共同生活、共享情感以及家庭成员间经济上的相互扶助。这是家庭和合伙等其他组织的不同之处,合伙以经营共同事业为目的,当这一目的不存在时,合伙就失去了继续存在的必要。家庭生活是人生首先经历又贯穿始终的社会生活。在现代社会经济条件下,快节奏的社会生活使得人们的精神压力很大,心情非常紧张,身体疲惫不堪,家庭生活的舒适、安谧和温馨,就显得更加重要而有意义。正是由于家庭作为一个社会的基本单位所具有的不可替代的作用——给家庭成员以关怀、扶助,并使其心理得到稳定与满足,所以,迄今为止没有任何一种新的形态能够完全取代家庭,社会仍将与家庭休戚与共,法律也将继续对家庭制定规则,以最大限度地减少家庭关系中规则的不确定性和不公正性,全面保护家庭中各个成员特别是处于弱势地位的成员的利益。[①]

（3）家庭是自然人以同居共财为基本特征的组织体。同居共财作为一种标准的家庭生活模式,自唐宋一直延续到近代中国,然而随着社会制度、家庭制度的不断发展,其含义也有所变化。所谓同居,并不是指在同一个家庭中居住的事实。所谓共财也非指必须有共有的财产。关于我国的"同居共财",日本学者滋贺秀三颇有研究,其著作《中国家族法原理》中对我国近代民间的"同居共财"有比较丰富的田野调查,这里借用滋贺秀三先生的研究来说明"同居共财"的意义。根据滋贺秀三先生的看法,"同居共财"是指"收入、消费以及保有资产等等涉及各方面的共同计算关系,即以每个人的勤劳所得和由共同资产所得的收益为收入、支出每个人的生活百端——死者的葬祭也作为重要的一项包括在内——的费用,若有剩余则作为共同的资产加以贮存,如果出现不足则坐吃资产以保全生命的那样一种维持共同会计的关系"[②]。史尚宽把"同居共财"解释为"同一家计,共财与否在所不问"。[③] 这种同居共财的特点使家庭构成了社会中最密切的不可替代的人际关系,是与其他社会组织的重要区别。[④] 同居共财是家庭能够稳定存续

---

① 夏吟兰:《美国现代婚姻家庭制度》,中国政法大学出版社 1998 年版,第 5 页。

② 〔日〕滋贺秀三:《中国家族法原理》,张建国、李力译,法律出版社 2003 年版,第 63 页。

③ 史尚宽:《亲属法》,中国政法大学出版社 2000 年版,第 788 页。

④ 巫昌祯:《婚姻家庭法新论——比较与展望》,中国政法大学出版社 2002 年版,第 32 页。

及家庭成员的基本生活条件得以保障的基础。

（4）家庭是通过亲属之间的供养关系来保障弱势家庭成员正常生活的组织体。由婚姻关系和血亲关系联系起来的人们，唯有同时具备供养关系，才能组成家庭。供养关系则是在亲属成员中区分家庭成员与非家庭成员的标志。[①] 供养关系本质上是社会产品在家庭中的再分配关系，也即家庭内部的一种经济关系。在漫长的农业自然经济时代，一切没有劳动能力的孩子、老人、残疾人，都由家庭来供养。到大机器生产的工业社会时期，虽然退休职工的养老问题开始由社会承担，但是没有社会工作的老人、残疾人和所有未成年的孩子，依然由家庭来供养。供养关系把本来由姻缘和亲缘联系起来的人们又通过物缘联系在一起，经济上的相互供给，生活上的相互照料，使一家人生活在一处，同居共食，甘苦相依，组成一个日常生活的共同体。由这个生活共同体直接负责人们的衣、食、住、用和生、老、病、死。这种具有共同居住地和共同经济生活的特性，把家庭同一切其他社会组织、社会群体区别开来，并赋予它以社会生活基本单位的性质。

通过上述对家庭特征的分析，我们对家庭进行如下定义：所谓家庭是指不同自然人之间基于婚姻、血缘和法律拟制而产生特定的权利义务关系，他们以共同生活为目的，以同居共财为基本特征而形成的稳定共同体。具备以上特点即可以认定为实质意义上的家庭。

四、家庭和户籍的关系

在世界大多数国家，鉴别家庭意义上的户都是以户籍登记为依据，一个户籍登记单位为一户，这里的户与传统观念上的家庭的含义是等同的。《大清民律草案》第 1323 条规定："凡隶于一户籍者为一家。"但户与家庭是有区别的，因为户是经济的社会实体，而家庭是生物的社会的单位。户可以包括无婚姻血缘关系而居住在一起的人员，而家庭成员必须具有婚姻、血缘或收养的关系。

《辞海》对户口一词解释为："住户和人口的总称，户有户主，户内每一成员称为一口"。《维基百科》中的解释为：户籍，又称户口，是一种主要以户为单位的人口管理方法。中国历代进行户口统计，都区分户多少，口多

---

①　丁文：《家庭系统探析》，载《烟台大学学报（哲学社会科学版）》1995 年第 2 期。

少,分别进行统计,这是因为户和口是两个不同的概念。户是由人组成的社会群体,人是户的生命实体,而人又是以口论计(数)的。但是户内的人口不是简单的组合,他们彼此之间必须具备一定的关系。一般地,我们将以婚姻、血缘或收养关系为基础立户的称为家庭户,将以业缘关系为基础居住在机关、团体、学校等单位内部和公共宿舍人员所立的户称为集体户。由此可见,我们所说的户,既包括家庭户,也包括集体户。而户口登记必须有住址,这里所说的住址,是指长期居住的地址(经常居住的地方),人只有与住址相结合,经过户口登记机关登记,才能在法律上被认定为具有户口,取得户籍,从而得到法律的认可。户籍是指基于家庭出身和居住地而确定个人社会身份的名称或符号的标志,在实际社会生活中,户籍通过个人的户口表现出来。在户口与户籍的关系中,户口是户籍的生命实体,居民只有在户口登记部门的户口登记簿上履行登记义务后,即进行户口登记后,才具有户籍,人本身的存在才能得到法律的认可。因此,户籍是居民户口的法律凭证,没有进行户口登记的,就不能认定为有户口。当今世界通行的户籍制度是国家为统计人口的需要,根据公民的常驻地址而编户入籍的人口管理制度,主要是为普查人口、了解国情、政府决策提供依据的。

据考古发现,我国古代最早实行的人口登记制度自商代开始,随着奴隶制度的不断发展,到西周时期,开始设有"司民"官制,管理户籍,清点民数。秦朝建立时,户籍制度已略有规模,汉代实行"编户齐民"制度,户口登记内容要求非常详细。至清代户籍管理制度渐入正常轨道,1911年制定了中国历史上第一个现代户籍法。传统中国社会是属于自给自足的小农业和家庭手工业相结合、男耕女织的农业社会,主要是以个体小农家庭为主体而构造起来的。对个人而言,家庭是一个永存的社会组织,而人只不过是其组成部分。国家要在广袤的土地上直接面对众多的小农家庭,为了方便统治和管理,在传统"人伦制度"的基础上,构建起来户籍制度。实际上是一种包含了户制、田制、兵制、税制、礼制、婚制的综合性社会管理制度。其功能就在于:通过乡亭、里保、保甲、里甲等国家认可或建立起来的户口编制系统,以及立户规则和户口登记管理制度,使分散的小农户成为接受王朝"教化"的终端,并在此基础上实现社会的整合和社会控制,维护社会秩序,也使国家能够以农户为单位来征敛兵役、劳役、实物或者银钱。另外,通过户籍制度也建构起官僚和士绅制度,使其代君王办理国家事务,管辖百姓,协调国家和基层民众之间的关系。从夏商到民国,在户籍管理方面,出现过各种各样的户口登记方式、户口编制程序和户口管理组织。但历尽王朝更迭,对基层民众进行户籍管理的制度却始终没有改变,并且有更加严密的趋势。中国古代社会结构特征是中国户籍制度始终延续存在的深层原因。

新中国户籍制度的建立首先从城市开始,中央政府把"维护社会治安,保障人民安全"作为城市户口管理的首要任务。1953 年进行了第一次人口普查,为建立全国范围的户口登记制度奠立了基础。在早期的户籍管理制度中,国家采用了限制甚至禁止公民迁徙的措施,从而使城乡进一步相互隔离和封闭起来。改革开放以后,由于城市经济发展的需要和农村普遍推行的家庭联产承包责任制产生了富余劳动力,人口流动现象逐步产生,人口流动政策上也开始转变,户籍制度在区域多样化中开始松动。1985 年 9 月 6 日第六届全国人大常委会第十二次会议通过了《中华人民共和国居民身份证条例》,并于当日起在全国范围内颁布施行,从而确立在我国实行居民身份证制度。居民身份证体现出个人在一国之内平等的公民权,以及个人属于国家的公民,国家尊重公民平等的人格和权利的理念。1995 年国务院正式批准了《小城镇户籍管理制度改革试点方案》,进入小城镇的门槛降低。由于户籍制度中的迁徙不自由,也使得很多家庭中的成员户籍并不能在一起,如有的家庭丈夫在城市工作,妻子在农村务农,虽为夫妻关系属于同一家庭成员,但是他们的户口却不能在一起。另外,中国当代户籍制度除以家庭为单位外,还受到劳动关系的影响和约束。在招生录取、招工录用、参军等很多方面,都可以引起户籍的变动,也由此导致很多家庭成员户口并不在家庭所在地,而是在学校、工作单位或者部队等地方。因此,户籍登记和家庭并非完全一一对应,家或等于户,或大于户。① 有些登记在户籍上并不一定是家庭成员,而有些没有登记在户籍上也可以是家庭成员,因为只有那些相互间承担着法定的家庭义务的人才有可能组成一个家庭,也只有这些人之间,从伦理、情感、法律诸方面存在着实实在在的联系,才具有形成家庭的自觉性以及法律上调整的必要性。另外,有些在法律上称为"户"的主体,也并不一定是家庭,如个体工商户,可能是家庭也可能是个人。

---

① 　石碧波:《民法上的"家"——兼论我国民法上"家"的二元结构》,载《当代法学》2003年第 7 期。

第四节 家庭的结构类型

一、"家庭"与"家庭户"

著名社会学家费孝通先生早在 20 世纪 30 年代就指出：在不同的文化语境中，家庭的概念是不同的。很多学者注意到中国家庭具有伸缩性极强的特征。"家，是一个收缩性极强的概念，作为一种象征符号，这种模糊性正是汉族家的重要特征。它可以扩展到社会和国家，作为一种具体结构表现在姓、宗族和家庭与家户上。"[①]这一判断指出了家庭这个概念在中国至少包含三个层次：宗族（家族）、家庭、家户。虽然这三个概念也经常出现混淆，在不同的学者阐述中其指向经常是不同的，但是，我们都清楚家庭概念常常在这样三个层次间伸缩。

无论是当代家庭研究还是历史家庭分析，个体家庭是最受关注的。个体家庭将多数民众的生存载体和形式呈现出来，反映出特定时期的家庭成员关系和代际关系。[②] 中国历史上，个体家庭很早就进入官方登记簿籍，但它是以"户"和"口"的形式存在的，我们只能看到一户中有几口。尽管个体家庭是一种客观存在，而对其进行建立于关系类型基础上的研究是近代社会学产生之后才开始的，研究中存在一定困难，主要是相关数据获取不易。这在很大程度上限制了人们对家庭结构总体状况的了解。20 世纪二三十年代，一批受过西方社会学训练的学者在各地农村开展家庭调查，将户主和与户主有关系的成员分别列出，这就为家庭类型研究提供了可能。有的学者通过具体调查一个或几个村落、社区的家庭类型，进而对区域等大范围的家庭结构状况加以把握。这些研究提供了观察中国家庭结构变动的重要视角，但整体性分析仍受到限制。若想找到一种数据并可借此较为直接地认识全国性家庭结构的状况，就目前而言，全国人口普查数据是最主要的资料

---

① 费孝通：《乡土中国：生育制度》，北京大学出版社 1998 年版，第 32 页。
② 王跃生：《个体家庭、网络家庭和亲属圈家庭分析——历史与现实相结合的视角》，载《开放时代》2010 年第 4 期。

途径。现代意义的人口普查,是从新中国成立后才开始的。从 1949 年至今,我国分别在 1953 年、1964 年、1982 年、1990 年、2000 年和 2010 年进行过六次全国性人口普查。自 2000 年第五次全国人口普查开始对户主之下家庭成员的分类相对全面,计有户主配偶、子女、父母、岳父母或公婆等八类。这些关系类型代表了现实生活中家庭成员的基本关系,它为识别和分析当代家庭结构状态创造了条件。据第六次全国人口普查统计数据显示,平均每个家庭户的人口为 3.10 人,比 2000 年第五次全国人口普查的 3.44 人减少 0.34 人。家庭户规模继续缩小,主要是由于我国生育水平不断下降、迁移流动人口增加、年轻人婚后独立居住等因素的影响。无论是人口普查还是抽查或权威的人口调查,大部分用的是"家庭户"概念,早期有关家庭户的统计基本上以户籍为基准,自 2000 年开始,以居住和户籍作为基准。但是,"家庭户"和"家庭"是两个不同的社会经济概念。如上文所述,"家庭"是指以姻缘或血缘(包括收养关系)为基础的社会群体,"家庭户"是指以家庭成员关系为主、居住一处共同生活的人组成的户,是以居住在同一门户为标志的社会群体,强调的是地缘关系。从社会学角度来看,家庭在研究中强调家庭关系、家庭功能等,以及家庭作为一个单元在社会系统中的作用。户则是一种政治行政体制的界定,它侧重于人们生活单位的空间位置,作为一户的首要条件是共同生活起居,而不注重其中的婚姻血缘关系。改革开放后,随着人口流动的增加和户籍制度的变化,户口和居住逐渐脱离的现象越来越普遍。所以,在采用统计数据中家庭户的概念时,应当注意其和家庭是不完全吻合的。

二、家庭结构的基本类型

家庭结构指家庭成员之间相互联系、相互配合和相互组织,由此而形成的家庭模式和类型。家庭结构的内容包括:家庭成员及其属性、家庭成员之间的结合方式、家庭规模和家庭类型以及研究其变动和产生变动的各种因素。① 家庭结构的状况制约着家庭的性质、功能。因此,研究分析家庭结构的性状,又是研究和了解全部家庭问题的一个关键。家庭结构一定是随着社会的发展而发展,随着社会的变化而变化,它是社会制度的产物,它将反映社会制度的发展状况。了解一个社会中家庭结构的特点及其变化的趋

---

① 载互动百科:http://www.upicture.com.cn/Knowledge/nPost/nPost_13267.htm,访问时间:2013 年 7 月 8 日。

势,可以帮助我们深刻了解该社会的性质及其发展趋势。

　　对于家庭结构的类型划分从不同的角度可以有不同的分类:按家庭中配偶的对数可分为:多夫多妻制家庭;一夫多妻制家庭;一妻多夫制家庭;一夫一妻制家庭。按参与和决定家庭事务的权利可分为:父权家庭;母权家庭;舅权家庭;平权家庭。按家庭传袭系统可分为:母系家庭;父系家庭;平系家庭(男女两系平等计算或者任何一系都可以);双系家庭(同时属于父族和母族)。按家庭成员居住地可分为:从妻居家庭;从夫居家庭;单居制家庭。[①] 而最通行的分类方法是按家庭的代际层次和与亲属的关系对家庭结构进行分类,可以分为以下几种类型:

　　第一,核心家庭。指一对夫妇及其未婚子女组成的家庭。核心家庭可进一步分为:(1)夫妇核心家庭,指只有夫妻二人组成的家庭。(2)一般核心家庭,或称标准核心家庭,指一对夫妇和其未婚子女组成的家庭。(3)缺损核心家庭,或称单亲家庭,指夫妇一方和未婚子女组成的家庭。(4)扩大核心家庭,指夫妇及未婚子女之外加上未婚兄弟姐妹组成的家庭。

　　第二,直系家庭。有的称为主干家庭。可具体再分为:(1)二代直系家庭,指父母和一个已婚子女组成的家庭。(2)三代直系家庭,指父母和一个已婚子女及孙子女组成的家庭。(3)四代直系家庭,与前面类似,即有四代直系亲属组成的家庭,每代限于一对夫妇或未婚子女。(4)隔代直系家庭,即上述三代或四代直系家庭中间有间隔的家庭。

　　第三,复合家庭。有的称为联合家庭,与直系家庭相比,联合家庭的特点是在一代中有两对以上的夫妻。在此可将其分为两类:(1)二代复合家庭,是指父母和两个以上已婚子女或两个以上已婚兄弟和其子侄组成的家庭。(2)三代复合家庭,主要是父母和两个以上已婚子女和孙子女组成的家庭。

　　第四,单人家庭。只有一人独立生活所形成的家庭。

　　第五,残缺家庭。可分为两类:(1)没有父母只有两个以上兄弟姐妹组成的家庭。(2)兄弟姐妹之外再加上其他有血缘、无血缘关系成员组成的家庭。

---

　　① 载百科名片:http://baike.baidu.com/view/3114365.htm,访问时间:2013 年 7 月 13日。

第六,其他。指户主与其他关系不明确成员组成的家庭。如同性恋家庭,这其中有的彼此之间关系可能很密切,如叔侄关系等。但因无从判定,只好将其列入其他类中。

以上分类是以有无夫妇形成的核心、有多少个核心以及核心之间的关系为标准,核心家庭是以一对夫妇形成的核心为标准,同时还包括没有形成核心的其他人员;直系家庭是有两个以上的核心,各核心之间是一种直系关系;复合家庭是同一代中有两个以上的核心,各核心是并列关系。可以说,现实生活中,绝大多数家庭的成员关系比较简单,所构成的是不同形式的核心家庭。稍微复杂的是一对夫妇和一个已婚儿女(包括儿媳或女婿)及其孙子女、外孙子女构成的直系家庭。

三、中国传统时代的家庭结构类型

无论是传统时代还是当代,研究个体家庭是认识家庭成员生存方式的基础。个体家庭研究不仅能体现出一个时代民众组成家庭类型的状态,而且能揭示家庭不同代际、不同性别成员的关系、地位及其变化。[1]

传统时代绝大多数个体家庭成员的生活方式是在家长的管理下以自有土地和租佃他人土地种植作为主要谋生和就业方式,或一起从事其他工商业活动,家庭成员较少流动。累世同居是传统的理想家庭模式,直系大家庭在中国历史上长期占据统治地位。[2] 家庭成员共同生活的标准可以概括为:第一,"共爨",即在一个锅里吃饭,由此体现出共同消费的特征。第二,收入一体。家庭成员共同劳动收入由家长负责掌管;出外佣工和进行其他经营所得收入交给家长,作为家庭共同收入的一部分。第三,共同居住。除了外出者,在同一村落(或其他形式的社区)的家庭成员以共同居住为主。以上三点可概括为同吃、同住、同收入。这应该是传统时代有血缘、姻缘和收养关系成员是否属于同一个体家庭的基本标准。家庭结构是社会制度的产物,它深刻地反映着社会的性质和发展趋势。我国的个体家庭经历了长期的封建社会的发展时期,封建社会的家庭结构在我国的家庭史上长期占据

---

① 王跃生:《个体家庭、网络家庭和亲属圈家庭分析——历史与现实相结合的视角》,载《开放时代》2010 年第 4 期。

② 邓伟志、徐新:《当代中国家庭的变动轨迹》,载《社会科学》2000 年第 10 期。

着主导地位。曹雪芹在《红楼梦》里对封建的家庭结构作了典型而内容极其丰富的描写,这本书应该是研究我国封建家庭结构极好的参考书。巴金的著名长篇小说《家》《春》《秋》,对半殖民地半封建时期的家庭结构也做了生动的描述。传统大家庭的形成与自给自足的自然经济有着密切的关系,在当今时代再也不可能出现类似《红楼梦》中的贾府和《家》中的高家了。

　　对中国传统社会家庭结构进行定量研究一直存在着资料方面缺乏的困难。1987年,许檀利用清朝王梦泉的《咸丰十一年九月被难大小男丁妇女节义纪实》中所提供的资料,对山东宁海州的家庭结构做过统计分析,研究结果表明,当时的核心家庭占总户数的35.5%,直系家庭占29.4%,复合家庭占33%。[①] 这个研究成果在当时来讲具有一定的开创性。中国社会科学院专门从事人口学和人口社会学研究的王跃生研究员则认为,由于上述研究对象出身士绅和富裕家庭较多,因此,研究成果不具有代表性。其利用从中国第一历史档案馆所藏乾隆朝刑科题本婚姻家庭类档案中获得的个案资料,对18世纪中后期的中国家庭结构进行了考察,并撰写论文《十八世纪中后期的中国家庭结构》,这些研究对象以平民家庭特别是社会中下层家庭出身者为主。研究结果表明在18世纪中后期,核心家庭所占比例超过50%,直系家庭约为30%,复合家庭不足10%,说明当时小家庭已经成为社会的主流形态。他认为影响家庭结构的因素主要有两类:即社会性因素和自然性因素。家庭的经济状况作为社会性因素是影响家庭结构的重要方面,富裕的家庭容易形成直系以上大家庭,而贫穷家庭子弟婚配时则很难组成和维系大家庭;兄弟分爨行为普遍、分家动力较强也是影响家庭结构的重要社会性因素。而父母特别是父亲预期寿命普遍较低是家庭代际延伸的重要障碍,是导致直系以上家庭结构比例构成不如想象的那么高的重要原因。[②] 家庭具有相对的稳定性和延缓性,它随着社会的发展而变化,但却是渐进的、缓慢的。社会变革与家庭变动之间存在着一定的时间差,特别是在经济基础没有发生根本改变,旧的意识和思潮还占据一定地位的情况下,家庭结构的变迁既是缓慢的,同时又存在着地区之间的不平衡性。

---

① 许檀:《清代山东的家庭规模和结构》,载《清史研究通讯》1987年第4期。
② 王跃生:《十八世纪中后期的中国家庭结构》,载《中国社会科学》2000年第2期。

四、现代家庭的结构类型和特点

随着生产力的发展,经济基础发生了明显的变化,从社会对家庭和个人的观念上来说,已从过去的家庭本位转向个人本位发展,同时妇女的地位也在不断提高,这些因素促使个体家庭处于不断分解和重组过程中,因此,家庭规模也在发生重大转变。亲子分爨、兄弟分家所形成的家庭数量越来越多,家庭规模越来越小,逐步从过去的直系家庭、复合家庭为主向现在的核心家庭为主转变。关于中国农村家庭结构变动的研究比较有代表性的观点是王跃生、阎云翔和贺雪峰等几位学者的研究。王跃生认为社会变革对当代中国家庭婚姻变动具有重要作用,主要表现为土地改革、人民公社化运动和家庭联产承包责任制等对农村婚姻家庭的巨大影响;阎云翔认为家庭权力重心从父母一代转移到年轻夫妻的变化影响到了家庭结构的变化。这几位学者关于家庭结构变动的观点的共同之处可以概括为:从家庭结构类型上来说,家庭结构进一步往核心家庭方向发展;从代际关系来说,家庭结构的变化由过去的父子轴往夫妻轴转化;从家庭权力分配上来说,老人的权力与地位逐渐衰落,年轻一代的权力与地位逐渐上升。

因亲子分爨、兄弟分家而形成一些新的核心家庭,这些家庭和父母家庭之间有着密切的经济支持和生活互助关系。同时,由于父母子女之间的赡养、抚养和扶助等法律关系存在,因此,单纯以个体家庭户内成员为观察对象,难以弄清个体家庭之间的这种联系。为了揭示个体家庭成员分爨、分家后所存在的关系,研究者提出过不同的概念,国外有学者称为扩展家庭,美国人类学家 G. P. 默多克 1949 年在其《社会结构》一书中就指出:"扩展的家庭由两个以上的核心家庭构成,这些核心家庭通过双亲和子女关系的延伸而结合在一起……即把已婚的成年子女的核心家庭与其家长的核心家庭结合起来"。我国学者在对此类家庭关系研究过程中,逐步形成了称为"网络家庭"的共识。它基本上是指父子分爨生活后亲代家庭与子代家庭所形成的家庭共同体,即指在父系(或母系)之下,由具有赡养和继承关系的成员所建立的相对独立的两个及以上个体家庭之间形成的家庭网络。网络家庭的核心组织是亲代家庭和子代家庭,这种亲子关系形成网络家庭的组织环节,并在此基础上进一步延伸和扩展。网络家庭实际上是复合家庭和直系家庭的分解体,即复合家庭或直系家庭分解成数个核心家庭,而这数个核心家庭之间又具有非常密切的联系,形成一个联系密切、相对稳定的家庭网。网络家庭中的各家庭虽各有其宅,俱相守而居;虽各有其田,仍相帮而种;虽各有厨灶,仍时常共炊;虽各有私财,能互通有无。① 家庭核心化和人均寿命的增长给网络家庭的出现提供了可能性,分而不离的网络家庭的出现是传统家庭模式适应时代发展需要的一种表现。

网络家庭又分为单系网络家庭和双系网络家庭,单系网络家庭是只将已婚儿子的家庭和父母的家庭纳入家庭网中,而将已婚女儿的家庭排除在外,即已婚女儿的家庭与其公婆的家庭构成网络家庭,这种划分是和我国历来的家庭传统有密切关系。女儿出嫁后视为其夫家的人,既不负有对父母的赡养义务,将来也不继承父母的遗产,和父母家关系比较疏远。双系网络家庭是将已婚儿子和已婚女儿都纳入网络家庭范畴中。这一概念的提出是基于现代社会的重要变化,其一是现代法律制度已将子女都纳入父母财产继承人和赡养父母责任人之列,尽管该制度在农村尚未落实,但在城市已成为多数家庭的实践;其二是在当代计划生育政策下,只有一个子女的家庭成为城市的普遍现象,无论儿子还是女儿,他们不仅具有对父母财产的继承权、对老年父母的赡养义务,而且在实际生活中,结婚后的独生子女与双方父母都保持着密切的交往和关系。

随着我国人口老龄化和高龄化的同步发展,社会上的老年人口越来越多,家庭中代数增加,代际关系更加复杂化,网络家庭中的核心家庭增多。我国目前还没有建立完善的社会养老保障体系,目前的养老重任还是由家庭来完成。如何在现代家庭结构模式下,更好地发挥好家庭的各项功能,解决好网络家庭中相互之间的权利义务关系,深入探讨新形势下个人在家庭中的地位和利益保护,是需要研究者重视并进行长期深入实际研究的课题。

---

① 　郭虹:《亲子网络家庭》,载《浙江学刊》1994 年第 6 期。

第二部分　我国家庭财产制度的历史

探讨传统社会家庭成员之间在财产方面的权利与义务,是一项既具有重要意义、极富研究价值的课题,同时又是一个在技术上比较棘手的难题。因为家庭作为一个笼罩着浓厚亲情因素的特殊团体,其财产方面的关系往往是模糊的,不像合伙人组成合伙组织那样泾渭分明。另外,古代社会某些构筑家庭财产关系的原则是相互抵触的,如家庭的同居共财的特征说明家庭财产非个人私有,是公共之物,而实行的家长制又强调家长对家产的管理权和支配权,家庭成员并没有实际的所有权人的权利。传统文化重义轻利,经济方面的纠纷被称为"细故",所以法律对涉及财产关系特别是家庭财产关系的诸多原则大多语焉未详,甚至不作规定,我们很难从法律关系的角度来全面认识家庭财产关系。[1] 但要研究现代家庭财产制度,就不能不从源头来研究过去古代的家庭财产制度,现代性的对立面应当是传统性,中国社会是一个正在从传统中脱胎出来的社会,传统对我们的社会生活仍然发挥着重大的影响。如果缺少了对传统性的研究,就不能得出全面的结论,就像不能理解冷,就不能理解热一样。[2]

第一节　封建社会的家庭财产制度

家庭与社会、国家的关系极为密切,某一时期的家庭结构是由当时的政

---

[1] 魏道明:《古代社会家庭财产关系略论》,载《青海师范大学学报(社会科学版)》1997年第1期。

[2] 高永平:《中国传统财产继承背后的文化逻辑——家系主义》,载《社会学研究》2006年第3期。

府政策、经济境况、文化习俗、健康水平、婚育状况、寿命长短等多种因素造成的,在这种种因素中经济因素的制约应是最根本的。而经济因素的变化又涉及当时政府的经济政策、赋税政策等,所以某一特定历史时期家庭结构的形成与众多因素联系密切。

一、我国封建社会的家庭类型

(一)秦汉之前宗法制下的父家长制大家庭

西周、春秋时期,从上层统治阶级一方来看,社会组织和家庭形式皆是按照宗法制组成的父家长制大家庭,在这种宗族组织中即使有时会出现一些分支家庭,但这些分支家庭在政治、经济活动中仍是被埋没在宗族组织中,不具有独立的资格。从下层来看,庶民、奴隶的个体家庭同这些分支家庭一样无政治、经济上的独立性,他们仍处于村社等各类共同体的外壳之中。周朝的宗法制是用父系血缘关系的亲疏来维系政治等级、巩固国家统治的制度。这种宗法制大家庭得以维系的两个条件是世卿世禄的领主世袭制和宗子继承制,即史籍中所说的"胙之土而命之氏"和"致邑立宗"。

战国后期随着社会生产力的发展,工商业的繁荣,加之国家对下层庶民实行授田制,为小家庭在经济上的独立创造了条件。经济独立是小家庭得以脱离各种共同体的根本因素。新兴封建地主在政治制度上的改革直接导致了世卿世禄的消亡和宗法制的灭亡。如顾炎武所说"春秋时尤论宗姓氏族,而七国则无一言及之矣"①。

(二)秦汉时期的家庭以核心家庭为主

秦汉王朝是中国历史上第一个大一统时代,在整个中国古代史中占有重要地位。在中国家庭史上,秦汉时代同样具有极其重要和特殊的地位。秦商鞅变法前社会家庭风俗仍是与宗法有密切联系的旧家庭制度的残余,直系小家庭并未独立,自秦商鞅变法开始宗法制度被彻底否定,个体小家庭结构形态开始确立。春秋战国社会家庭结构的这一重大变革在秦汉时期得到进一步的整合与强化,并经过秦汉四百余年的发展,成为持续保持的强固传统。正如张国刚先生所说:"如果我们将春秋战国视为中国古代家庭制度革新和家庭模式创制时期的话,那么,秦汉时代则是对这些革新与创制加以

---

① (清)顾炎武:《日知录集释》,上海古籍出版社 2006 年版,第 749 页。

增饰、确认，并使之成为传统的时期。"①

　　秦朝商鞅变法强制推行"父子分异"②政策，迫使已婚兄弟另立户籍，组织新的家庭，否则一个家庭就要承担双倍的赋役。秦朝的这一强制性政策使个体家庭在存在形式上细分到尽可能小的规模——核心家庭。如明朝人董说《七国考》卷十二《秦刑法》说："《荀子注》云'秦国罚赋'余按卫鞅之法，民有二男以上不分异者倍其赋，疑即罚赋。"关于这项罚赋，目前许多学者公认，其内容就是强迫一家有两个成年儿子必须分家，否则加倍征赋，以促进小农经济的发展。

《史记·商君列传》原文

　　令民为什伍，而相牧司连坐。不告奸者腰斩，告奸者与斩敌首同赏，匿奸者与降敌同罚。民有二男以上不分异者，倍其赋。有军功者，各以率受上爵；为私斗者，各以轻重被刑大小。僇力本业，耕织致粟帛多者复其身。事末利及怠而贫者，举以为收孥。宗室非有军功论，不得为属籍。明尊卑爵秩等级，各以差次名田宅，臣妾衣服以家次。有功者显荣，无功者虽富无所芬华。

　　译文：下令百姓五家为伍，十家为什，相互监视，实行连坐。不告发奸恶者处以腰斩，告发奸恶者给予和斩获敌人首级相同的赏赐，藏匿奸恶者给予和投降敌人相同的惩罚。百姓家中有两个成年男子不分立门户者，加倍征收他们的口赋。有战功者，各按规定接受更高的爵位；进行私下斗殴者，各按情节轻重给予大小刑罚。努力从事农业生产，耕耘纺织送交粮食布帛多者，免除本人徭役。专事工商末利以及因懒惰而贫困者，全部将他们收捕，没入官府为奴。国君宗室中没有军功记录的，不得载入宗室名册。明确尊贵卑贱爵位奉禄等级。各按等级班次占有田地住宅，奴婢、衣着眼饰也按各家的等级班次享用。有战功者显赫尊荣，没有战功者尽管富有也无处炫耀夸示。③

---

① 张国刚主编：《中国家庭史》(第1卷)，广东人民出版社2007年版，第219页。
② 《史记·商君列传》规定"民有二男以上不分异者，倍其赋"。
③ 《史记·商君列传》白话译文，载 http://www.xinfajia.net/967.html，访问时间：2013年8月3日。

《史记·商君列传》原文

商君相秦十年，宗室贵戚多怨望者。赵良见商君。商君曰："始秦戎翟之教，父子无别，同室而居。今我更制其教，而为其男女之别，大筑冀阙，营如鲁、卫矣。子观我治秦也，孰与五羖大夫贤？"

译文：商君为秦国相十年，公室贵族中有很多怨恨不满的人。赵良会见商君。商君说："当初秦国通行戎翟的习俗，父子之间没有区别，男女同室共居。如今我改造他们的旧俗陈规，而制定男女的区别，大建悬示政教法令的门阙，造得如同鲁国、卫国的一样。您看我治理秦国，跟五羖大夫相比谁高明？"

认为商鞅在变法时，通过强制分户政策而推行核心家庭制度的观点，已是学界的不刊之论。从权威辞书、通史教材到各种专著，莫不异口同辞。[①]各家的具体表述虽略有差异，但大体上可归纳为如下典型表述：商鞅在变法中，以重赋、刑罚来推行小家庭（核心家庭）制度，先下令一家若有两个成年男子必须分家另立门户，否则加倍征赋；后又禁止父子、兄弟同居共财，强行取缔了几代人同居的大家庭。[②] 郭沫若主编的《中国史稿》、白寿彝主编的《中国通史》、范文澜的《中国通史》、钱穆的《秦汉史》、杨宽的《战国史》、林剑鸣的《秦史稿》等著作和大部分学者都主张"商鞅强制分户"说。但也有学者认为"商鞅强制分户说"中的误会、臆测之处甚多，并不可信。魏道明先生明确提出"商鞅在变法中并没有推行过强制分户的措施"[③]。但他的文章却是前后矛盾，无法自圆其说。

所谓商鞅强制分户的第一证据是《史记·商君列传》载商鞅第一次变法时规定："民有二男以上不分异者，倍其赋"。张守节《史记正义》释其义云：

---

① 《中国大百科全书·中国历史》"商鞅"条，中国大百科全书出版社 1992 年版，第 898 页；《辞海》"商鞅变法"条，上海辞书出版社 1990 年版，第 408 页；郭沫若主编：《中国史稿》（第 2 册），人民出版社 1979 年版，第 15 页；范文澜：《中国通史》（第 1 册），人民出版社 1979 年版，第 75 页；白寿彝主编：《中国通史》（第 3 卷），上海人民出版社 1994 年版，第 482 页；钱穆：《秦汉史》，台湾东大图书公司 1987 年版，第 4 页；杨宽：《战国史》，上海人民出版社 1998 年版，第 210 页；林剑鸣：《秦史稿》，上海人民出版社 1981 年版，第 19 页；其余各类专门史及论文亦持相同的观点，不再详列。

② 魏道明：《商鞅强制分户说献疑》，载《青海师范大学学报（哲学社会科学版）》2003 年第 4 期。

③ 同上。

"民有二男不别为活者,一人出两课。"于是后来的学者多依此义而认定商鞅以惩罚的手段来促使秦人家庭离析,以法律规定一家有两个成年男子的必须分家另立户口,对不分家的成年男子加倍征赋,用这样的手段把大家庭拆散为一夫一妻构成的小家庭,使家族制度下的父权受到限制,以促使秦国走向小生产的改革道路。商鞅强制分户的另一证据仍是《史记》卷68《商君列传》中"而令民父子兄弟同室内息者为禁"。相当多的专著中,认为这是一条商鞅禁止父子兄弟同居共财的法令。其实,此处所说的"室"与家或户的含义不同,是专指卧房,只是禁止父子兄弟同室而寝。"同室而寝"原为狄(翟)人风俗,是指一家人无论男女老少,同住在一个卧室之中。《资治通鉴》卷33《汉纪二十五》中"汉成帝绥和二年九月庚申"胡三省注引应劭(风俗通)佚文说:"(狄人)父子嫂叔,同穴无别。"此条记载原本不应该也不可能作为商鞅强制分户的依据,一些肯定商鞅强制分户的学者也没有将之作为证据,认为只是除戎翟旧俗而已。但仍有相当多的学者,将此条和"民有二男以上不分异者,倍其赋"的记载联系起来,硬是把一条重人伦、别男女的法令曲解为强制分户的法令。

我们认为,商鞅变法的主观目的是为了达到富国强兵的效果,而富国则需重农。《商君书·垦令篇》中记载,"禄厚而税多,食口众者,败农者也;则以其食口之数,赋而重使之,则辟淫游惰之民无所于食。无所于食则必农,农则草必垦矣。"[①]可见,商鞅分户的目的是为了使民勤于农,增加国家农业收入,但客观上造成了家庭结构的细小化。商鞅一系列的改革措施之后,秦的家庭规模发生了很大变化,核心家庭成为社会的主要家庭结构。从《睡虎地秦简》的记载中能够看出当时社会的主要家庭结构是核心家庭。

《睡虎地秦简》中之"法律问答"有关"盗窃"和"其他罪行处置"的条款中有相关记载:

夫盗千钱,妻所匿三百,可(何)以论妻?妻智(知)夫盗而匿之,当以三百论为盗;不智(知),为收。

夫盗三百钱,告妻,妻与共饮食之,可(何)以论妻?非前谋□(也),当为收;其前谋,同罪。夫盗二百钱,妻所匿百一十,何以论妻?妻智(知)夫

---

① 商鞅:《商君书》(卷2),燕山出版社2010年版,第12页。

盗,以百一十为盗;绰智(知),为守臧(赃)。

削(宵)盗,臧(赃)直百一十,其妻、子智(知),与食肉,当同罪。

削(宵)盗,臧(赃)直百五十,告甲,甲与其妻、子智(知),共食肉,甲妻、子与甲同罪。

夫、妻、子五人共盗,皆当刑城旦,今中〈申〉尽捕告之,问甲当购几可(何)? 人购二两。

夫、妻、子十人共盗,当刑城旦,亡,今甲捕得其八人,问甲当购几可(何)? 当购人二两。

以上案例中,提及的当事人家属或只有妻、子(女),或是父子同里不同家,可以作为秦多核心家庭的论据。材料中并未提及上一代和下一代的人,所以当时两代人的小家庭应是非常普遍的。对此现象贾谊曾有非常精当的表述:"行之二岁,秦俗日败。故秦人家富子壮则出分,家贫子壮则出赘。"(《汉书·贾谊传》)据贾谊所言,商鞅《分户令》颁布后,仅两年的时间社会风气就大变:富人子弟娶妇后另立门户,而穷人家的子弟成年后则离家出赘,与父母"别籍异财"已成为社会普遍现象。贾谊对秦地风俗的描写应该可信,因为汉朝建都于秦地,皇帝和大臣都能轻松地发觉这些现象,所以贾谊不可能颠倒黑白去欺骗他们。

汉朝由于深受秦代分异政策的影响,承袭了秦代的家庭结构,小型核心家庭依然是居于主导地位的家庭形态。曹魏时期正式从法律上废除秦朝以来的"异子之科",此时的律法只是表明对别籍异财行为否定性的评价,并没有规定辅之以施行的惩治措施。到曹魏时代,法律明文规定:"除异子之料,使父子无异财也。"(《晋书·刑法志》)

(三)唐律通过限制"子孙别籍异财"形成了多代同居的大家庭

唐高宗永徽年间,正式颁布《唐律疏议》,严禁"亲在别籍异财"之家庭形态,将同居共财观念法制化,并对非法子孙重刑科罪。《唐律疏议·户婚律》"子孙别籍异财"条是中国古代统治者对个体家庭结构形式的干预由政策指引最终走向法律规制的集大成者。唐朝统治者一改以前各朝代君王的一贯作风,通过一部有着至高无上权威的唐律,首次旗帜鲜明地表明对别籍异财行为的否定性态度。

"别籍异财"一曰异财、分异、分析、分财,又可称之为"分烟析生",即是另立户籍和分割家族共同财产。"籍"指的是户籍,是随着国家的产生而形成的,是各级国家机构对其所辖区域内户口进行调查、登记、申报,并按一定的原则进行立户、分类、划等和编制,其内容包括各户人口姓名、性别、年龄、籍贯、职业、财产、婚姻等方面。在中国古代封建社会,户籍在公法层面上对国家起着至关重要的作用,是政府分配土地、征收赋税、兴发徭役、组建军队、控制臣民的基本工具和手段。别籍,即另立户籍,从原有户籍中分离出去,与同籍相对;异财,即分财析产,对家庭共有财产进行分割,与共财相反。在唐朝,如果个体家庭违反了同籍共财的家庭组织模式,出现别籍异财现象,是要受到唐朝法律制裁的,即触犯了别籍异财罪。

《唐律疏议·户婚律》"子孙别籍异财"条包括以下几个条文:

155　诸祖父母、父母在,而子孙别籍、异财者,徒三年。别籍、异财不相须,下条准此。

【疏】议曰:称祖父母、父母在,则曾、高在亦同。若子孙别生户籍,财产不同者,子孙各徒三年。〔六〕注云「别籍、异财不相须」,或籍别财同,或户同财异者,各徒三年,故云「不相须」。「下条准此」,谓父母丧中别籍、异财,亦同此义。

若祖父母、父母令别籍及以子孙妄继人后者,徒二年;子孙不坐。

【疏】议曰:若祖父母、父母处分,令子孙别籍及以子孙妄继人后者,得徒二年,子孙不坐。但云「别籍」,不云「令其异财」,令异财者,明其无罪。

156　诸居父母丧,生子及兄弟别籍、异财者,徒一年。

【疏】议曰:「居父母丧生子」,已于名例「免所居官」章中解讫,皆谓在二十七月内而妊娠生子者,及兄弟别籍、异财,各徒一年。别籍、异财不相须。其服内生子,事若未发,自首亦原。

157　诸养子,所养父母无子而舍去者,徒二年。若自生子及本生无子,欲还者,听之。

【疏】议曰:依户令:「无子者,听养同宗于昭穆相当者。」既蒙收养,而辄舍去,徒二年。若所养父母自生子及本生父母无子,欲还本生者,并听。即两家并皆无子,去住亦任其情。若养处自生子及虽无子,不愿留养,欲遣还本生者,任其所养父母。

即养异姓男者,徒一年;与者,笞五十。其遗弃小儿年三岁以下,虽异姓,听收养,即从其姓。

【疏】议曰:异姓之男,本非族类,违法收养,故徒一年;违法与者,得笞五十。养女者不坐。其小儿年三岁以下,本生父母遗弃,若不听收养,即性命将绝,故虽异姓,仍听收养,即从其姓。如是父母遗失,于后来识认,合还本生;失儿之家,量酬乳哺之直。

通过律文之规定,可知唐律之别籍异财罪的主体有两类:一是要求别籍异财的晚辈子孙,二是包括父母、祖父母在内的尊长。据"子孙别籍异财条"规定,对别籍异财的子孙科以三年徒刑的重刑,列入"十恶"条之一的"不孝"之内。其目的无疑在于维护以家为基本单位的社会统治秩序和倡导礼教的道德精神,特别是在唐朝这么一个主张"以孝治天下"的礼仪文明邦国。别籍异财罪的另一类犯罪主体是包括父母、祖父母在内的尊长,但在定罪的要求上与子孙有所不同。父祖等尊长即使强令子孙别籍异财,也并不必然构成别籍异财罪而受到唐律的制裁,这与对子孙别籍异财行为毫无保留地科以刑罚有着很大区别。唐律中对父祖构成别籍异财罪的犯罪主体的条件是:父祖"令别籍"和"以子孙妄继后人"。在这两种情形下,因违反唐律而受到刑罚处罚的是父祖,子孙因不具有主观过错而不受处罚。如果父祖并未要求子孙另立户籍而只是要求子孙异财,即对家庭财产进行分割,则不在唐律调整范围之内,自然无所谓违法犯罪。唐朝统治者为了限制分家析产现象,主要采取了两个方面的措施:一是从消极方面禁止别籍异财行为,并以唐律为后盾,严厉打击此种犯罪行为;二是对累世同居之家给予鼓励或者奖励。二者同时施行,与唐朝立法精神和统治理念交相辉映,形成一张严密而又无法突破的网,奠定了后世别籍异财罪的基调,并为历朝君王仿效。

任何一项法律制度都是附着于一定的利益之上的,是某种社会关系的集中体现,尤其是在中国封建社会,所有制度都是为特定时期统治集团利益服务的,以惩治别籍异财罪为中心的禁止别籍异财制度也不例外。根据《唐律》及可供查阅的相关史料分析,唐朝统治者立法的目的是打击别籍异财对传统家庭模式的冲击,对家庭家长权的维护,经济上是出于赋税征收制度的考虑,政治上是为了巩固和维护封建统治秩序,进而维护和巩固封建王朝。中国古代赋税制度随着历史的发展而不断演进、发展,因赋税直接关系到国民命脉和统治根基,故历代统治者都把赋税制度的制定作为国家的一项重大工程,作为处于巅峰王朝的唐朝也不例外。唐德宗统治年间进行赋税改革,建中元年两税法出炉并在全国推行。两税法的一大亮点或者说是根本性变革是正式将户税作为征税标准和依据,而户税的征收标准是户等高低,户等高低又根据每户财产的多少被划分为九等,户等的高低与赋税的多寡成正比例关系,即户等越高,上缴的赋税越多;户等越低,则交的越少。由于赋税征收对象的变化,户的财产的多寡直接关系到其向官府所交纳的税额,进而影响到户这一家庭结构形式的建构。同时这一同居共财的家庭构成也符合自给自足的小农家庭的需求,所以,唐朝打击别籍异财犯罪并未引发社会大众的抵触心理,反而受到普遍认可和接受,这也是别籍异财之禁止制度收到良好成效的重要因素。

唐朝统治者推行禁止别籍异财法令,收到明显效果。自开国以来,家庭成员数量不断增加,户的规模日渐壮大,到中唐时期,户均6口。[①] 户中成员的增多,引发户等级别的提高,从而带来赋税大增,国库丰盈,极大地增强了国家经济实力,为唐朝的繁荣发展奠定了坚实的经济基础和最强有力的支撑。同时,基于法律的震慑和同居共财家庭观念的影响,儒家思想和封建纲常伦理日趋深入民心,与孝治主张和社会主流价值取向不谋而合。

唐以后各朝代关于"子孙别籍异财"条的制度设计大都沿袭唐律中关于"子孙别籍异财"条的律文规定,以此为蓝本,所不同的是依据不同的社会背景做出一些适应时势的调整,或加强,或减弱。

(四) 宋代时期宽松的"别籍异财"法导致家庭规模逐步变小

国学大师钱穆先生称:"中国古今社会之变,最要在宋代。宋以前,大体可称为古代中国。宋以后,乃为后代社会。秦前,乃封建贵族社会。东汉以下,士族门第兴起。魏晋南北朝定于隋唐,皆属门第社会,可称为是古代变相的贵族社会。宋以下,始是纯粹的平民社会。除蒙古满州异族入主,为特权阶级外,其升入政治上层者,皆由白衣秀才平地拔起,更无古代封建贵族及门第传统的遗存。故就宋代而言之,政治经济、社会人生,较之前代莫不有变。"[②]宋代社会经济结构的转型更为深刻,以土地为核心的私有商品经

---

① 〔日〕滋贺秀三:《中国家族法原理》,张建国、李力译,法律出版社2003年版,第476页。

② 钱穆:《理学与艺术》,载《宋史研究集》(第七辑),台湾书局1974年版,第126页。

济发达,首都东京"每一交易,动即千万,骇人闻见"①。宋代私人占有土地的数量远远超过国家对土地占有的数量。随着土地私有制的深化、社会财产流转关系复杂化,社会成员经济利益呈现多元化的诉求。与上述历史巨变相适应,宋代的庶民宗族制度正处于历史上的形成阶段,家庭个体私财成分激增;家族成员私权意识勃兴,宗法血缘观念淡薄;围绕财产而引发的家产争讼无日无之。② 北宋程颐在《二程集·河南程氏遗书》卷十七《伊川先生语三》中一语道破家庭、家族成员争讼的玄机在于对家产的追逐,正所谓:"后世骨肉之间,多至仇怨、忿争,其实为争财。"③宋代"别籍异财"之风尚是宋代家庭成员个体追求私有财产的重要表现。

宋代"别籍异财"法是指贯穿于两宋始终的为规范祖父母、父母在堂或者葬后,子孙分析家产或另立户籍所颁布的一系列法律、法规、诏敕与申明指挥等法律规范的总称。作为维护封建宗法制度、体现统治阶级儒家血缘伦理理想与精神的"禁止别籍异财"法,到唐朝时期发展臻于完备。然而至宋代,由于社会的变革与转型,使有关"别籍异财"的法律发生了巨大的历史变迁,并对元明清三朝影响至深至远。④首先,在财富尚不富足的古代,私有财产乃是身关家庭成员切身经济生活利益之大事,故而"别籍异财"法的松动与变革符合了家庭成年子孙明晰财产权之愿望,无疑是宋代私权观念在现实家庭与家族生活中的折射,是历史进步的重要体现。其次,与汉唐相较,两宋妇女的私有财产权利主体意识和诉讼权利意识皆十分高昂,宋代士大夫文人所留下的文集、判牍、家训、墓志铭与石刻文献等,也表明他们把家产分割、兄弟争讼析产、父子别籍异居等家庭、家族的不睦与不谐归之于妻妾、姒娌之间的挑唆与离间,所以,具有财产权利意识的已婚妇女推动了宋代"别籍异财"法的变革。因此,宋代家庭、家族血缘关系变得淡薄,使家产争讼呈现急剧膨胀之势。无论士大夫之家抑或是普通庶民之家,围绕着以田宅为核心的家产争讼多如牛毛,持续时间长、争讼类型与手段广、争讼主

---

① (宋)孟元老:《东京梦华录》,上海古典文学出版社1956年版,第78页。

② 张本顺:《变革与转型:宋代"别籍异财"法的时代特色、成因及意义论析》,载《法制与社会发展》2012年第2期。

③ (宋)程颢、程颐:《二程集》,中华书局2004年版,第102页。

④ 张本顺:《变革与转型:宋代"别籍异财"法的时代特色、成因及意义论析》,载《法制与社会发展》2012年第2期。

体复杂、争讼数量多等,皆堪称汉唐以来历史之新高!大量的家产争讼案件则催生、加速了宋代"别籍异财"法的时代变迁。为减少家庭财产纠纷对司法机关所产生的压力,维护家庭和谐与社会秩序的正常运转,赵宋王朝不断的对"别籍异财"法进行修改与调适;对"别籍异财"者渐持宽松、包容、明智与务实的态度。法律上从严禁到逐渐默认,最后到不再禁止"别籍异财",其间虽有曲折与反复,但"别籍异财"法的变革应为主流,这实际上是为宋代社会家庭个体私有产权不断明晰化提供法律上的保障。

宋初《宋刑统》卷十二《户婚律·父母在及居丧别籍异财》条规定:

> 诸祖父母、父母在,而子孙别籍、异财者,徒三年。(别籍、异财不相须,下条准此)若祖父母、父母令别籍,及以子孙妄继人后者,徒二年,子孙不坐。[疏]诸祖父母、父母在,而子孙别籍、异财者,徒三年。注云:别籍、异财不相须,下条准此。[议曰]称"祖父母、父母在"则曾高在亦同。若子孙别生户籍,财产不同者,子孙各徒三年。注云"别籍、异财不相须",或籍别财同,或户同财异者,各徒三年,故云"不相须"。下条准此,谓父母丧中别籍、异财,亦同此义。又云:若祖父母、父母令别籍,及以子孙妄继人后者,得徒二年,子孙不坐。[议曰]若祖父母、父母处分,令子孙别籍,以及以子孙妄继人后者,得徒二年,子孙不坐。但云"别籍",不云"令其异财",令其异财者,明其无罪。诸居父母丧生子,及兄弟别籍异财者,徒一年。[疏议曰]居父母丧生子,已于名例"免所居官"章中解讫,皆谓在二十七个月内而妊娠生子者,及兄弟别籍、异财,各徒一年。别籍、异财不相须,其服内生子,事若未发,自首亦原。①

该段法律条文基本上承袭了《唐律疏议》卷十二之"子孙别籍异财"和"居父母丧生子"条的内容。从法律条文可知:祖父母、父母在世,子孙不许"别籍异财",否则徒三年。"别籍""异财"不相须,即这两种行为只要有一种属实,便触犯法律;如果祖父母、父母令子孙另立户籍,那么祖父母、父母徒两年,子孙不受法律制裁。不过,父祖仅让子孙分异财产,而不另立户籍,则为法律所准;在父母"服阕"(守丧期满除服——我们注)的 27 个月内,若兄弟之间有"别籍"或"异财"中任何一种情况发生,依据法律就要受到"各

---

① 窦仪:《宋刑统》,法律出版社 1999 年版,第 216—217 页。

徒一年"的法律制裁。反之,父母"服阕"之后,兄弟之间则可以"别籍异财"。所以,只要父母 27 个月的丧期已过,有邻保证明析产合法并负连带责任,兄弟之间即可合法的"别籍异财"了。故而《宋刑统》保障的是祖父母、父母对家庭的支配权,子孙更多的是服从父祖的义务。

父母在世时仅可以主持"生分"而不能"别籍"的法律至南宋高宗、孝宗时期,悄然发生了巨大的变化。(所谓"生分"就是父母在世之日,将家产提前予以分配,以防止自己亡后,子孙们为析产而争讼。在父母死亡之前,所有的已经分割的"生分"财产仍需登记在父亲的户头上。)如孝宗淳熙年间,林大中奏曰:"律有别籍异财之禁,祖父母、父母令别籍异财者,减一等。而令异财者,无罪。淳熙敕令所看详亦然。今州县不明法意,父祖令异财者亦罪之,知风教之虚名,而不知坏风教之实祸。欲申严律文、疏议及淳熙指挥,若止令其异财,初不析开户籍,自不应坐父祖之罪,其非理荡破所异田宅者,理为己分,则不肖者不萌昏赖之心,而其余子孙皆可自安,实美化移风之大要也。"[1]林大中甚是赞成祖父母、父母的"生分"行为,认为可以避免兄弟间因财产不明而产生昏赖家产之讼;而对于"父祖令异财者亦罪之"的冥顽不化、不明法意、徒知礼教的州县官吏则予以谴责。不断发生"后来因有人亲在,私自分析用尽,到亲亡却据法负赖",讲的是父母在堂时,兄弟间背着父母私自分割财产的行为;等到"亲亡",那些已把私自分割的财产挥霍完毕的兄弟,却依据国家先前"父母在堂",禁止擅自"异财"法令,"据法负赖",简直就是对国家"别籍异财"法律的莫大嘲讽和挑战。于是,法律在现实面前不得不修改,即《淳熙事类》中"遂著令许私分"。虽说"私分",实际上是法律允许"父母在堂"而公开"别籍异财"了。"父母在,可以别籍异财"到南宋孝宗时期已经成为宋民日常生活中的法律事实。

宋代的"别籍异财"法看似承袭唐律,实际上随着社会现实的不断变化,政府适时地从法律上予以调整、修订,无论在立法上还是在司法实践中都表现出对"别籍异财"者逐渐宽松、包容的现实态度。宋代"别籍异财"法演变的逻辑轨迹显示了饱含儒家理想的家庭伦理法与"争财竞产"的社会家庭现实之间的潜在冲突与背离;明智的赵宋王朝对"别籍异财"法的适时调适、修订与变革而带给我们的历史启迪则是:立法者不是在制造法律,而是要立足

---

[1]　(宋)楼钥:《攻愧集》,影印文渊阁四库全书本。

于社会现实表述法律。换言之,法律必须来源于社会现实且须随社会变动而变动的法律哲理,具有超越时空的永恒价值。①

宋代"别籍异财"法演进的历史意义深远,它表明了宋代大家庭成员之间经济依附关系逐步松散,其直接影响便是核心小家庭结构模式成为宋代以后直至今天中国家庭之常态;元、明、清三代王朝"别籍异财"法的生成亦深深烙上宋代印痕。元朝至元二十五年(1288 年)正月,大臣王良弼还把江南"所生儿男既娶之后与父母分居"的"别籍异财"风气归因于"循习亡宋污习,尚然不悛"。明清两朝禁止"别籍异财"的法令大致沿着宋代的变革轨迹而表现的更加宽松。《大明律·户律·户役门·别籍异财》条规定:"凡祖父母、父母在,而子孙别立户籍、分异财产者,杖一百。须祖父母、父母亲告乃坐。若居父母丧而兄弟别立户籍,分异财产者,杖八十。须期亲从上尊长亲告乃坐。"《大清律例·户律·户役》"别籍异财"律下"条例"87.00规定:"凡祖父母、父母在,子孙别立户籍、分异财产者,杖一百(须祖父母、父母亲告乃坐)。若居父母丧而兄弟别立户籍,分异财产者,杖八十。(须期亲从上尊长亲告乃坐或奉遗命不在此律)。"87.01 规定:"祖父母、父母在者,子孙不许分财异居。(此谓分财异居,尚未别立户籍者,有犯亦坐满杖。)其父母许令分析者,听。"根据该条款规定,若子孙未经祖父母、父母同意而"分财异居",可适用"别籍异财"的刑罚。但征得许可或父母命其"分析"者,国家听任之。可见,清朝在承袭上述明朝别籍异财法令的基础之上,又增加了"若奉遗命,不在此律"的规定。从明朝祖父母、父母等尊长"亲告乃坐"到清朝祖父母、父母可令子孙"别籍异财"而无罪的条文中可以得知:"别籍异财"现象已经成为社会生活中的常态;禁止"别籍异财"的法令已徒具空文,仅具有儒家伦理法上的象征意义。根据学者们对明代时期的户数、人口数及户均人口数的统计,整个明代每户平均不到六口,所以大家庭所占的比例不会太大,核心家庭和主干家庭应是其主要家庭形态。②

---

① 张本顺:《变革与转型:宋代"别籍异财"法的时代特色、成因及意义论析》,载《法制与社会发展》2012 年第 2 期。

② 徐泓:《明代的家庭:家庭形态、权力结构及成员间的关系》,载《明史研究》1994 年第 4 辑。

二、我国封建社会家庭财产的性质

在中国传统的家族内部关系中,财产关系是最重要的关系。财产是立家之本,没有家庭财产,家庭是不可能存在的。学者们都承认同居共财、诸子均分是中国传统家庭财产制度的基本特征。但对于中国古代家庭财产的性质,却有以下几种不同的观点。

(1)有的学者认为是一种财产共有关系。《明律集解附例》上说:"盖同居则共财矣。财虽为公共之物,但卑幼得用之,不得而自擅也,尊长得掌之,不得而自私也。"可见共财与共有应该是同一个概念。但古代的家庭财产共有与现代不同,其区别在于共有关系的主体不包括全体家庭成员,女性成员没有所有权,只是以使用表现出来的对生活必需品的占有权。她们承袭家产的唯一途径是发生所谓的户绝(家中无子),但户绝发生的可能性较小,无子的家庭一般都要收养同宗之亲属为嗣子,来继承家业。其次,传统共有关系的主体权利与义务不对等也与现代有所不同。一般家庭成员的权利受到很大限制,在直系尊长任家长时,不许子孙"别籍异财"或"私擅用财",实际全部财产归家长所有。家长生前可以任意处分,临终前可以用遗言方式决定处分家庭财产,给谁多少都可任意决定,子孙不能竞争,法律也不加干涉。按照这种说法,古代中国的家产共有制仅是一种表面现象,实质上家长可以任意处分家产,最直接的体现就是家长可以用遗嘱来处分家产。只有在没有遗嘱的情况下,子孙才能析分家产。对于此,陶毅、明欣两位先生认为古代家庭财产是一种家长支配下的一般共有。魏道明认为,此说尚不能涵盖古代共有关系的全部特点,因为女性家庭成员并不具有家庭财产的所有权,往往也不参与分配家庭财产,应看作是家长支配下的父宗血缘团体共有制。[1]

(2)日本学者滋贺秀三通过对家产共有制观点提出质疑,进而分析得出中国古代家庭财产属于家父所有的观点。支持中国家庭共有制的基础就是"同居共财"。滋贺秀三认为,"共财"≠"共有",应该区别"共财"和"共有"的性质。"共财"是一种自然关系,而共有则是要讨论财产的归属问题。

---

[1]　魏道明:《古代社会家庭财产关系略论》,载《青海师范大学学报(社会科学版)》1997年第1期。

他认为:"就某种财产来说,其经济上的机能问题和法律上的归属问题必须加以严格的区别。共财表示在经济的机能上的共同关系,共有表示在法的归属上的关系,两者说起来是性质完全不同的概念"。① 滋贺秀三通过论述在不动产出卖、借债、分家析产等关系中父亲的权力,最终证明中国的父亲可以任意处置家庭财产。他的完整表述是:"当着眼于其经济上的功能的时候,家产不言而喻是大家的财产。但是在另一方面,如果着眼于谁是这一家产的权利主体这一家产的法的归属问题的话,家产就明显地是父亲的财产。"②这样,就形成了他关于中国古代家产制的核心观点,即家父享有家庭财产的所有权。对于家长对家庭财产的权利行使,滋贺秀三认为又有两种不同的表现:从处分家产的角度看,家长具有完全的、排他的权利;但从家产分割的角度看,家长的权利则受到很大的制约。一个父亲并没有将自己的家产遗赠给他人的权利,也没有在各个儿子中间不平均分配的权利,更没有剥夺某一个儿子继承权的权利。从后一个角度来讲,父亲仅仅是家产的管理人,他并没有处置家产的绝对权力。实际上,上述视角的分别其实是内外之别,当一个父亲以家长的身份对外处置财产时,他是家产的全权所有人;而当他在家庭内部对财产进行处分时,他就仅仅是一个财产的管理者了。滋贺秀三最后以"父亲的全面的所有权"和儿子的"全面的继承期待权"来解释父亲和儿子之间的财产关系。也就是说,在涉及财产的对外处置方面,父亲具有完全的"所有权";而在涉及家产的内部分配(即继承和分家)方面,儿子具有完全的"期待权"。父亲在处理儿子或儿子们的继承事宜时是不能恣意妄为的,他必须按照传统和习惯来行事。这些传统和习惯包括:儿子不能被剥夺继承权,遗产不能被遗赠给儿子以外的人,以及每个儿子分到平均的遗产份额。

（3）有的学者认为,中国古代家庭财产制类似于人民公社时期的农村土地集体所有制,是一种公有制,其本质特征是:个体成员(即单个的家庭成员)对集体财产(即家庭财产,主要是土地和房屋)只有占有权而没有所有权。中国传统社会的家庭财产所有权既不属于家长个人也不属于同居的全体家庭成员,家长和全体家庭成员都无完整的处分权。家庭成员所拥有的

① 〔日〕滋贺秀三:《中国家族法原理》,张建国、李力译,法律出版社 2003 年版,第 45 页。
② 同上书,第 47 页。

财产权利只是平等的占有、使用和收益的权利,其中管理权主要由家长行使。家产具有公有性,公有性是指物的归属和使用是在一个集体的范畴内公共实现的,而不是个体性和共有性的。① 公有是与私有相对立的,它强调家庭作为整体对家产的支配能力。在家庭关系中,主要包括伦理关系和财产关系。财产关系不是独立而是依附于伦理关系,家产配置的根本依据在于血缘共同体,而不仅仅是取决于贡献能力。其实,这种观点是将家庭作为独立的组织体来看待,家庭财产既非属于家长个人所有,也非属于家庭成员共有,而是属于家庭这个特定的组织体所有。

多数学者都认为中国的家庭是"法人团体",大家都默认家庭财产的主体是"家庭",但家庭是一个性质很复杂的群体,不同类型的家庭具有不同的权利构成。②作者并没有找到直接论证中国古代家庭是"法人团体"的材料,但社会学家早在近代以来的研究中,屡屡表述过将家和户视为一个完整的主体的思想。如林耀华认为:"家庭乃指共同生活,共同经济,而合炊于一灶的父系亲属。一个宗族内,包括许多家庭,外表上祠堂是宗族乡村的'集合表象',实际上家庭是宗族的真正单位。家庭是最小的单位。"③费孝通则更为明确地指出:"拥有财产的群体中,家是一个基本群体。它是生产和消费的基本社会单位,因此它便成为群体所有权的基础。"④另外,从学者们论述古代的兄弟分家制中也可以得出相应的结论来,即家在古代社会具有非常重要而且独立的地位。古代的兄弟分家行为往往是以"房"为单位进行财产分割,而不是以人头为单位进行,"房"则是以成年的男子为标准,即有几个成年的儿子一般将财产分成几份,而男子的成年是以成家为标志的。只有一个儿子的家庭,父子之间的家产传递并没有明确的让渡行为,而在有两个或两个以上儿子的家庭,父子之间的家产传递是有明确的让渡行为的。只有一个儿子的家庭只会存在"分灶",或称"分爨",但不会出现分产现象。在有两个或两个以上儿子时,在家庭周期的某一时刻,总要发生明确的家产

---

① 王习明:《当代中国农民的家庭财产观念演变及其对家庭伦理的影响》,载《马克思主义研究》2012 年第 10 期。

② 高永平:《中国传统财产继承背后的文化逻辑——家系主义》,载《社会学研究》2006 年第 3 期。

③ 林耀华:《义序的宗族研究》,三联书店 2000 年版,第 73 页。

④ 费孝通:《江村经济》,江苏人民出版社 1986 年版,第 43 页。

分割行为,并且有明确的仪式行为。在此种情况下,父子之间财产权的让渡行为和兄弟之间家产的分割行为是同时进行的。分家既是父子之间财产的传承,又是兄弟之间对父亲遗传的财产的分割。兄弟分家,从现代民法的角度看是遗产继承行为,其本质却是两个或多个新生的家庭财产权利主体诞生的过程,而新的权利主体的诞生,则意味着对父亲所代表的家庭的财产的分割。但如果只有一个儿子,就没有新的权利主体的诞生,财产的分割就没有出现的理由。① 由此种家庭财产的分割方式也说明,分家制中重要的不是父亲和儿子之间的人格,而是包括父亲在内的所有家庭成员之上还有一个抽象的"房"或"家"的观念,无论是在分家还是在其他家庭事务或家庭财产的管理、收益、处分、义务分担等方面,都是以一个整体的家为计算单位,而不是以某个个人——无论这个人是父亲还是其他尊长。

(4)与上述第三种观点基本相似,即认为家庭财产既不属于家长也不属于家庭成员共有而属于家庭,但高永平引入"家系"的概念,家庭财产的权利主体确定为"家系"。家系是指一个不与兄弟同居的成年男人和他的所有的连续单传的祖先以及他的所有未成年的儿子(或已成年但为独子)所构成的男系血缘群体(或拟制的男性血缘群体)。他认为独生子和父亲构成的群体是一个家系,在儿子们没有成年之前,父子构成的群体也是一个家系。但是,一旦兄弟们分家,父亲就不再属于任何一个儿子的家系,父亲的家系已经解体成儿子们的几个新家系。但独子和父亲构成的群体永远是一个家系,它无法分裂。家系才是拥有家产的主体,家系是宗祧继承和财产继承的唯一主体。原有的家系是法人团体,新生的家系也是法人团体,新老家长仅仅是家系的法人代表而已。一个男人仅仅是家系的代表,并不是权利的主体,无论权利的标的是宗祧还是家产。② 只有儿子可以延续家系,家产在各个家系之间平均分配,分家时财产分配的份数和儿子的数目相一致。在儿子们分家后父母不再构成独立家系,不再独立拥有大宗财产,而是通过给老人留出"养老地"或者儿子们轮流供养的方式来度过晚年。

中国古代社会的最大特质就是家族本位主义,它强调人只有在家族关

---

① 俞江:《论分家习惯与家的整体性——对滋贺秀三〈中国家族法原理〉的批评》,载《政法论坛》2006年第1期。

② 高永平:《中国传统财产继承背后的文化逻辑——家系主义》,载《社会学研究》2006年第3期。

系网中才能找到自己生存的价值,离开了这一网络,个人就丧失了生存的意义。所以传统文化极力否定个体的独立性,而否定个体独立性的根本又在于否定其财产所有权,这无疑是最有效的防范,犹如釜底抽薪,从经济基础方面彻底杜绝了个人独立的可能性。故财产所有权在一个家族本位的社会中,绝不单纯只是一个个人权利问题,而是和家庭孝亲、家族秩序、伦理规范、统治基础息息相关的根本问题。如此重要之根本,显然是不能交付于个体的,而应由家庭、家族甚至是宗族来共同掌握。"共有权论"虽然似乎和我国现行法律相契合,但是其有一个最大的理论缺陷在于权利主体的虚无性。共有权概念是随着西方法学而传入的,是指多个独立的权利主体共同享有某一物之单一所有权。在古代中国的家庭内部,假定父亲是财产主体之一,那么其他的共有人是谁? 父祖在世时,儿子不得"私擅用财",谈不上主体资格。而其他卑幼身份就更难以视为权利主体。况且,如果是"共有权"的话在分割家庭财产时最起码的要求也应当是按照共有权人数来进行分配,而这些和中国古代家庭的实际情况都不符合。而根据封建法律的规定,家长具有绝对的权威,可以不受限制地处置甚至挥霍家庭的财产,这也是在日本学界孕育出滋贺秀三的"家长所有权论"的根本原因。① 但是并不能说明家庭财产的所有权就归属于家父。

我们较为赞同高永平将家系作为家庭财产权利主体的观点,比起单纯说家庭是法人团体,是家庭财产的权利主体来讲应当更符合中国古代家庭的特点,也更能反映出古代家庭分裂和变迁的实质。家庭财产属于家系所有,由家长来进行管理,全体家庭成员可以享用,在家系发生变化即分裂为新的家系时,会根据分裂家系的数量进行平均分配,所以是以家系作为家庭财产的承载主体,而非家庭成员个人,也并不是家庭中的男性成员。而这种观点与我们后面要论证的应当赋予现代家庭民事主体地位的观点互相照应,说明家庭的历史发展和社会现实是相统一且紧密相连的。

三、我国封建社会的分家析产与继承制度

（一）我国古代诸子均分的财产继承制度

我国古代的继承制度分为宗祧继承、政治继承与财产继承,在重视权利

---

① 俞江:《家产制视野下的遗嘱》,载《法学》2010 年第 7 期。

与身份的继承轻视财产继承的情况下,财产继承一直处于附属的地位。身份继承是指宗法制度,其基本原则是嫡长子的父死子继的继承制度。据历史记载,殷商后期嫡长子继承制就已出现,商朝帝乙时,其长子启因母亲身微,非正室,虽为长子却不能承袭帝位,而帝乙的小儿子辛(即纣王)因其母是正妻,继承了殷商的地位。财产继承也受到宗法制度的影响,中国古代社会的家产与政治地位并不完全等同。以土地为中心的家产不是衡量政治地位的唯一标志,也不能直接决定家产的持有者的政治身份,正是这一官僚体制使得中国古代的爵位由嫡长子继承,财产可以由诸子继承,它为诸子继承财产的制度提供了存在的可能性。秦汉至唐朝是中国传统社会由确立到兴盛时期,作为民事立法之一的继承制度也得到明显的发展,除沿袭"嫡长子继承制"这一传统外,对一般的财产采取诸子平分。

诸子均分制是中国自给自足农业经济和血缘、拟血缘群体公有制共同规定的独特的财产继承制度,它是一种在祖先崇拜观念支配下,以伦理为依据,旨在保证家族的生存与繁衍的诸子继承制。① 自秦汉时期至明清的每一个王朝几乎都在法律上肯定了诸子继承财产的制度。如《唐户令》:"应分田宅及财务,兄弟均分,妻家所得财产,不在分限,兄弟亡者,子承父分,兄弟俱亡,则诸子均分。其未娶妻者,别与聘财。姑姊妹在室者,减男聘财之半。寡妻妾无男者,承夫分。若兄弟皆亡,同一子之分。"宋令的规定大致相同,《宋刑统·户婚律》附《户令》规定:"诸应分田宅者,及财务,兄弟均分,妻家所得之财,不在分限。兄弟亡者,子承父分。"明清的户律也都有此规定。古代中国自然经济占主要地位,所以中国古代的农业基本上也是分散的小农经营体制,这种经营可大可小,没有一定的规模与结构的限制,所以也大大便利了诸子继承财产制度的实行。

中国的诸子均分继承制确立于商鞅变法时期,一方面废除了旧的土地所有制度,实行土地私有,可以买卖,造就了广泛的中小土地所有者;另一方面,颁发了分异令,这种分异包括家产的分割与继承,即每个儿子均可以从父母处分得一份家产,从而形成诸子均分继承制。入汉以后,这一制度得以发展与完善。严格说来,古代的继承制度并非如现代所说的被继承人死亡

① 汪兵:《诸子均分与遗产继承——中西古代家产继承制起源与性质比较》,载《天津师范大学学报》2005 年第 6 期。

后发生的财产转承,而是和分家析产密切联系在一起的,是指对过去祖辈遗留财产根据家庭代际关系传递而进行的一种转承和分割。自先秦以来古代诸子继承制主要有以下几种形式:

(1) 家产的二次性继承。这种继承方式是诸子在父母生前通过分家分财继承部分家产,父母死后又通过对遗产的分配取得一次继承机会。商鞅分异令下的家产继承即属此类。在西汉时代,无论达官贵人还是一般百姓,大多采用此种方式。这种继承方式也可以称作多次性析产承户方式,它是与两代人小家庭对应的分家方式,即父母在世的时候儿子随着结婚而陆续分财异居,但是每个儿子所分的家产数量略小于其应得的平均数,父母去世之后再最后一次全部分清。

(2) 家产的一次性继承。这种继承方式是父母在世的时候不分财产也不异居,到父母死后兄弟们一次性的分清财产,它是与三代人小家庭相适应的分家方式。商鞅变法之后一直到秦朝,主要是以二次性析分的方式来进行财产继承。然东汉以后随着儒家伦理道德在思想上占据统治地位,父母在世而诸子别籍异财的行为被认为不孝,特别是曹魏时,法律明文规定:"除异子之科,使父子无异财也。"至此,二次性家产继承方式逐步减弱了其在法律上的地位,家产的一次性继承逐渐普及开来并持续存在至明清时期。

(3) 家产的整体性继承。这种继承方式是父母死后诸子共同继承家产过着同居共财的生活,而不再进行财产的分割。这种在父母死后也不进行析产的家庭在经过数代的演变之后便形成了累世共居的大家庭。累世同居共财大家庭一代一代自然延续,生老病死,但外廓依旧。家长死后另推出一个人为家长,仍然按照原来的生产生活方式进行下去,显示不出转折过程,所以也就没有家产的析分和通常的继承过程,而是整体性的传继。自西汉末至东汉时代,数世同居共财的家庭也占有一定比重。魏晋以后,这种继承方式一直受历朝统治者的旌表鼓励,因此延续不绝。《魏书》卷八十七《李几传》记载:"李几,博陵安平人也。七世共居同财,家有二十二房,一百九十八口,长幼济济,风礼著闻,至于作役,卑幼竞进。乡里嗟美,标其门间。"至明清时这种大家庭还较多,诸如老舍的《家》《春》《秋》中所描写的大家庭即属此类,直到近代社会才渐次衰亡。

(二) 我国古代女性对家庭财产的继承情况

我国古代社会是一个男权至上的社会,为了维护专制统治,在继承方面实行严格的宗祧继承制度,排除女性的继承权。中国古代女子往往不能直接和男子一样参与财产的继承,其是以一种特殊形式参与家产的继承,即女儿出嫁时可从父母处得到一笔财产,但在家有兄弟的情况下,一般不能继承家内的不动产,仅能分得资财、奴婢、器物等动产,且数额少于男子。至隋唐五代时,由于社会经济的发展和北方胡族女权文化的影响,唐朝的法律第一次确立了女性的财产继承地位,赋予在室女、出嫁女、寡妻不同的财产继承权利。在室女、出嫁女可以得到一份妆奁,守寡的妻妾可以继承其夫家的财产。唐代法律本着"同居共财""同居应分"的财产分配制度,对包括在室女在内的所有家庭成员的财产继承权均从法律上予以确认。在室女在财产继承份额上,可依法律规定获得未婚兄弟聘财的一半。此外,若遇父母身亡,家族中无子嗣继立门户,即所谓"户绝"的情况下,在室女可继承除去为父母治丧所需费用以外的全部遗产。

两宋时期,封建商品经济的繁荣推动了女性一定程度的自由化,女性的一般法定继承权得到保障。宋朝的《户婚律》规定,寡妇可再婚,也可继承夫家的财产,也可招后夫入赘,仍可享有对前夫财产的继承和用益物权。归宗女再嫁时,仍与在室女相同,可以获得嫁资,"未娶者与聘财,姑姊妹在室及归宗者给嫁资,未及嫁者则别给财产,不得过嫁资之数。"金、元时期,虽出现了寡妇改嫁不准带产、限制在室女继承权利的法律规定,但同时扩大了绝户家庭中出嫁女的继承权。

至明清时期,妇女财产继承法律地位基本成型。这一时期,中国传统的财产继承以宗祧继承为前提,遗产的继承一般限于男性直系卑亲属,遗产分割的原则是:"诸子均分"。亲女只有在"户绝"的情况下才有权承受遗产。寡妇再嫁,不得携走夫家财产。守志之妇,虽可暂时承受丈夫的遗产,但仍必须立嗣,立嗣之后财产归嗣子继承,实际上也没有继承权。女性继承权较元朝没有太多变化,只是在继承顺序上得到确认。女儿为第三顺序继承人,妻子是特殊顺序的继承人。除明确规定在室女在户绝的情况之下可以继承财产之外,对于前世所给予女子的其他权力都进行了限制。

(三)我国古代的遗嘱继承

在诸子平均继承的原则下,我国古代家产的继承以自然继承为主、遗嘱继承为辅。汉朝时期,财产继承中就出现了遗嘱继承,他们把遗嘱称为"先令"或"遗令"。在财产继承中,家长拥有对财产的一定的处分权。也有学者认为中国古代不存在一般意义上的遗嘱继承制度,遗嘱继承制度的产生以单纯的个人所有权的普遍化和血亲观念的相对淡化为前提条件,而中国古代不具备这些条件。中国古代的法律仅允许被继承人在"户绝"时适用遗嘱,有子时则必须实行法定继承,与普通意义上的遗嘱继承制度相去甚远;虽然中国古代有实行遗嘱继承的个别实例,但不能据此认为中国存在遗嘱继承制度。① 针对此种否定观点,也有学者撰文予以反对,认为中国古代法律并未明文规定有子嗣时必须实行法定继承,遗嘱继承只在"户绝"条件下适用。中国古代,特别是唐宋时期,在有承分人即非"户绝"条件下的遗嘱继承制度,是为社会习俗认可并受法律一定保护的社会现实,当然也受到一定限制:一是能采取遗嘱继承方式的人有严格的身份地位限制,必须是父祖尊长,由于家庭或家族共财制度赋予父祖尊长以支配财产的特权,因此他们也拥有一定的遗嘱自由;二是指定继承人多是法定继承人或家族成员。② 当然,从现实法律角度来看,中国古代的遗嘱继承与现在的遗嘱继承制度有较大区别,根本原因在于当时的家庭财产制度并非个人所有权。但是从一定角度来看,当时家长所立遗嘱已经能够体现其个人自由意志,所以称为遗嘱继承也未尝不可,我们在研究和认识它时就无需吹毛求疵,一定要严格按照现行法律规定来进行衡量和比对。

由于中国古代家庭制度的特殊性,家长所立遗嘱往往并不以财产处分为主要内容,确认嗣子身份,或者在没有亲子的情况下,要求妻子同亲族一起为其立嗣等,构成了遗嘱的主要内容。俞江在《论分家习惯与家的整体性》中将清代遗嘱分为两大类型:一种是阄书遗嘱,一种是立继遗嘱,后又根据以前清代民间文书档案的公开出版物和新发现的遗嘱文书,在《家产制视野下的遗嘱》中将清代遗嘱分为以下四类:阄书遗嘱(或分家遗嘱)、立继遗嘱(或立嗣遗嘱)、托孤遗嘱、养亲遗嘱。这是目前在古代遗嘱研究中总结最为全面的一种观点。如古罗马法学家莫德斯汀所说:"遗嘱是我们对希望在自己死后做的事情的意愿之合法表示。"古代家庭中家长所立遗嘱往往以确认身份为主要内容,其目的在于不使家产流出这个家,只要确立了继子孙的身份,则即有相应的规则来防止家产外流。因此,古代遗嘱往往不是立遗嘱

---

① 魏道明:《中国古代遗嘱继承制度质疑》,载《历史研究》2000 年第 6 期。
② 姜密:《中国古代非"户绝"条件下的遗嘱继承制度》,载《历史研究》2002 年第 2 期。

人对自己财产进行处分,而是家长为整个家庭的后续来考虑和选择。

中国古代家产继承制度的基本原则是由当时社会的政治、经济诸条件决定的,它一旦形成,便以其独特的方式影响了中国社会政治、经济的诸方面。首先,诸子继承制直接巩固着中国古代社会的中小土地所有制,使古代中国一直未能出现西欧中世纪的世袭大地产。在西欧长子继承制下,土地全部传给长子,余子无继承的权利,这样可以使大土地所有制一直持续下去,牢牢地巩固着庄园经济的发展。其次,诸子继承制下家产的一次继承与二次继承,使家庭的代际层次较少,尤以夫妻核心家庭的比重为大,这就使中国古代社会的小型家庭结构居于主导地位。最后,诸子继承制下的社会也相对稳定,比较多的人拥有生产资料,被固着于土地之上,使得人们不愿也无力进行新的生产与经营。

第二节　近代时期的家庭财产制度

一、清末民初的家庭革命

清朝末年与民国时期在时间上具有紧密衔接性,因此中国法制史上多将清末民初作为一个时间段来分析和考察。晚清时期的中国是一个半殖民地半封建的社会,家庭规模逐渐由大变小,晚清时期的家庭虽然仍包括核心家庭、直系家庭、复合家庭、缺损家庭等多种类型,但是明显出现了由复合家庭向核心家庭、直系家庭的转化趋势,绝大多数地区的户均人口是 4 至 5人,较清朝中后期的户均家庭人数明显减少。主要原因有以下几个方面:一是早期工业化运动和城市化浪潮的推动,导致大量乡村人口聚集到工矿企业和城市生产、生活领域,这些离开土地的乡民同时完成了同家庭的分离,导致了无数个大家庭的解体;二是户均耕地占有量缩小;三是分家析产频繁。① 家庭观念逐步变淡,随着资本主义工商业的发展和家庭革命思潮的兴起,人们的价值观念开始向个人倾斜,更多地考虑个人权利、个人自由和个性发展。于是,家庭观念开始从"家本位"向"人本位"转移,由"家庭至上"

---

① 徐永志:《略论晚清家庭的变动》,载《历史教学》1998 年第 1 期。

逐渐向"国家至上""社会至上"过渡。家庭关系逐步由传统走向现代,尊长在家庭中的权威受到了卑幼的挑战,家庭关系中开始有了平等、民主的气息。如夫妻关系中,随着晚清禁缠足、兴女学、办女报、结团体、谋自立等社会思潮与活动的兴起,传统家庭男性支配一切的地位受到了猛烈地冲击。父子关系中,虽然"父权意识"还深深地植根于民众头脑之中,但从总体上看,已日趋淡化,最突出的表现就是封建家长所拥有的主婚权开始松动。

在外国殖民者大肆侵入中国的时候,不屈不挠的中国人民也在探寻着救国的出路,他们在投身政治革命的同时,针对封建家族制度也喊出了"家庭革命"的口号。清末思想界在强调家庭革命的同时反复鼓吹"欲革政治之命者,必先革家族之命",表达了为更好地完成政治革命的任务就必须进行家庭革命的动机和决心。他们列举并批判封建家族制度造成的种种恶果:由于家族思想发达,使得民众缺乏国家思想,在外国侵略者面前犹如一盘散沙,毫无抵抗力。孙中山说:"中国人对于家族和宗族的团结力非常强大,往往因为保护宗族起见,宁肯牺牲身家性命。……至于说对于国家,从没有一次具有极大精神去牺牲的。"[1]另外,家族制度造成了国人的愚钝麻木、畏服顺从和无自由。家庭成员在家庭内和社会上的一切活动,诸如择婚、择职、持家等无不要以家长的意志为意志,稍有越轨便要遭受家法的制裁,家庭伦理扼杀了人们的自主性。在揭露家族制度的弊端和造成危害的同时,清末思想界还提出了家庭革命的具体内容,即祖宗革命和纲纪革命。祖宗革命是革宗法观念的命,而宗法观念是维护封建家族制度的思想基础,不冲破这观念上的阻碍,也就不可能真正实行家族革命。纲纪革命就是在家庭革命中,打破家庭中各种纲纪常伦之说,从而建立家庭成员之间平等的新型家庭关系。但在家庭革命对于作为实体的家庭本身的形式如何改造,却很少有人论及。[2]

清朝覆亡后,中国专制制度并没有得到根本的改造,人们仍旧在探求改造中国社会的出路,受清末"家庭革命"思想的影响,一些进步知识分子又开始对中国传统家庭制度进行再批判。中国家庭制度与中国专制主义制度之

---

① 中国社会科学院近代史所编:《孙中山全集》(第 2 卷),中华书局 2011 年版,第 159 页。

② 梁景和:《论清末的"家庭革命"》,载《史学月刊》1994 年第 1 期。

间有一种深刻的内在联系,从某种意义上说,不改造封建家庭制度就不能从根本上破坏专制制度。民国初期一些知识分子正是从这一角度立论,把改造家庭制度视为一项重要的社会变革内容。在批判封建家族制度的同时,也从不同的角度提出了对家庭进行改制的理论。总结来看,主要包括这样几种观点:改变传统生活方式,建立平等、自由的家庭关系;改变中国传统"十代同居""五世同堂"的家庭制度,而主张实行分居的小家庭制,去掉家庭成员的依赖性,家庭成员人格独立,有独立的财产权;还有的提出废除婚姻、毁灭家庭等较为过激的观点。这一时期的改革思想除了受清末"家庭革命"思潮的影响外,更重要的是通过和西方社会的交流,当时的知识分子在西方文明的影响下,进一步体会到中国封建社会家庭制度的黑暗与残酷,开始正视中国的社会现实,并积极追求个人的自由与幸福。这种对家庭制度的批判和改革,是中国家庭制度去政治化、去神圣化、走向世俗化的开端,使传统家庭制度由政治伦理的母体和政治秩序的基石而变为罪恶的渊薮,它的神圣性、合理性被解构了。同时,这次家庭革命开启了家庭在国家的视野中边缘化的过程,历史上的中国家庭是政治伦理的原点,国家的社会管理单位、赋税徭役单位、法律单位、福利单位,家庭一直居于国家视野的中心。而通过 20 世纪的家庭革命使得家庭制度与政治制度分离,在国家的视野中家庭制度开始了其边缘化的历程,即国家的注意力转向了其他政治、经济、军事、外交、社会、科教文卫等多个领域。①

二、清末立法中关于家庭财产制度的法律规定

1911 年 8 月,《大清民律草案》(也称为民律第一草案)宣布告成,其第四编《亲属编》分为七章,共计 143 条。第一章"通则"。第二章"家制",分 2 节:(1) 总则;(2) 家长及家属。第三章"婚姻",分 4 节:(1) 成婚之要件;(2) 婚姻之无效及撤销;(3) 婚姻之效力;(4) 离婚。第四章"亲子",分 5 节:(1) 亲权;(2) 嫡子;(3) 庶子;(4) 嗣子;(5) 私生子。第五章"监护",分 2 节:(1) 未成年人之监护;(2) 成年之监护。第六章"亲属会"。第七章"扶养之义务"。草案由清政府修订法律馆主持起草,仿照《德国民法典》草

---

① 孟宪范:《家庭:百年来的三次冲击及我们的选择》,载《清华大学学报》2008 年第 3 期。

拟,分总则、债权、物权、亲属、继承五编。前三编委托日本法学家松冈义正、志田钾太郎协助主编,后两编由法律馆会同礼学馆起草。根据民律草案的起草原则,所有涉及亲属关系以及与亲属关系相关联的财产关系,均以中国传统为主。第四编"亲属"对亲属关系的种类和范围、家庭制度、婚姻制度、未成年人和成年人的监护、亲属间的抚养等作了规定。这一编体现了浓厚的家族本位特色,确定了家长在家庭中的特殊作用。但即使被认为是最保守的亲属与继承编,较传统制度仍有一定的进步,它毕竟开启了中国亲属法近代化的进程。

在此部草案中,首次触及了关于法律本位的问题,即亲属法是采家族本位还是个人本位,而这是我国历朝历代从未触及、也不可能触及的。各国关于亲属法之立法例,有家族本位和个人本位两种类型。家族本位又称家族主义、家属本位、家属主义。关于家族本位和个人本位的关系,有学者论述:"个人主义乃以个人为国之单位,家族主义乃以家为国之单位;采个人主义者,其法律之规定,有住所而无家,有亲属之关系而无家长家属之关系;反之,采家族主义者,于亲属之外,更认有家之存在。""编纂亲属法所采之主义凡二。有采家属本位主义者,于亲属关系外,并规定家属关系,法律上承认家之地位。由个人而成家,由家而成国。个人为国之间接构成分子,而家则为国之直接构成分子。所谓二元主义是也。有采个人本位主义者,仅规定亲属关系,而不及家属,法律上不承认家之地位,以个人为国之直接构成分子,所谓一元主义是也。"①明确地说,在家族本位下,家庭成员中存在家长和家属的区别,家属不是完全主体,不享有完全的人格。在个人本位下,家庭成员中家长和家属只是一种习称,已无人格意义,各家庭成员均是完全主体,享有完全的人格。梅因曾经指出:"所有进步社会的运动在有一点上是一致的。在运动发展的过程中,其特点是家族依附的逐步消灭以及代之而起的个人义务的增长。'个人'不断地代替了'家族',成为民事法律所考虑的单位。"梅因把这一过程概括为"从身份到契约"。②"然私律以合乎民情为尚。因是之故,故欲编纂中国亲属律者,应取家属主义,而不应取个人主

① 郁巍:《亲属法要论》,北平朝阳大学 1932 年版,第 10 页。
② 〔英〕梅因:《古代法》,沈景一译,商务印书馆 1959 年版,第 96—97 页。

义也。"①

民律草案采取家属主义,囿于宗法原则将亲属划分为宗亲、外亲、妻亲等类型,其范围、等次依服制图而定。不仅如此,民律草案还肯定了以父权和夫权为支柱的家长制度。

亲属编的第二章"家制"中规定了"总则"和"家长及家属"两节内容。

第一节　"总则"第 1323 条规定:"凡隶于一户籍者为一家。父母在欲别立户籍者,须经父母允许。"

第二节　"家长及家属"第 1324 条规定:"家长,以一家中之最尊长者为之。"第 1327 条规定:"家政统于家长。"第 1328 条规定:"与家长同一户籍之亲属为家属。"第 1330 条规定:"家属以自己名义所得之财产,为其特有之财产。"第 1331 条规定:"家长、家属,互负扶养之义务。"

亲属编的第三章"婚姻"中规定了婚姻之要件、婚姻之无效及撤销、婚姻之效力和离婚等四节内容。

"婚姻之效力"第 1350 条规定:"夫须使妻同居,妻负与夫同居之义务。"第 1351 条规定:"关于同居之事务,由夫决定。"第 1352 条规定:"夫妻互负扶养之义务。"第 1355 条规定:"妻于寻常家事,视为夫之代理人。前项妻之代理权,夫得限制之。但不得与善意第三人对抗。"第 1356 条规定:"由婚姻而生一切之费用,归夫担负。但夫无力担负者,妻担负之。"第 1357 条规定:"夫妇于成婚前关于财产有特别契约者,从其契约。"(《民律释义》注曰:现在吾国习惯于成婚时,订立夫妇财产契约者,殊不多见。然近来世界交际日繁,将来亦必有模仿外国习惯而订立夫妇财产契约之一日,是择不能不依其契约办理。)第 1358 条规定:"妻于成婚时所有之财产及成婚后所得之财产,为其特有财产。但就其财产,夫有管理、使用及收益之权。夫管理妻之财产显有足生损害之虞者,审判厅因妻之请求,得命其自行管理。"(《民律释义》注曰:此种财产之管理、使用及收益之权,依照吾国习惯,亦以之使归属于夫为宜。)

"离婚"第 1368 条规定:"两愿离婚者,于离婚后,妻之财产仍归妻。"(《民律释义》注曰:凡妻之财产在婚姻有效时,既不并入夫妇共有财产中。

---

① 邵义:《民律释义》,王志华勘校,北京大学出版社 2008 年版,第 470 页。

则至离婚时,自应仍为妻之所有,初无容疑。然若无明文规定,则妻于其财产外,对于夫妇共有财产或至多所觊觎。)第 1369 条规定:"呈诉离婚者,得准用前条之规定。但依第 1362 条应责于夫者,夫应暂给妻以生计程度相当之赔偿。"

亲属编的第四章"亲子"中规定了亲权、嫡子、庶子、嗣子、私生子等五节内容。将子女分为这样不同种类,说明法律还承认当时社会上存在的有妻娶妾是合法行为,并且进行身份的区别。

"亲权"第 1370 条规定:"亲权,由父或母行之。"第 1373 条规定:"子须于行亲权之父或母所指定之处,定其居所。"第 1375 条规定:"子营职业,须经行亲权之父或母允许。"第 1376 条规定:"子之财产,归行亲权之父或母管理之。关于其财产上之法律行为,由行亲权之父或母为之代表。"

通过上述法律规定,我们可以看到家长在家庭中的绝对统治地位,在夫妻关系中尤其是夫妻财产方面丈夫的支配性权利,以及在亲子关系中父母对子女财产的管理和法律上的代表,仍然体现出以父权和夫权为支柱的封建家庭特色。

三、清末立法中传统的分家习惯和西方继承制度的冲突

分家是自秦代以来相沿已久的民间习惯,此种习惯主要调整多子家庭的家产传递,又称"诸子均分制",民间俗称"兄弟分家",指的是已婚兄弟间通过分生计和财产,从原有的大家庭中分离出去的状态和过程。中国传统的分家即是家庭整体的彻底破裂,犹如细胞分裂一样。门户的另立是一个独立的新的家庭的产生,也就是家庭再生产的表现。通过分家使得土地和房屋等产权在不同的家庭之间流动,使富人变成穷人,穷人变成富人,由此也就带来了社会流动。[①] 早在 20 世纪 40 年代,费孝通先生在《生育制度》中就用家庭的三角结构来描述家庭结构的特质及其演变。他指出,从一个核心家庭来看,一对配偶结婚后,三角形结构的夫妇两点已经具备,孩子出生就形成了三角形的第三点,也就完成了社会结构里的三角。"这个完成了的三角在人类学和社会学的术语里称作家庭";随着子女的增加,第三点越

---

① 麻国庆:《分家:分中有继也有合》,载《中国社会科学》1999 年第 1 期。

来越强,三角结构也逐渐扩大。"在一定的时间,子方不能安定在这三角形里,他不能永远成为只和父母联系的一点,他要另外和两点结合成新的三角形"。这样就使得原有的家庭三角不再完整。"这并不是原有三角形的意外结局,而是构成这三角形的最终目的。三角形的破裂是他功能的完成。"[①]

中国古代的分家继承制度不同于清末借鉴西方在立法上所规定并沿袭至今的继承制度,前文所述的诸子继承制度是包含了分家制度在内的广义的财产继承,现行法律中的继承制度则是借鉴西方社会规定的狭义继承制度,两者的区别主要表现在:第一是发生的时间不同,分家行为可以发生在父母生前,也可以发生在父母死亡以后,而狭义的继承制度只能发生在父母死亡之后;第二是分割的对象不同,分家制度是建立在家系或"分房"的基础上,是对家庭财产的分割,而狭义的继承制度是建立在个人财产制基础上,是对死者个人财产的继承和分割;第三是财产分割过程中个人主观意愿的影响不同,分家制度受到传统分家习惯的限制,父母不能对财产进行随意处置,而狭义继承制度中因继承的是死者个人的遗产,遗嘱优先原则也意味着死者对财产的处分是有较大自由的。实际上,现代的继承制和个人财产制在清代社会以前是不存在的。[②]

现代民法上的"继承"(succession)一词与中国古代的"继承"一词也并非是等同的概念。清末依照日本法律进行近代立法时,遇到了对"succession"一词的翻译问题。20世纪初,就如何翻译"继承"一词曾经形成过两种意见。一是译为"相续",如1907年的《新译日本法规大全》中的《日本民法典》第五编,民国初年商务版的《德国民法典》第五编和《法国民法典》第三编第一章中均使用"相续"一词,可见该词流传甚广。第二种意见是译为"承继",如留法归国的陈篆翻译的《法兰西民法正文》,不但使用"承继",还使用了"承继人""承继权"等概念。第一次明确而统一地使用"继承"一词的是在《大清民律草案》第五编,在此编前起草人还撰写了"定名"一篇以做说明:"谨按,人死而继承之事以生,此古今东西所同者也。考继承之历史,继承人所得权利,或宗祀权,或身份权,或财产权,事实虽不同,而其为继承一也。唯以继承事汇订以一定之规则,成为完全法典者,实自近代始。日本

[①] 费孝通:《乡土中国:生育制度》,北京大学出版社1998年版,第163、215、216页。
[②] 俞江:《继承领域内冲突格局的形成》,载《中国社会科学》2005年第5期。

谓继承曰相续法,夫'相续'云者,即相为继续之意也。此等字句,若缀诸文字之内,其意固自可通也,然以此作为名词,实未得取义之正。查中国于嗣续宗祧等项,多通用'继''承'字,故此编改曰继承,而关于继承之法曰继承法。"①

《大清民律草案》作为清末移植西方民法学的最终成果,在民初受到法律界的普遍尊重。1911 年(宣统三年),《继承编》修订完成,共分六章:第一章为通则;第二章为继承,又分为两节,第一节为继承人,第二节为继承人之效力;第三章为遗嘱;第四章为特留财产;第五章为无人承认之继承;第六章为债权人或遗赠人之权力,共计 110 条。《大清民律草案》"继承编"第 1 条即草案第 1460 条开宗明义:"继承以所继人之死亡时为始",体现了立法者试图确立西方继承制的意图。也是由于《大清民律草案》采用"继承"概念,分家制开始淡出国家法领域。但《大清民律草案》对中国传统的分家习惯也并非完全摒弃,在"继承"编前的"定名"中阐述了对分家习惯与西方继承制度的取舍说明,"吾国数千年来于分析祖父遗业之事,一委诸习惯。……现今欧洲各国,其法律概采个人主义,并不认有家族。故其所谓'继承',直一财产之移转,无他义也。"起草人认为个人主义为先进思想,分家制是一种落后的家产传承方式,继承制则为先进模式,且分家制已经有进化到继承制的趋势。因此,在立法政策上抛弃家族思想是大势所趋。

这部草案既包含了大量的传统继承习惯,也吸收了西方继承法中的一些进步的做法。如将身份继承与财产继承区分开来,采用二分法的立法技术,将身份继承与财产继承分列于亲属和继承两编,使得财产继承貌似以独立的继承方式在继承编中出现,这样的体例结构的变化也为后来从法律层面上真正的剔除宗祧继承奠定了基础。同时被继承人和继承人的个人意志得到了一定程度的尊重,私人利益得到了一定程度的维护。例如,法律明文规定了有自立、制定证人两人口授、制定官吏或相当人员两人口授等多种遗嘱订立方式,遗嘱订立人的真实意思选择得到了法律上的部分承认。继承法草案注重西方近代法理的吸收和体例结构的总结,其他分则中的重要的内容均收录在通则部分,使得整部草案无论是从内容上还是结构上都简要明了,内容上很大程度上避免了繁杂难懂。

---

① 《中华民国暂行民律草案》,法政学社民国元年(1912 年)版,第 78 页。

由于该民律草案公布时,清朝趋于覆灭前夕,并没有在社会上推行,其对当时社会的影响并不太明显。但是该继承法草案引用了西方先进法律理论和法律技术,在中国历史上具有开创性,为后来的 1925 年和 1928 年的继承法草案的制定提供了立法模版和蓝本。

四、民国时期对家庭财产制度的法律规定

(一) 民国大理院时期的分家制

根据 1912 年(民国元年)3 月 11 日的"临时大总统宣告暂行援用前清法律及《暂行新刑律》令",清未颁行的法律草案不能在民国时期援用。如此一来,《大清民律草案》《大清刑事诉讼律草案》等皆被废弃。但民初未能颁行新的民法典,民事法领域存在相当大的立法缺口。这个缺口很大程度上是通过大理院判决例和解释例来填补的,换言之,大理院判决例和解释例实际上发挥了立法功能。

总统令特别指出《大清新刑律》可资援用,《大清现行刑律》中的刑事部分废止,民事部分仍具有成文法效力,援用时改称《现行律》,全称为《现行律民事有效部分》。分家析产自属《现行律民事有效部分》,故终其大理院时期,有关《大清现行刑律》中的分家析产条文始终具有成文法效力。大理院时期的"遗产承继"主要是指一种国家法层面上的分家析产制,而非现代继承法中的"遗产继承"。结合相关大理院判决例和解释例,这个制度包含以下几个方面的内容:其一,两种可参与分家的身份。一种是受产人,包括亲子、嗣子和私生子、赘婿等。一种是酌分产人,包括亲女、义子、女婿、长子、长孙等。受产人可享有法定份额的请求权,地位与继承权人很相近。酌分产人都是亲子或嗣子以外的家属,不能直接参与分产,也没有法定份额的请求权,但条件成就时可酌量拨分财产。酌分产人类似于现代继承制度中酌情分得遗产的人。分家的基本原则是"均分",有亲子时不分嫡庶,一律按"子数均分"。立嗣后又生子的,家产由嗣子与亲子均分。私生子只许分得亲子应得份额的一半。无亲子时,私生子可与嗣子均分。从当时的条文来看,分家契约是一种诺成契约,只要当事人适格且不违背均分原则,分家契约即可成立和生效。综上,《现行律民事有效部分》关于分家析产的规定,已经形成较为完善的体系,这个体系依赖于对《大清现行律》的继承,同时吸收

了西方继承法的思想,确立了一些新规则。①

(二)《中华民国民法典》的《亲属编》和《继承编》中关于家庭财产的法律规定

1.《中华民国民法典》的《亲属编》关于家庭财产的相关规定

《中华民国民法·亲属编》于 1930 年 12 月 6 日公布,1931 年 5 月 5 日施行。全编分 7 章,自第 967 条至第 1137 条,共 171 条。第一章"通则",共 5 条。第二章"婚姻",分 5 节,共 64 条,其 5 节为:(1)婚约;(2)结婚;(3)婚姻之普遍效力;(4)夫妻财产制;(5)离婚。第三章"父母子女",共 32 条。第四章"监护",共 23 条,共分 2 节:(1)未成年人之监护;(2)禁治人之监护。第五章"扶养",共 8 条。第六章"家",共 7 条。第七章"亲属会议",共 9 条。同法施行法共 15 条,大致为民法亲属编施行前消灭时效之规定;并发生之亲属事件,适用民法亲属编的各项规定,如:(1)婚约;(2)再婚期间;(3)已结婚者之夫妻财产制;(4)离婚之原因;(5)婚生子女之推定及否认;(6)非婚生子女;(7)收养关系及终止收养之原因;(8)父母子女间之权利义务;(9)监护人之权利义务等。

首先,该法改变了亲属的类型和范围。对于亲属的分类,我国旧律分宗亲、外亲、妻亲三种。宗亲指同一祖先所出之男系血统之亲属,包括来归之妇与在室女;外亲则指女系血统之亲属。夫对于妻之本族,则称妻亲。该法一改旧制,采用了欧陆国家惯用的根据亲属发生原因而将亲属分为血亲、姻亲、配偶的做法。

其次,全面移植西方的夫妻财产制度。我国传统社会中实行"同居共财"的生活模式,只有家庭财产而无夫妻财产,家庭财产往往由身为男性的家长掌管,妻子并没有独立的财产权。对传统社会妻子的财产权,瞿同祖有这样的描述:"社会习惯和法律对于(妻子)财产权的限制尤为严格。妻虽负处理家事之责,但财政方面,只是按时从夫处领得定额的家用,然后在一定的范围内支配这些资财而已。换言之,她只有行使权,并无自由处分权及所有权,她只在指定的范围内被授权代理而已,她得对夫负责,越权得处分除非经过追认,是无效的。这在法律上看得最清楚,中国古代的法律在宗祧继承之下,根本否认妻有继承夫财的权利,继承遗产的不是她,而是她的儿

---

① 俞江:《继承领域内冲突格局的形成》,载《中国社会科学》2005 年第 5 期。

子或嗣子。在子未成年之前她只有行使管理权的资格。同时古代的法律也根本否认妻有私产之说,清律例规定妻改嫁不但不能携走夫之财产,即原存妆奁亦由夫家作主大理院二年上字三五号判例就认为妻之私产行使权利亦受夫之限制。这些都足以表现妻无财产所有权。"①该法以男女平等为原则,认可、保护妻子的财产权是其立法的必然选择。立法原则的解释中说明:"各国民法,关于夫妻财产制度,规定綦详,标准殊不一致。我国旧律,向无此种规定,配偶之间亦未有订立财产契约者,近年以来,人民之法律思想,逐渐发达,自当顺应潮流,确定数种制度,许其约定择用其一。其无约定者,则适用法定制。"②因此,法律规定夫妻财产制实行法定制和约定制两种,夫妻在结婚前或在结婚后,可以以契约的形式就民法典所规定的共同财产制、统一财产制和分别财产制进行约定。如果夫妻没有以契约订立夫妻财产制,那么除法律另有规定外,就以法定财产制即联合财产制为其财产制。共同财产制是指"为设定一种夫妻之共有财产,于共有财产外,各许独有财产,夫对于共有财产有管理权及处分权。于共同财产关系终了时,双方或其继承人得将共有财产分析"③。统一财产制是指"双方财产,均集中于夫之一方,妻所带入财产之所有权,均移转于夫,而妻只有请求返还权"④。分别财产制是指"夫妻对于本人之财产,各别享有所有权,管理权及用益权,而家用在原则上由夫妻平均分担之"⑤。所谓联合财产制,就是指:"妻之财产,除保留者外,集中于夫之一方,而无夫妻共有之财产,盖各别保存其原有之财产,特均归夫一方管理耳,夫对于妻所带入之财产,有用益权,及在特定范围内有处分权。"⑥但管理费用由夫负担,夫对妻原有财产进行处分,应得妻之同意,但为管理上必须之处分不在此限。

再次,父母对未成年子女的财产支配。《亲属编》第 1087 规定:"未成年子女因继承,赠与或其他无偿取得之财产为其特有之财产。"根据这一条款

---

① 瞿同祖:《中国法律与中国社会》,中华书局 2003 年版,第 114 页

② 谢振民:《中华民国立法史》,中国政法大学出版社 2000 年版,第 786 页。

③ 《亲属法先决各点审查意见书》,载南京三五学社主编:《法学季刊》第 1 卷第 1 号(1930 年 12 月)。

④ 同上。

⑤ 同上。

⑥ 同上。

可以确定未成年人的特有财产归其个人所有,然而特有财产管理权归父母,父母还享有使用收益之权,虽然非为子女之利益不得处分,但何为"子女之利益"并没有明确的界定。我们可以看出民法《亲属编》对保护未成年子女财产权是没有太大意义的,未成年子女的财产依然由父母所支配。

最后,关于家的规定和地位问题。如前所述,我国传统社会中家制的内容,集中反映了家属身份的不平等和人格的不完整。为什么在亲属编中还单设"家"一章呢?立法过程中,对家制废存问题争议甚大。在立法原则中这样解释:"个人主义于家属主义之在今日,孰得孰失,固尚有研究之余地,而我国家庭制度,为数千年来社会组织之基础,一旦欲根本推翻之,恐窒碍难行,或影响社会太甚,在事实上似以保留此种组织为宜,在法律上自应承认家制之存在,并应设专章详定之。"[1]但其具体内容较传统家制有较大差异。具体体现在:(1)家长的产生与传统家庭有所不同。家长由亲属团体中推定之,无推定时,以家中最尊辈者为之(不限于男性)。不能或不愿意管理家务时,可以由其指令一人代理之。家长的职能就是管理事务,保护全体家属的利益。(2)家中没有规定家产,只规定了家长对家务的管理权。"财产之管理,家长兼夫妻或父母者,自应依关于夫妻财产及子女财产之规定处理。"[2]可见,在法律意义上不再承认家产,而代之以夫妻财产或子女财产。但也有学者对此提出质疑,"我国农村社会尚行其所谓家族共财制,现民法既仿欧西法例,规定夫妻财产制与未成年人之特有财产,而于固有之家族共有财产制反无一言,以致一家中所需用之财产,竟不知如何分配与管理。立法者之意或以家族共财为我国固有之习惯,法律上纵不予规定,人民仍可照旧遵行。或以家族共财纠纷迭起,法律上未便加以承认。其实我可仿瑞士法例规定两种以上之家族财产制,便人民自由采行,较为妥当。"[3]从本质上说,家制存在的意义本来是通过家长对家属的支配权,达到维系家庭关系和家庭秩序的目的,所以家制才成为家族本位的象征。亲属编虽表面规定了家制,但大大削弱了家长的权力,已不再是传统意义的家制。

---

① 谢振民:《中华民国立法史》,中国政法大学出版社 2000 年版,第 787 页。
② 史尚宽:《亲属法论》,中国政法大学出版社 2000 年版,第 796 页。
③ 赵凤喈:《民法·亲属》,台湾编译馆 1974 年修订版,第 48—49 页。

2.《中华民国民法典》的继承编关于家庭财产的相关规定

《中华民国民法典》继承编的颁布与施行时间同亲属编相同。它采用了西方继承法的体例,彻底抛弃了大理院时期采用的分家制,是南京国民政府时期中国的法律精英和政治精英合作完成的一部法律,是中国历史上第一部颁布实施的财产继承法律。它既吸收了外国先进法制理论,又注重与中国传统习俗的结合,促进了中国财产继承法制由传统向近代化的转变,是当时中国财产继承法律的集大成者。虽然这部法律从社会性质上看是属于国民党的"六法全书"之一,在新中国建立后即被全面废止,可是它在中国的台湾地区仍然适用,并被不断地完善。

《中华民国民法典》继承编共分三章,从第 1138—1225 条共有 88 条。第一章"遗产继承人",从第 1138 条到第 1146 条,相继规定了遗产的继承顺序、遗产继承人、应继分及遗产权的取得和丧失;第二章"遗产之继承",分为五个小节:效力、限定之继承、遗产之分割、继承之抛弃和无人承认之继承;第三章"遗嘱",分为六节:通则、方式、效力、执行、撤销和特留分。这部继承法是中国历史上由政府正式颁布的第一部结构严谨、体系完整的财产继承法。此外,根据本法又制定了新旧继承法接轨的施行法——《民法继承编施行法》共 11 条,是关于《中华民国民法典》继承编施行以前所涉及的五个方面:一是消灭时效问题;二是子女及嗣子女继承权之规定;三是丧失继承权之规定;四是特留份之规定;五是遗产管理人权利义务之规定。这些规定有效弥补了新的继承法施行前的相关继承案件的界定及其审理问题,很好地指导这一时期的有关财产继承权的案件立案和审理。它是对民法继承编的有效补充。

该继承编的主要亮点体现在以下几个方面:

(1)采用法定继承原则,按该编第 1 条即《中华民国民法典》第 1138 条,除配偶外,继承顺序分别为"直系血亲卑亲属;父母;兄弟姊妹;祖父母",这种按照法定顺位来继承遗产的制度,在《中华民国民法典》之前的中国社会是不存在的。传统承继制"是后辈得到了前辈的身份、财产","凡非由上而下的传递,就不能称'承''承继''继承'"。因此,在无亲子时,配偶、直系长辈也不能"承继"家产,而必须选立嗣子来承受家产。

(2)对遗产继承的时间进行明确界定,该法第 1147 条规定:"继承,因被继承人死亡而开始"。摈弃了传统财产继承时间的做法,即分为生前继承和死后继承,虽然这样做被继承人可以看到自己的意志是否被很好的执行,但也造成继承人之间在分割财产时产生矛盾,不利于家庭的团结和被继承人安享最后的人生岁月。

(3)确认了男女平等的继承原则。由于受儒家"男尊女卑"思想的影响,中国传统旧法是以男子作为财产继承权的主体,极少承认女子享有合法的继承权的,除非家长特别给予,不许对遗产主张继承权。随着时代的发展和社会的变迁,制度有所变化,女子可以享有有限的财产继承,仍不能与男子享有平等的财产继承权。南京国民政府第一任立法院院长胡汉民在《民法亲属继承两编中家族制度规定之意义》一文中,明确指出:"……无论已否出嫁之女子,对于父母之遗产,都有继承权,此外各种亲属苟与被继承人亲等之远近相等,也不以性别有所轩轾。"①

(4)确立遗嘱自由原则。该法第 1187 条规定:"遗嘱人于不违反关于特留分规定之范围内,得以遗嘱自由处分遗产"。也即,只要不违反特留份的规定,遗嘱继承优先于法定继承。但清代以来的家产制中,父母有义务将家产传递给亲子或嗣子;即使要酌分财产,也只是在一个固定的卑亲属范围内,如亲女、义子、女婿等。在没有得到家庭成员特别是亲子的同意时,难以想象父母可将财产自由赠予给家属以外的人。

(5)废除传统的宗祧继承制度,采用单一的财产继承制度。该法典第 1138 条规定:"遗产继承不以宗祧继承为前提"。

(6)明确规定配偶的财产继承权。该法典第 1144 条规定:"配偶有相互继承遗产的权利,其应继分依下列各款定之:一、与第 1138 条所定第一顺序之继承人同为继承时,其应继分与他继承人平分;二、与第 1138 条所定第二顺序或第三顺序之继承人同为继承时,其应继分为遗产的 1/2;三、与第 1138 条所定第四顺序之继承人同为继承时,其应继分为遗产的 2/3;四、无第 1138 条第一顺序至第四顺序之继承人时,其应继分为遗产全部"。不难看出,配偶之间的相互继承遗产的权利,尤其是女方在亡夫后,可以继承其丈夫的合法遗产,使其后半生的生活有了一定的保障。这些对于中国传统夫权制度下,对丈夫遗产不能主张权利的妇女来说,不仅仅是制度上和人们

---

① 胡汉民:《民法亲属继承两编中家族制度之意义》,载《中华法学杂志》第 2 卷第 2 期,台湾正中书局 1931 年版,第 13 页。

思想观念上的大胜利,也是近代以来社会不断变迁的结果,是与社会经济形势的发展相适应的。

(三) 中国近代立法中在传统分家习惯与西方继承制度之间的最终选择

近代中国因移植西方法,从而产生了国家法应否回应本土习惯,以及对其采用何种态度的问题。清末修律过程中,试图保存传统律例和礼制的工作,到民国时期均归于终结,仅有重视习惯这一方面得以暂时延续。《大清现行刑律》确认了分家习惯及其效果;《大清民律草案》则基本上否定了该习惯;到北京政府时期,大理院通过判决例,承认并发展了《现行律民事有效部分》中与分家相关的规则,使分家纠纷的审判工作有所依据。然而,《民国民法典》再次否认了分家习惯,并较多的吸收西方的法律制度,形成区别于传统继承制度的继承。观察分家习惯在近代国家法中的沿革,可以清晰地看到一个承认、否认、再承认、再否认的犹豫和反复的过程。南京国民政府立法院在编纂《中华民国民法典》时,限于时间紧迫,更由于法学理论上和立法技术上的困难,对调查所得的民事习惯未能系统总结,采纳为法典的条文。当时的法学家吴经熊从比较立法的角度曾评价中华民国民法典,谓:"我们试就新民法从第 1 条到第 1225 条仔细研究一遍,再和德意志民法及瑞士民法和债编逐条对校一下,其 95% 是有来历的,不是照帐誊录,便是改头换面。"除了 95% 的内容继受于外国法,《中华民国民法典》5% 的内容如典权、订婚、家制等,其规范形式上是来自于习惯,但深究其制度理念与功能,也大体上来自于德国、瑞士民法,并非中国习惯在法典中的转化。可以说,习惯这一古代民法残存的唯一形式,在近代民法法典化的进程中也已经形存而实亡了。《中华民国民法典》是集近代中国民事立法、司法和民法研究之大成的民法典文献,它为这个犹豫和反复的过程画上了句号。在分家习惯和西方继承法之间,宣告了后者的全面胜利。① 从此,分家习惯不但退出了国家法领域,也从法学家的视野中消失了,但在相当长的时期内仍以民间习惯的形态保留在中国农村。

---

① 俞江:《继承领域内冲突格局的形成》,载《中国社会科学》2005 年第 5 期。

第三节　新中国成立前后的家庭财产制度

一、新中国成立前革命根据地关于家庭财产方面的法律规定

中华苏维埃共和国成立前后,苏维埃政权颁布了一系列有关婚姻问题的法律法规,建立起一套与旧的婚姻观念、习俗迥然有异的新式婚姻制度。当时的关注重点主要集中于解放妇女、实行男女平等、废除买卖婚姻和包办婚姻、建立婚姻自由的制度。

新中国成立前革命根据地时期,可以称为我国家庭财产制的雏型阶段。1931 年的《中华苏维埃共和国婚姻条例》(以下简称《婚姻条例》)和 1934 年《中华苏维埃婚姻法》,是我国婚姻家庭立法史上的两部极为重要的法规。1931 年 11 月 17 日,中华苏维埃共和国在江西瑞金成立且通过了《中华苏维埃共和国宪法大纲》,其中规定:"中华苏维埃政权以彻底实现妇女解放为目的,承认婚姻自由,实行各种保护妇女的办法,使妇女能够从事实上逐渐得到脱离家务束缚的物质基础,而参加社会经济的政治的文化生活"。这就从法律上确立了男女平等、婚姻自由、保护妇女利益的婚姻家庭制度的基本原则。对《婚姻条例》历史意义的评价,1950 年 4 月《关于中华人民共和国婚姻法起草经过和起草理由的报告》指出:"中华苏维埃共和国婚姻条例以及中华苏维埃共和国中央执行委员会第一次会议关于暂行婚姻条例的决议,是以毛主席为首的中国共产党将马克思、恩格斯、列宁、斯大林关于婚姻家庭和社会发展问题的学说具体运用来解决中国婚姻制度问题的最初的法律文献。这些文献,奠定了废除封建主义婚姻制度和建立新民主主义婚姻制度的原则基础,标志了中国婚姻制度的大革命开端。历来各解放区公布施行的各种婚姻条例,在基本原则方面,都是以苏维埃时代这些文件的规定为依据的。"事实上,1931 年《婚姻条例》所确立的基本原则,不仅为后来的根据地、解放区的婚姻立法所沿用,也直接影响了新中国第一部《婚姻法》——1950 年《婚姻法》的制订。

1931 年的《婚姻条例》共七章 23 条。第一章原则;第二章结婚;第三章

离婚;第四章离婚后小孩的抚养;第五章离婚后男女财产的处理;第六章未登记结婚所生小孩的抚养;第七章附则。从整体上看,条文数量少,内容比较简单。内容除原则和附则外,主要涉及结婚和离婚两方面,关于夫妻关系及父母子女关系的内容在离婚部分有少量涉及,但没有关于其他亲属之间权利义务的规定。

第 11 条:"离婚前所生子女,归男方抚养,如男女都愿抚养,则归女方抚养。"

第 12 条:"哺乳期的子女,归女方抚养。"

第 13 条:"小孩分得田地的,田地随小孩同走。"

第 14 条:"所有归女方抚养的小孩,由男子担负小孩必需的生活费的三分之二,直到 16 岁为止,其支付的办法,或支付现金,或代小孩耕种分得的田地。"

第 17 条:"男女各得田地、财产、债务各自处理,在结婚满一年,男女共同经营所增加的财产,男女平等,如有小孩,则按人口平分。"

第 18 条:"男女同居所负的公共债务,归男子负责清偿。"

第 19 条:"离婚后男女均不愿离开房屋时,男子须将他的一部分房子,赁给女子居住。"

第 20 条:"离婚后,女子如未再行结婚,男子须维持其生活,或代种田地,直至再行结婚为止。"

根据中央苏区实行《婚姻条例》后的实际情况和经验,在经过调查研究的基础上,苏维埃政府及时对《婚姻条例》的有关内容进行了修改、完善,于 1934 年 4 月 8 日颁布了《中华苏维埃共和国婚姻法》。该《婚姻法》共六章 21 条,基于施行过程中的经验和教训,以及在实际工作中的需要,对《婚姻条例》有关规定所作的修改、补充和发展主要有以下几个方面:

(1) 对离婚后子女的抚养规定进行修改。《中华苏维埃婚姻法》第 16 条规定:"离婚前所生的小孩及怀孕的小孩均归女子抚养。如女子不愿抚养,则归男子抚养。但年长的小孩同时须尊重小孩的意见。"该规定改变了《婚姻条例》中"离婚前所生的子女,归男子抚养"的规定,更有利于孩子的成长。由于 1931 年《婚姻条例》制定的大方向是最大化的促进妇女解放,做出小孩由男子抚养的规定也是可以理解的。同时,《中华苏维埃婚姻法》规定了在父母离婚时小孩有权选择他的监护人。

（2）对离婚后财产的处理和男方对女方的帮助问题上更加具体、实事求是。根据离婚后一般是妇女离开原家庭这一实际情况,该法规定:"离婚后女子如果移居到别的乡村,得依照新居乡村土地分配应分得土地,如新居乡村已无土地可分,则女子仍须有原有的土地,其处置办法或出租或出卖或与别人交换,由女子自己决定。决定归女子抚养的小孩随母移居后,其土地分配或处理办法完全适用上述的规定。"对离婚后未嫁妇女的保护责任进行了细化,补充规定了男方维持离婚后未嫁妇女生活的条件是女方"缺乏劳动力,或没有固定职业,因而不能维持生活",但如果男方自己缺乏劳动力,或没有固定职业,不能维持生活,则不在此例。

革命根据地时期婚姻法的规定,虽然产生于法制创建时期,家庭财产制尚未形成完全的体系,但实现了对封建主义家庭财产制度的初步改造,并为新中国成立之后的婚姻立法奠定了良好的基础。

二、新中国第一部婚姻法关于家庭财产方面的规定

1950 年 4 月 13 日,毛泽东主持中央人民政府委员会第七次会议,通过了《中华人民共和国婚姻法》。它是中国人民长期反抗封建婚姻家庭制度斗争在法律上的总结,又是为适应解放后改革婚姻家庭制度的实际需要而制定的,它无论在中国妇女解放史上,还是新中国法制建设史上,都是浓墨重彩的一笔,占据着重要地位。它的公布实施,标志着我国历史上几千年遗留的封建主义家庭制度被彻底摧毁,新的婚姻家庭制度将普遍实行。

1950 年的《婚姻法》实行男女婚姻自由、一夫一妻、男女权利平等、保护妇女和子女合法利益的新民主主义制度,关于夫妻在人身方面和财产方面完全平等的原则,贯穿于该法的始终。关于家庭财产关系问题,该法第 10 条规定了夫妻双方对于家庭财产的平等的所有权与处理权,第 12 条规定了夫妻之间有互相继承遗产的权利。第 23 条、24 条则明确规定了在离婚时对女方予以特殊照顾的财产分配制度。

为了保证该《婚姻法》的贯彻执行,在《婚姻法》通过和施行的当年,中央人民政府法制委员会出台了《有关婚姻法施行的若干问题与解答》(1950

年 6 月 26 日），对相关的问题进行了专门解释。其中涉及家庭财产的问题有以下几个方面：

问题七 家庭财产的内容是什么？

答：家庭财产主要不外下列三种：（1）男女婚前财产；（2）夫妻共同生活时得的财产（其中大体上可分三种：一是夫妻共同劳动所得的财产——妻照料家务抚育子女的劳动应与夫获取生活资料的劳动，看作有同等价值的劳动。因此，男方劳动所得的财产，亦应认为夫妻共同劳动所得的财产；二是双方或一方在此时期内所得的遗产；三是双方或一方在此时期内所得的赠与的财产）；（3）未成年子女的财产（如土地改革中子女所得的土地及其他财产等）。

问题八 夫妻双方对于家庭财产有平等的所有权与处理权是什么意思？

答：这有两方面的意思：一方面的意思是，中国大多数人的家庭财产，形式上是混合财产制，即夫妻不分彼此地共同所有共同处理；但实际上所有权与处理权，往往均只操于男方之手，女方无权过问或很少权利过问。根据男女权利平等和夫妻在家庭中地位平等的原则，夫妻双方对于上述第一种和第二种家庭财产有平等的所有权与处理权；对于第三种家庭财产有平等的管理权。另一方面的意思是，根据男女权利平等和夫妻在家庭中地位平等的原则，夫妻对于任何种类家庭财产的所有权、处理权与管理权，均得由双方自愿约定。

问题十三 为什么离婚后对于子女的生活费和教育费及债务的偿还，男方的负担都要重些；如女方的经济情况确比男方充裕时，是否女方的负担也可以加重些？

答：在我国目前一般的情况下，女方的经济能力不如男方，在业务上还不能与男方完全平等，所以男方在经济上应多负担一些。如女方的经济情况确比男方充裕时，也可负担较男方为多的子女生活费和教育费，也可偿还共同生活时所负担的债务。

可见，1950 年的《婚姻法》从根本上否定了封建主义的婚姻制度，充分保障人民的婚姻自由，同时，为了真正实现男女平等和婚姻自由，保障女性在家庭中的合法地位和权益,鉴于女性在社会中的实际状况,从妇女的经济能力出发,针对女性权益保护进行了特别规定。这些规定与新中国成立前革命根据地时期的立法相比较,不仅在适用范围上扩大了,而且在内容上有了进一步的充实和完善,使夫妻之间无论在形式上,还是在实际上都能够真正平等地拥有家庭财产的管理权和处分权。婚姻法的公布,受到全国广大人民的热烈拥护,也有少数人还有一些不正确的看法。有人说婚姻法是与自己无关的,有人说它"向妇女一边倒",有人说使夫妇关系"不保险"了,这些都是片面的、错误的看法。这部婚姻法不但是代表了妇女的利益,也是代表了全体人民的利益的,它是一部合乎中国国情的、切合时宜的、新民主主义的婚姻法。[①]

三、新中国成立后家庭财产制度的发展及 1980 年《婚姻法》的相关规定

在土地集体化之前,尤其是新中国成立前,土地实行的是私有制度,土地可以进行买卖交易。而当时从事土地交易的主体实际上是两个家庭,而不是现代私有产权意义上的自然人。因为土地一旦进入家产的范畴,任何家庭成员(包括家父)都不能擅自处分。只有把家庭看成一个权利主体,才能够真正理解中国的土地制度。当时的分家和养老模式是,儿子结婚一个就分出一个,最后父母和小儿子共同生活,父母的养老地归小儿子所有。

新中国成立后的前 30 年,由于特殊的国际国内形势,打破家产制、实行集体化是当时实现工业化和农田基础设施建设的根本需求。为了适应这种社会需求,1954 年、1975 年的《宪法》和 1950 年的《婚姻法》以及有关人民公社的政策对家产制进行了虚化,为集体制创造法律条件。由于土地集体所有、集体经营,从根本上虚化了家庭作为一个产权主体的地位,生产队基本上取代了家庭的功能,成为一个独立的产权单位。而家庭所剩的大宗财产只有房屋和少量自留地,因而也给分家带来极大的便利。此时的分家模式仍然延续了以前的模式,即父母和儿子们逐步分家,但由于父母没有了养老地,所以父母养老的责任由儿子们共同承担,即分家之后老人独自居住、

---

① 邓颖超:《关于中华人民共和国婚姻法的报告》,载《党的文献》2010 年第 3 期。

与儿子分灶吃饭,但由所有儿子共同赡养。土地公有制下的家庭联产承包制,既可以发挥传统家产制在调动生产积极性上的优点,又可以避免传统家产制的困境,无疑是社会主义土地制度的一大创举。实行家庭承包经营时期,家产制被强化,农民从土地上获得的权益不断增加,由于市场经济导致的家庭财富积累方式不断发生变化,家庭财富向子代日益集中,父代对家庭财富的贡献越来越小,因而在家庭中地位和权威也越来越低。无论是多子还是独子,都实行全面分家制度,很少有父母和子女共同生活,但父母由于年老体弱、丧失劳动能力,需要儿女赡养。同时伴随着经济社会改革,人们的家庭观念也因此受到影响而转变,经济的市场化改革带来个人主义的发展,个人在社会中追求利益最大化的经济理性也进入到家庭领域,年轻人在争取尽量多分家庭财产的同时又不愿承担养老责任,造成农村家庭的代际关系紧张和养老困境。

1978 年中国共产党第十一届三中全会胜利召开,我国政府历史性的采取以经济建设为中心,坚持四项基本原则,坚持改革开放的基本国策,经过拨乱反正,我国的经济社会发展恢复到正确的轨道上。以废除封建主义婚姻家庭观为历史使命的 1950 年的《婚姻法》已经不能适应新时期经济社会发展的需要,为此,1980 年我国重新制定了《中华人民共和国婚姻法》(以下简称 1980 年《婚姻法》)。在夫妻财产制方面,1980 年《婚姻法》对1950 年《婚姻法》做了重大修订,主要体现在两个方面:其一,将家庭财产制修改为夫妻财产制,规定夫妻在婚姻关系存续期间所得的财产,为夫妻共同所有;其二,制定了约定财产制,夫妻对财产另有约定的,适用约定财产制。

1980 年的《婚姻法》在新中国夫妻财产制的探索方面,具有重要的历史进步意义。首先,1980 年《婚姻法》正式确立了我国的夫妻财产制,废止了我国自古以来所延续的家庭财产制,事实上也废止了家长制的传统制度,这在我国夫妻财产关系方面,也具有历史进步意义。其次,1980 年《婚姻法》首次认可夫妻约定财产制,这在我国历史上也具有划时代意义。我国向来缺乏私法传统,对约定财产制的承认,意味着承认夫妻财产关系可以由夫妻双方意思自治,体现了对夫妻人格的尊重和保护。但是,由于家庭中并非只有夫妻关系,还存在父母子女关系、兄弟姐妹关系等多重关系,显然仅仅规定夫妻财产制并不能完全解决家庭中的财产问题,法律在追求进步的同时忽视了社会存在的家庭实际状况。另外,《婚姻法》又规定夫妻之间、代际之间还存在扶助、赡养、抚养义务,可以认为"夫妻共同财产不过是'家庭财产制'的一种(蹩脚的)法律表述"①。

---

① 　赵晓力:《中国家庭资本主义化的号角》,载《文化纵横》2011 年第 1 期。

第三部分　世界其他国家的家庭财产制度

第一节　大陆法系国家的家庭财产制度

近现代以来,随着人类文明的进步、社会经济的高速发展以及家庭积聚财产的不断增多,作为社会基本构成要素的家庭受到了法律特别的关注,家庭财产制尤其是占比最大的夫妻财产制在世界各国普遍得到重视。

需要说明的是,已分家的复合家庭由数个独立家庭组成,其各自的家庭财产均适用于各自的家庭财产关系,所以本书探讨的家庭财产制度,主要是未分家的复合型家庭的家庭财产制度。从西方国家的民法典或婚姻家庭法看,有的国家只规定了夫妻财产制,有的国家则规定了包括夫妻财产制在内的家庭财产制,比如瑞士。

由于西方发达国家的社会养老体制较为健全,这些国家的子女在成年后都会另组家庭,不会与父母共同生活,因此,能够形成家庭财产的情形就仅限制在父母与未成年子女组建的"小家庭"范畴上,故对于家庭财产制度的比较研究,主要涉及的是夫妻财产制以及父母与未成年子女之间的财产关系制度。

大陆法系通常是指以罗马法为基础而形成的法律的总称,一般包括法国、德国、比利时、荷兰、意大利、西班牙、瑞士、奥地利等欧洲国家,以及亚洲的日本、土耳其和一些美洲国家。法国与德国是大陆法系中最具代表性的两个国家,对这两国家庭财产制度的研究可以反映出该法系家庭财产制度的大致情况,有"管中窥豹,可见一斑"之效。

一、法国的家庭财产制

近年来法国立法机关对《法国民法典》进行了大面积的修正、补充或删除,2004 年以后修改更趋频繁。"2004 年 5 月 26 日第 439 号法律和 2006 年 6 月 23 日第 728 号法律对婚姻、家庭与继承法的修改幅度很大,继承法部分几乎全部修改。修改后的条文总体反映了法国社会家庭观念与家庭关系的变化,反映了妇女社会地位的提高以及对妇女财产权利的保障,尤其是对儿童权利的重视;西方社会对夫妻离婚所持的观念比较宽松,民法典在这方面也有所跟进。"①

（一）关于夫妻财产制

有关夫妻财产制的内容主要集中规定于《法国民法典》第三卷"取得财产的各种方式"的第五编"夫妻财产契约和夫妻财产制"中。其中,第一章为"通则";第二章为"共同财产制";第三章为"分别财产制";第四章规定的则是"夫妻分享婚后取得财产的财产制"。其中,法国夫妻共同财产制又包括约定共同财产制和法定共同财产制。

（1）有关夫妻财产关系的一般规定,主要涉及夫妻财产制的确立和适用效力、夫妻财产制的变更,规定于"通则"一章。具体而言,《法国民法典》第 1387 条规定:"夫妻财产关系,仅在没有特别契约时,才适用法律之规定;夫妻之间的特别契约,只要不违反善良风俗和本法特别规定,如他们认为适当,得随其意愿订立之。"第 1389 条特别规定:"夫妻不得订立旨在改变继承的法定顺序的任何协议与放弃,但不妨碍可以按照本法典规定的形式与情况而进行的无偿处分。"有趣的是,准夫妻们可以在结婚前事先约定适用何种财产制,如该法第 1393 条规定:"夫妻双方得一般地声明他们拟按照本法典规定的一种财产制结婚。在没有与共同财产制不同或者变更共同财产制的特别约定时,第二章第一部分(即"法定的共同财产制")确定的各项规则构成法国之普通法。"关于夫妻财产各项协议的订立时间和生效时间,该法第 1395 条规定:"有关夫妻财产的各项协议,应在举行结婚之前订定,但仅于结婚之日开始生效。"关于夫妻财产制的变更,《法国民法典》第 1397 条以较大篇幅进行了详细规定。也就是说,原则上是禁止变更夫妻财产协议的,

---

① 《法国民法典》,罗结珍译,北京大学出版社 2010 年版,第 1 页。

但只有在符合第 1397 条规定的条件下才能准许改变或变更夫妻财产制。根据该条规定,在夫妻财产制实施两年之后,夫妻双方得为家庭利益,用公证文书,订立变更财产制的协议;或者,如有必要,完全改变夫妻财产制。公证书应包含在有必要时对已变更的夫妻财产制的清算,否则视为无效。在考虑进行变更时,应通知拟变更的财产契约的各方当事人以及夫妻每一方的成年子女本人。收到通知的每一个人均可在 3 个月内对考虑进行的变更提出异议。同时,还要求要在夫妻住所市区或省的一份有资格登载法律通知的报纸上进行公告。在相关债权人提出异议的情况下,以及夫妻任何一方有未成年子女的情况下,经公证的文书应经夫妻住所地的法院认可。①

(2)《法国民法典》所规定的共同财产制,又可分为法定共同财产制和约定共同财产制两类。法定共同财产制,主要适用于夫妻没有就其财产关系作出特别约定的场合。《法国民法典》从"共同财产的构成""夫妻共同财产的管理"和"夫妻共同财产制的解散"三个方面进行了规定。

关于夫妻共同财产的构成,《法国民法典》第 1402 条规定:"任何财产,不论是动产还是不动产,凡不能证明按照法律的规定属于夫妻一方的特有财产时,均视为共同财产所得。"第 1405 条第 2 款规定:"在进行赠与或遗赠的当时也可以规定,作为赠与物的财产属于夫妻共同财产。在向夫妻二人共同赠与或遗赠时,所得财产应归入共同财产,有相反规定的除外。"共同财产的构成里面,除了积极财产之外,还包括共同负债。该法第 1409 条规定:"共同财产的负债由以下所列构成:为维持家庭日常开支与子女教育的费用,夫妻双方应当负担的生活费用以及缔结的债务,属于永久性负债;在共同财产制期间发生的其他债务,视情况,属永久性共同债务,或者应当给予补偿。"第 1414 条规定:"对夫妻一方依法行使日常家事代理权所产生的债务,债权人可以要求扣押另一方所得的收益与工资。"第 1418 条规定:"在一项债务仅仅是因夫妻一方所为而成为共同财产负担的债务时,不得就该债务对另一方的特有财产提出追偿请求。如果缔结的债务为连带债务,视为以夫妻双方的名义由共同财产负担。"

对于夫妻共同财产的管理,《法国民法典》第 1421 条规定:"夫妻各方均有权单独管理、处分共同财产,但对其在管理时的过错应承担责任。与夫妻

---

① 《法国民法典》,罗结珍译,北京大学出版社 2010 年版,第 356—361 页。

一方分开从事职业的另一方,单独享有完成该职业所必要的管理与处分行为的权利。夫妻一方单独管理、处分共同财产时,须受一定限制,具体规定在《法国民法典》第 1422 条至第 1425 条。比如第 1422 条规定:"非经另一方同意,夫妻任何一方均不得生前无偿处分属于共同所有的财产,不得用某些共同财产担保第三人的债务。"如果夫妻一方长期处于不能表达自己意志的状态,或者对共同财产的管理证明其无管理能力或有欺诈行为,另一方可以向法院诉请由其本人代为行使此项权利(第 1426 条)。如夫妻一方对共同财产有越权行为,另一方可以在自其知道该越权行为之日起两年内请求法院撤销此行为(第 1427 条)。《法国民法典》第 1439 条还对于父母赠与子女的妆奁的负担作出了规定,即"用共同财产作为向夫妻的共同子女赠与妆奁的用资,由共同财产负担"。

关于夫妻共同财产制的解散,包括解散原因、共同财产的清算与分割以及解散后债务的分担问题,是由《法国民法典》第 1441 条至第 1491 条规定的。其中第 1467 条规定:"共同财产制一经解散,夫妻各方均得取回并未归入共同财产范围的尚存实物的财产,或者取回用以替代该财产的其他财产。随后,得进行共同财产的清算,包括共同资产与共同负债。"根据该法第 1474 条至第 1476 条的规定,从共同财产中先取财产,构成分割财产的活动;在对共同财产完成全部先取活动之后,剩余的财产在夫妻双方之间对半分割;共同财产的分割,凡涉及分割方式、维持财产之共有状态与优先分配、财产拍卖、分割的效力以及余额等事项,均受"继承"编关于共同继承人之间分割财产的规则约束。对于共同财产制解散后的债务分担,《法国民法典》第 1482 条至第 1491 条作了细致规定,以下节选该法典部分规定。①

第 1482 条:夫妻每一方,对因其原因使共同财产负担的、在共同财产制解散之日仍然存在的债务之全部,得受诉请负清偿责任。

第 1483 条:夫妻每一方,对因其配偶的原因使共同财产负担的债务,得仅就其一半受到追偿。

第 1485 条:由共同财产负担但并非应当补偿的债务,夫妻每一方对半分担,并且对半负担财产封存、盘点、动产出卖、清算与财产分割所引起的

---

① 《法国民法典》,罗结珍译,北京大学出版社 2010 年版,第 373—374 页。

费用。

夫妻各方,对应由其负责补偿才能成为共同债务的负债,单独负清偿之责任。

第 1487 条:夫妻一方已清偿的债务数额超过其应当负担的部分时,就此超过的部分,对另一方配偶有求偿权。

第 1488 条:夫妻一方就其多清偿的部分对债权人不享有任何返还求偿权,但如清偿收据中已载明其拟清偿的数额仅以其应当负担的债务为限,不在此限。

第 1489 条:在财产分割时夫妻一方因归属于他的不动产上设立的抵押权的效力,受到债权人诉请清偿共同财产的某项债务之全部时,就此项债务的一半,对另一方有求偿权。

第 1490 条:以上各条规定,不妨碍在不损害第三人权益的情况下,订立一项分割财产的条款,规定夫妻一方不按照上述规定的数额清偿债务,或者甚至规定其清偿负债之全部。

约定共同财产制,即夫妻通过约定对法定共同制的某些规定作出变更的结果;未经夫妻约定变更的其他事项,仍适用法定共同财产制的规定。《法国民法典》第 1497 条还以例示的方法规定了六种较典型的夫妻变更法定共同财产制的约定:约定夫妻共同财产包括动产与婚后取得的财产;约定"共同管理"条款;约定"以支付补偿金的方式先取财产"条款;约定"健在配偶对遗产的先取权"条款;约定"对共同财产享有不等份额"条款;约定夫妻共同财产包括夫妻双方的全部财产。

如果夫妻双方约定实行"动产与婚后取得财产"的共同财产制,该共同财产的资产部分,除依法定共同财产制应当属于共同财产的财产外,还应包括夫妻双方结婚之日即享有所有权或占有的动产,或者他们婚后因继承与无偿处分而取得的动产,但如遗嘱人或赠与人另有规定的除外。《法国民法典》第 1503 条规定:"夫妻双方得约定共同管理共同财产。"在此情况下,应经夫妻双方共同签字才能进行共同财产的管理与处分,并且此种管理与处分行为会意味着债务具有连带性质。财产保全行为,得由夫妻任何一方分别为之。根据《法国民法典》第 1511、1512、1514 条的规定,夫妻双方得订立条款规定:如一方去世,健在的一方,或者双方中任何一方,在共同财产制解散的所有情况下,有权先取特定的共同财产,但应当按照共同财产分割时该财产的价值向共同财产给予补偿。夫妻财产契约还可以规定对可能有的剩余财产进行估价的基础以及支付方式。夫妻双方可以约定先取财产的配偶一方应当支付的补偿金可以留待此后从该方对先去世配偶的财产享有的继承权益中扣减。关于"健在配偶先取权",夫妻财产契约可以约定:如配偶任何一方死亡,健在一方得在进行共同财产的任何分割之前,从中先取一定的款项或者特定的财产实物,或者先取一定数量的确定种类的财产。关于"共同财产的份额",根据《法国民法典》第1520条至第1525条,夫妻双方可以不遵守法律确定的对等分割财产的规定,如果订立条款规定配偶一方或其继承人对共同财产仅享有一定的份额,由此减少份额的配偶一方或其继承人,仅按照他们自共同财产的资产中取得的财产数额的比例,负担应当由共同财产清偿的债务。夫妻约定双方对共同财产各占不等份额的条款,只不过是有关夫妻之间共同财产制的协议,不能视为一方对另一方的赠与。关于"全部概括共同财产制",夫妻双方得以其财产契约规定他们实行包括全部财产在内的共同财产制,其中既包括动产,也包括不动产,既包括现有财产,也包括将来取得的财产。全部概括共同财产应最终承担现有的与未来的全部债务。

（3）分别财产制,规定在《法国民法典》第1536条至第1543条。根据规定,如夫妻双方在财产契约中实行分别财产制,夫妻每一方均对个人财产保留管理、收益和自由处分的权利,并且各自以其个人财产承担其本人在婚前与结婚期间产生的债务,但因行使日常家事代理权而产生的债务不在此限。夫妻一方可以以任何方式证明其是某项财产的唯一所有权人;如不能证明,则推定该财产属于夫妻双方共同所有,双方各占一半。在婚姻期间,夫妻一方可以按照有关委托代理的规定将自己的财产交由另一方管理,但在委托书无明文强制规定时,受委托的配偶一方可以免于报明收益。如果夫妻一方对另一方的财产实施管理而另一方知道后未提出异议,则视管理的一方已受到默示的委托,但这种委托不包括对财产的处分行为。管理财产的配偶一方就其管理行为对另一方配偶负受托人之责,配偶一方不顾另一方的反对意见,插手管理另一方的财产并且此种情形得以证实时,应对其插手管理事务所引起的一切后果负责,并且应对其受领、怠于受领或者欺诈消费的一切结果全数入账。夫妻一方对另一方财产的利用发生的差错,不负担保责任,但如其参与了让与活动或收取款项,或者经证明其收受金钱或者将金钱转为自己的利益,不在此限。

（4）婚后所得参与制,也即夫妻分享婚后取得的财产制度,就是说夫妻婚后双方各自保留其婚前及婚后个人所得财产的所有权,《法国民法典》第1569条至第1581条对婚后所得参与制进行了详细规定。具体而言,如果夫妻双方事先声明按照该项财产制度结婚,每一方均保留对其个人特有财产的管理、收益和自由处分的权利,无需区分是结婚之日即已属其所有的财产还是结婚之后因继承或赠与而取得的财产,也不区分是否属于婚姻期间有偿取得的财产。在婚姻存续期间,此种财产制的运作,如同夫妻之间实行的是分别财产制。当此种制度解除时,夫妻一方均有权分享另一方概括财产中经确认属于婚后取得之净财产的一半价值。婚后取得的财产的价值,按照原始概括财产与最后概括财产两次估价计算。只要婚姻财产制没有解散,分享婚后所得之权利不得转让。如财产制因配偶一方死亡得以解散,该配偶一方的继承人对另一方配偶婚后所得的净财产也享有与其被继承人相同的权利。夫妻一方的财产,以有另一方签字的财产清册的记载为准;如果没有符合法律要求的财产清册,则主张某项财产归自己所有的夫妻一方应按照法定财产制的规定负举证责任。

（二）关于离婚后夫妻财产的分割

《法国民法典》在第六编第三章中规定了离婚的后果。其中第二节是关于"离婚对夫妻双方的后果"。根据该法典第265条的规定,"离婚当然引起撤销由配偶一方通过夫妻财产契约或者在婚姻期间给予另一方的、仅在夫妻财产制解除或者配偶一方死亡之后才产生效果的夫妻财产利益与死因处分,但是同意给予此种利益的一方有相反意思表示的除外。夫妻双方在离婚诉讼中可以就夫妻财产制的清算和财产分割订立任何契约。涉及需要进行不动产公告的财产的清算时,契约应以公证文书订立。"如果夫妻双方没有协议进行财产利益清算,法官在宣告离婚时应命令清算与分割夫妻财产利益。根据《法国民法典》第266条的规定,"对于因婚姻被解除而遭受特别严重后果的配偶一方,如其在以夫妻关系变坏无可挽回而宣告离婚的诉讼中作为被告但其本人并未提出任何离婚请求,或者在唯一因其配偶有过错宣告离婚时,可给予损害赔偿。"

一般而言,离婚意味着夫妻双方终止了互相救助义务,但为了尽可能补偿因婚姻解除而造成的双方各自生活条件的差异,《法国民法典》设立了离婚补偿性给付制度,即离婚后在符合法定情形下配偶一方可能还有义务向另一方进行补偿给付。此种给付属于一次性给付,采用本金形式,数额由法官依据受领方的需要以及另一方的收入情况确定。根据法国《民法典》第271条的规定,法官应着重考虑以下情况:"婚姻关系持续的时间;夫妻双方的年龄与身体状况;夫妻双方的职业资历与状况;夫妻一方在共同生活期间为子女教育所花费的时间以及仍需负担该项花费的时间,或者为了配偶的事业而牺牲自己的事业而产生的后果;在夫妻财产制清算之后双方现有的和可预计的以资本与收入计算的概括财产;夫妻双方现有的和可以预计的权益;夫妻双方各自的退休金状况。"关于住房问题,《法国民法典》在第285条做了3款规定:"如用作家庭住房的场所属于夫妻一方的特有财产或属其个人所有,在夫妻双方的子女惯常在此住房内居住或者子女的利益有此要求时,法官得将该住房租让给单独或共同对一子女或数子女行使亲权的配偶一方。法官确定这项租约的期限,并且可以延展,直至最小的子女成年为止。如新的情况证明有正当理由,法官可解除该租约。"

（三）关于父母与未成年子女的财产关系

有关父母与未成年子女的财产关系的内容主要规定在《法国民法典》及其系列修改法令中。法国确立了以未成年子女利益为核心的立法理念。《法国民法典》第九编分别从人身与财产两方面规定了亲权。其中第371条至第381条规定了"与子女人身相关的亲权",第382条至第387条规定了"与子女的财产相关的亲权"。在法国,父母双方在婚姻关系存续期间共同行使亲权,但是如果一开始仅对父母一方确立亲子关系的子女直到满1周岁之后才对另一方确立亲子关系,亲权仍然由该方单独行使。亲权人有权指定子女的居所,非经亲权人许可,子女不得离开家庭;共同行使亲权的双亲或单独行使亲权的父母中的任何一方,对子女的财产享有管理权和法定用益权。[①]

根据法国2002年第305号法律修正案,父母每一方均应按照本人和另一方的收入以及子女的需要情况,分担子女的抚养费与教育费用,并且子女已成年时,前述义务并不当然停止。在父母分离,或者父母与子女分开的情

---

① 陈苇:《外国婚姻家庭法比较研究》,群众出版社2006年版,第284页。

况下,子女的抚养费与教育费采取支付生活费的方式分担;生活费由父母一方向另一方或者向受托照管子女的人支付。对不能自食其力的成年子女负主要抚养责任的父母一方,得请求另一方分担该子女的生活费与教育费;法官可以决定,或者父母双方可以约定,由此分担的费用直接支付至子女手中。另根据法国 2007 年第 293 号法律修正案,在依据法国《社会保险法典》等规定应当给予相关(多子女)家庭的补助金或补贴没有用于与子女的住房、生活、医疗与教育需要以及家庭补助不足的情况下,少年法官可以命令将家庭给付全部或一部支付给称之为"家庭补贴给付受托人"的自然人或法人。关于与子女的财产相关的亲权内容,以下节选《法国民法典》的部分条文予以说明①:

第 382 条:父母,按照以下所作区分,管理、使用其子女的财产并取得收益。

第 383 条:在父母共同行使亲权的情况下,由父母共同对子女的财产实行法定管理;其他情况,在法官的监督下,按照前一章的规定,或者由父管理,或者由母管理。

法定的使用、收益权与法定管理相关联:法定的使用、收益权共同属于父母双方,或者属于父母中负责对财产进行法定管理的人。

第 384 条:以下情形,使用、收益权即告停止:

1. 在子女年满 16 周岁时,或者子女虽未满 16 周岁但已结婚;

2. 由于有停止亲权之原因,或者在特别情形下,由于有停止财产的法定管理之原因;

3. 由于有引起任何用益权消灭的原因。

第 385 条:在享有此种收益权的同时应当负担:

1. 通常应由用益权人负担的费用;

2. 子女的衣食、生活费与教育费用,按其财产的多少而定;

3. 由子女受领的遗产负有的债务,只要此种债务应当用遗产的收益清偿。

第 386 条:父母健在的一方,如对应当归于子女所有的财产急于通过公

---

① 《法国民法典》,罗结珍译,北京大学出版社 2010 年版,第 128 页。

证文书或私署文书进行盘点并制作财产清册,不发生利于该健在方的使用、收益权。

第 387 条:法定的使用、收益权不扩大至子女通过其劳动可能取得的财产,也不扩大至子女以其父母不得享有使用、收益权之明定条件而受赠与或受遗赠的财产。

二、德国的家庭财产制

尽管《德国民法典》公布之后,社会经济条件发生了巨大变化,但是该法典的条文在总体上仍保持了 1900 年生效时的样子。但是,现行的《德国民法典》与 1900 年最初施行时的文本相比,在亲属法领域的修改一直没有停止过。"起初,婚姻法、夫妻财产制、亲子关系法和监护法仍然带有强烈的男尊女卑色彩,尤其表现在对未婚母亲和非婚生子女的歧视上。今天,早期的带有父权制色彩的婚姻与家庭制度,已经朝着构筑在男女平等以及消除婚生与非婚生子女差异之亲属法制度的方向发生变化。"①综观《德国民法典》的家庭法编的历次修订,可以发现主导思想有两个,即在家庭法中实现男女平等以及加强对子女权利的保护。对德国现行家庭法具有重大影响的修订法案有:1957 年通过的《平权法》,首次尝试着在家庭法领域贯彻男女平等原则,但是不甚理想,该法还将增益共有制规定为法定婚姻财产制;1976 年通过的《婚姻法和家庭法改革第一号法律》,进一步确立了男女平等原则,并在破裂原则的基础上重新规定了离婚法,并且新设了增益补偿制度,设立了家庭法院;1979 年通过的《重新规定父母照顾的法律》,重新规定了父母的照顾权,并设立了子女权利;1990 年通过的《修改成年人监护和保佐法的法律》,废除了禁治产制度,并设立了照管这一新的制度;1998 年通过的《照管法修改法》和 2005 年通过的《照管法修改第二号法律》又对照管制度进行了修订;1997 年通过的《修改子女权利的法律》,在法律上实现了对婚生子女和非婚生子女的平等对待;2009 年 4 月和 7 月又分别通过了《关于供养补偿的结构改革的法律》和《关于修改增益补偿和监护法的法律》。②

---

① 《德国民法典》,陈卫佐译注,法律出版社 2010 年版,第 8 页。
② 〔德〕迪特尔·施瓦布:《德国家庭法》,王葆莳译,法律出版社 2010 年版,第 4—7 页。

（一）夫妻财产制

现行《德国民法典》有关夫妻财产制的规定,集中于第四编"亲属法"的第一章"婚姻"的第六节"婚姻财产制"中。其中,第一小节(第 1363—1390条)规定的是法定财产制;第二小节(第 1408—1557 条)规定的是约定财产制;第三小节(第 1558—1563 条)规定的是婚姻财产制登记薄。

1. 法定财产制

为了充分体现意思自治,满足现实生活的多样性,《德国民法典》没有用强制方式为夫妻规定固定的财产模式,即夫妻财产制。法律将财产增益共有制设定为法定财产制,适用于通常情况。也就是说,如果配偶双方没有通过协议选择其他财产制,就适用法定的财产增益共有制。在该财产制下,配偶双方在婚姻期间的所有收益均被视为双方一起赚取的,特别是,家庭主男或主妇的劳动也属于对共同财富增长的贡献,从而使他们可以分享配偶另一方的增益。当然,德国民法典及相关修订法案并不是将婚姻期间获得的财产直接规定为共同财产,而是采用了三种路径:一是财产增益共有制开始后,夫妻仍保留对各自财产的单独所有权,在该财产制存续期间获得的财产,也属于取得财产的一方单独所有;二是配偶双方独立管理各自的财产,并独自承担责任,只是出于保护另一方的目的,各人的处分行为和负担行为受到一定的限制;三是婚姻解除时,双方在财产上的共有权利得以实现,具体存在两种方式:提高婚姻存续期间增益较少一方的继承份额;赋予其债法上的补偿请求权。

当然,引起法定财产制终止的法定事由不同,所适用的婚姻财产增值补偿规则也不同。

（1）法定财产制因一方死亡而终止的情形。如果法定财产制是因夫妻一方死亡而终止,则实施婚姻财产增值补偿的方式是:将生存配偶的法定继承份额按遗产总额的 1/4 予以提高。如果生存配偶未成为继承人并且未得到任何遗赠,则依照"法定财产制因一方死亡以外的其他原因而终止的情形"予以处理(第 1371 条)。

（2）法定财产制因一方死亡以外的其他原因而终止的情形。婚姻财产增值是婚姻一方的终结财产超出起始财产的数额;夫妻一方在剩余共同制开始之后因死因处分或鉴于一项未来的继承权、因赠与或作为结婚赠礼而取得的财产,以其根据具体情况不视为收入为限,在扣除债务之后计入起始财产。如果夫妻一方的婚姻财产增值超过另一方的婚姻财产增值,则超出部分的半数作为补偿债权归属于另一方。有严重不公平之情形,特别是获得净益较少的一方,经长时间因过失未履行由婚姻关系产生的经济义务者,另一方可拒绝给付。此补偿债权的时效为三年,自夫妻一方得知法定财产制终止时开始计算;但是此种债权的时效最迟于婚姻财产制结束之后三十年消失(第 1373—1375 条、第 1378 条)。

以下节选《德国民法典》关于"夫妻法定财产制"的部分条文内容①:

第 1363 条　财产增加额共同制

(1) 配偶双方不以夫妻财产合同另有规定的,他们系按财产增加额共同制这一财产制生活。

(2) 夫的财产和妻的财产不成为配偶双方的共同财产;前半句的规定也适用于配偶一方在结婚后所取得的财产。但财产增加额共同制终止的,配偶双方在婚姻存续期间所取得的财产增加额被加以均衡。

第 1364 条　财产管理

配偶任何一方独立地管理其财产;但配偶该方依下列规定而在管理其财产上受到限制。

第 1365 条　对全部财产的处分

(1) 配偶一方只有经配偶另一方允许,才能担负处分自己的全部财产的义务。配偶该方不经配偶另一方同意而担负义务的,只有经配偶另一方允许,才能履行该义务。

(2) 法律行为符合适当管理的各项原则,配偶另一方无充足理由而拒绝同意,或因疾病或不在而不能做出表示,且延缓会引起危险的,家庭法院可以根据配偶另一方的申请,代替配偶另一方给予同意。

第 1366 条　合同的追认

(1) 配偶一方未经配偶另一方必要的允许而订立的合同被配偶另一方追认的,即为有效。

(2) 到追认时为止,第三人可以撤回合同。该第三人已知道男子或女子系已婚的,仅在该男子或女子违背实情地声称配偶另一方已允许时,该第

---

① 《德国民法典》,陈卫佐译,北京大学出版社 2010 年版,第 428—435 页。

三人才能撤回;该第三人在合同订立时知道配偶另一方并未允许时,即使在前半句的情形下也不得撤回。

(3)第三人催告配偶一方取得配偶另一方必要的追认的,配偶另一方只能向该第三人表示追认;配偶另一方在催告前已向其配偶表示的,该表示即失去效力。追认只能自受领催告时起,在两个星期以内予以表示;不表示追认的,视为拒绝追认。家庭法院代为追认的,仅在配偶一方在两个星期的期限内通知该第三人时,其裁定始有效力;否则视为拒绝追认。

(4)追认被拒绝的,合同不生效力。

第1367条　单独法律行为

未经必要的允许而实施单独的法律行为,不生效力。

第1368条　不生效力性的主张

配偶一方未经配偶另一方的必要同意而处分自己的财产的,配偶另一方也有权在裁判上对第三人主张因处分不生效力而发生的权利。

第1369条　家庭用具的处分

(1)配偶一方只有经配偶另一方允许,才能处分属于自己的婚姻家庭用具并对此种处分担负义务。

(2)配偶另一方无充足理由而拒绝同意,或因疾病或不在而不能做出表示的,家庭法院可以根据另一方的申请,代替配偶另一方给予同意。

(3)准用第1366条至第1368条的规定。

第1372条　在其他情形下的财产增加额均衡

夫妻财产制以配偶一方死亡以外方式终止的,财产增加额依第1373条至第1390条的规定予以平衡。

第1373条　财产增加额的概念

财产增加额是指配偶一方的终结财产超出初始财产的数额。

第1374条　初始财产

(1)初始财产是指在夫妻财产制开始时,在扣除债务后属于配偶一方的财产。

(2)配偶一方在夫妻财产制开始后死因取得的财产,或考虑到将来的继承权,因赠与或作为婚嫁立业资财而取得的财产,在扣除债务后,算入初始财产,但以这部分财产依情事不能算做收入为限。

(3)债务必须在财产额以外予以扣除。

第 1375 条　终结财产

（1）终结财产是指夫妻财产制终止时，在扣除债务后属于配偶一方的财产。债务必须在财产额以外予以扣除。

（2）配偶一方的财产因夫妻财产制开始后有下列情形之一而减少的数额，仍算入其终结财产：

① 配偶该方已进行其因之而未满足道德上的义务或对礼仪所须做的考虑的无偿财产给予的；

② 配偶该方已挥霍财产的；或

③ 配偶该方已出于使配偶另一方受不利益的意图而实施行为的。配偶一方的终结财产少于其在分居时的答询中所告知的财产的，配偶盖该方必须说明并证明财产的减少不可归因于第 1 句第一项至第三项意义上的行为。

（3）财产的减少发生在距离夫妻财产制终止时至少 10 年以前，或配偶另一方已赞同无偿财产给予或挥霍行为的，财产减少的数额不算入终结财产。

第 1378 条　均衡债权

（1）配偶一方的财产增加额超过配偶另一方的财产增加额的，超出之额的一半作为均衡债权归于配偶的另一方。

（2）均衡债权的数额在扣除债务后，在夫妻财产制终止时存在的财产的价额所限制。以第 1 句所得出的均衡债权的限制，在第 1375 条第 2 款第 1 句的情形下须算入终结财产的数额予以增加。

（3）均衡债权在夫妻财产制终止时发生，并自这一时刻起是可继承的和可转让的。配偶双方在以婚姻的解除为标的的诉讼程序中，就婚姻被解除的情形所做出的关于均衡财产增加额的约定，必须做成公证证书；第 127a 条的规定也适用于在婚姻事件的诉讼程序中在受诉法院做成记录的约定。除此以外，配偶任何一方均不得在夫妻财产制终止前担负处分均衡债权的义务。

2. 约定财产制

在夫妻财产法中也奉行契约自由原则，配偶可以通过夫妻财产合同调整他们的财产关系，还可以通过合同排除供养补偿请求权。该种合同是要式合同,必须在双方到场并且由公证人记录的情况下,才得订立。在约定财产制的条文中(第 1408—1563 条),法律规定了约定财产制的形式以及夫妻在何种程度上可以排除法定财产制的规定。《德国民法典》规定了两种约定财产制,用其作为法定财产制的变通方式:分别财产制(第 1414 条)和财产共同制(第 1415—1518 条)。这两种财产制是法律明确规定可以夫妻财产合同的方式进行选择的,因此也称为选择性财产制。

(1)分别财产制

在该种制度下,配偶双方财产彼此独立,他们的婚前财产及婚后所得仍归各自所有,各方对自己的债务独立承担责任,离婚时不发生婚姻财产的增益补偿。实践中若配偶一方的产业规模远远超越了家庭范围,适宜采取此种财产制。根据《德国民法典》第 1414 条的规定,"配偶双方排除法定夫妻财产制或他们已废止它的,如夫妻财产合同不另有规定,则财产分别制开始。财产增加额的均衡被排除,或财产共同制被废止的,亦同。"该条规定的"财产分别制"是依照法律规定而开始的,当然夫妻双方还可以依照夫妻财产合同来选择此种制度。其实财产分别制曾经是德国的法定财产制,由于容易造成对没有工作收入的一方的不利益,自德国《男女平权法》施行后,财产分别制便失去了法定夫妻财产制的地位。[①] 当然,在财产分别制下,配偶之间也不可能没有任何财产联系,夫妻之间也要承担基于婚姻共同生活的义务,比如允许另一方共同占有和使用婚姻住宅及家庭用具的义务;行使权利时须体谅伴侣利益的义务等。[②]

(2)财产共同制

《德国民法典》第 1415 条至第 1482 条是对财产共同制的规定。采用该财产制的,原本属于配偶各自的财产转化为双方共同共有,即配偶双方无需通过单个处分行为将各自所属之物转为共同财产,共同财产根据总括继受原则直接产生。配偶一方拥有不动产,该不动产成为共同财产的,另一方有权要求在土地登记簿上变更登记。除非另有约定,配偶双方对共同财产享有平等的权利和义务,无论其对共同财产贡献的大小。夫妻互相受到严格约束,任何一方既不能处分在共同财产中的份额,也不能处分其在属于共同

---

① 《德国民法典》,陈卫佐译注,法律出版社 2010 年版,第 438 页。
② 〔德〕迪特尔·施瓦布:《德国家庭法》,王葆莳译,法律出版社 2010 年版,第 108 页。

财产的单个物品上的份额。特定的财产部分保留于共同财产之外,仍属配偶个人所有。

关于对外债务责任,一般的规则是:配偶双方的债务均可以请求共同财产清偿;除此之外,配偶一方还以自己的财产对个人债务负责。在一定条件下,配偶一方还需用自己的个人财产对另一方的债务负责,即在共同管理的情况下,原则上要对双方的债务负责,在单独管理的情况下只对其管理的部分负责。

以下节选《德国民法典》关于"夫妻约定财产制"的部分条文内容①:

第1414条　财产分别制的开始

配偶双方排除法定夫妻财产制或他们已废止它的,如夫妻财产合同不另有规定,则财产分别制开始。财产增加额的均衡被排除,或财产共同制被废止的,亦同。

第1415条　以夫妻财产合同作出的约定

配偶双方以夫妻财产合同约定财产共同制的,适用下列规定。

第1416条　共同财产

(1) 夫的财产和妻的财产因财产共同制而成为配偶双方共同的财产(共同财产)。夫或妻在财产共同制存续期间所取得的财产,也属于共同财产。

(2) 各个标的成为共同的;他们无须依法律行为加以转让。

(3) 已登记于土地登记簿或可登记于土地登记簿的权利成为共同财产的,配偶任何一方可以向配偶另一方请求协助更正土地登记簿。已登记于船舶登记簿或建造中的船舶的登记簿的权利成为共同财产的,准用前句的规定。

第1417条　特有财产

(1) 特有财产被排除在共同财产之外。

(2) 特有财产是不能以法律行为加以转让的标的。

(3) 配偶任何一方独立地管理其特有财产。配偶任何一方为共同财产的计算而管理其特有财产。

---

① 《德国民法典》,陈卫佐译注,法律出版社2010年版,第436—453页。

第 1418 条　保留财产

（1）保留财产被排除在共同财产之外。

（2）保留财产是具有下列情形的标的

① 被夫妻财产合同宣布为属于配偶一方的保留财产的标的；

② 配偶一方死因取得的标的或第三人向其无偿给予的标的，但以被继承人以终意处分或该第三人在给予时指定该项取得应属于保留财产的前提；

③ 配偶一方因属于其保留财产的权利，或作为对属于保留财产的标的的毁坏、损坏或侵夺的补偿，或因与保留财产有关的法律行为而取得的标的。

（3）配偶任何一方独立地管理其保留财产。配偶任何一方为自己的计算而管理其保留财产。

（4）财产标的属于保留财产的，前款所规定的管理仅依第 1412 条对第三人有效力。

第 1420 条　为扶养而使用

归入共同财产的收入必须为家庭的扶养而先于归入保留财产的收入予以使用，共同财产的基本部分必须为家庭的扶养而先于保留财产或特有财产的基本部分予以使用。

第 1421 条　共同财产的管理

配偶双方应在他们据以约定财产共同制的夫妻财产合同中，规定共同财产是否由夫或妻管理或由他们共同管理。夫妻财产合同就此不含有任何规定的，配偶双方共同管理共同财产。

第 1422 条　夫妻共同管理权的内容

管理共同财产的配偶一方尤其有权占有属于共同财产的物和处分共同财产；配偶该方以自己的名义进行与共同财产有关的诉讼。配偶另一方不因这些管理行为而亲自担负义务。

第 1423 条　处分全部共同财产

管理共同财产的配偶一方只有经配偶另一方允许，才能担负处分全部共同财产的义务。配偶该方未经配偶另一方同意而担负义务的，只有经配偶另一方允许，才能履行该项义务。

第 1424 条　处分土地、船舶和建造中船舶

管理共同财产的配偶一方只有经配偶另一方允许,才能处分属于共同财产的土地;配偶该方也只有经配偶另一方允许,才能对此种处分担负义务。已登记船舶或建造中船舶属于共同财产的,亦同。

第 1425 条　赠与

(1) 管理共同财产的配偶一方只有经配偶另一方允许,才能从共同财产中将标的赠与他人;配偶该方未经配偶另一方同意而许诺从共同财产中将标的赠与他人的,只有经配偶另一方允许,才能履行这一许诺。与共同财产无关的赠与与约定,亦同。

(2) 道德上的义务或对礼仪所须做的考虑因之而得到满足的赠与除外。

第 1426 条　代替配偶另一方给予同意

依第 1423 条和第 1424 条只有经配偶另一方允许才能实施的法律行为,对于共同财产的适当管理是必要的,且配偶另一方无充足理由而拒绝允许,或因疾病或不在而不能做出表示,加之延缓会引起危险的,家庭法院可以根据申请,代替配偶另一方给予同意。

第 1427 条　欠缺允许的法律效果

(1) 管理共同财产的配偶一方未经配偶另一方必要的允许而实施法律行为的,准用第 1366 条第 1 款、第 3 款、第 4 款和第 1367 条的规定。

(2) 到配偶另一方追认时为止,第三人可以撤回合同。该第三人知道配偶该方系按财产共同制生活的,仅在配偶该方违背违背实情的声称已得到配偶另一方的允许时,该第三人才能撤回;但该第三人在合同订立时知道配偶另一方并未允许的,即是在前半句的情形下第三人也不得撤回。

第 1428 条　未经处分的同意

管理共同财产的配偶一方未经配偶另一方必要的同意而处分属于共同财产的权利的,配偶另一方可以对第三人在裁判上主张该项权利;管理共同财产的配偶一方无须对此予以协助。

第 1429 条　紧急管理权

管理共同财产的配偶一方因疾病或不在而不能实施与共同财产有关的法律行为,且延缓会引起危险的,配偶另一方可以实施该法律行为;在此情形下,配偶另一方可以以自己的名义或以管理财产的配偶一方的名义实施

行为。与共同财产有关的诉讼的进行,亦同。

第 1430 条　代替管理人给予同意

对配偶另一方为其个人事务的适当处理而须实施,但没有该项同意就不能以有利于共同财产的效力加以实施的某一法律行为,管理共同财产的配偶一方无充足理由而拒绝给予同意的,家庭法院可以根据申请代为同意。

第 1441 条　内部关系中的责任

在配偶双方的相互关系中,下列共同财产债务,由其自身招致共同财产债务的配偶一方负担:

(1) 因配偶该方在财产共同制开始后所实施的侵权行为或因刑事诉讼程序(它系因此种行为而针对配偶该方进行的)而发生的债务;

(2) 因与配偶该方的保留财产或特有财产有关的法律关系而发生的债务,即使它们发生在财产共同制开始之前或该财产成为保留财产或特有财产之前亦然;

(3) 关于第 1 项和第 2 项所称债务之一的诉讼的费用。

第 1444 条　子女的婚嫁立业资材的费用

(1) 管理共同财产的配偶一方从共同财产中向共同子女许诺或给予婚嫁立业资材的,以婚嫁立业资材超出与共同财产相当的限度为限,在配偶双方的相互关系中,婚嫁立业资材由配偶该方负担。

(2) 管理共同财产财产的配偶一方从共同财产中向非共同子女许诺或给予婚嫁立业资材的,在配偶双方相互关系中,婚嫁立业资材由父或母负担;但仅在不管理共同财产的配偶一方给予同意,或婚嫁立业资材不超出与共同财产相当的限度内,前半句的规定才适用于不管理共同财产的配偶一方。

第 1445 条　保留财产、特有财产和共同财产之间的均衡

(1) 管理共同财产的配偶一方将共同财产使用于其保留财产或其特有财产的,必须对共同财产补偿所使用财产的价额。

(2) 配偶该方将保留财产或特有财产使用于共同财产的,可以请求从共同财产中予以补偿。

第 1450 条　由配偶双方共同管理

(1) 共同财产由配偶双方共同管理的,配偶双方尤其仅共同地有权处分共同财产和进行与共同财产有关的诉讼。属于共同财产的物的占有权,

共同地为配偶双方所享有。

（2）意思表示须向配偶双方作出的，向其中任何一方做出即已足够。

第 1451 条　配偶双方的协助义务

配偶任何一方有义务协助配偶另一方采取对于共同财产的适当管理为必要的措施。

第 1452 条　代为同意

（1）实施法律行为或进行诉讼对于共同财产的适当管理是必要的，如配偶另一方无充足理由理由而拒绝同意，则家庭法院可以根据配偶一方的申请，代替配偶另一方给予同意。

（2）配偶一方非经配偶另一方同意就不能以有利于共同财产的效力加以实施的法律行为，对于配偶该方个人事务的适当处理是必要的，也适用第 1 款的规定。

第 1453 条　未经允许的处分

（1）配偶一方未经配偶另一方必要的允许而处分共同财产的，准用第 1366 条第 1 款、第 3 款、第 4 款和第 1367 条的规定。

（2）到追认时为止，第三人可以撤回合同。该第三人已知道配偶该方按财产共同制生活的，仅在配偶该方违背实情地声称配偶另一方已允许时，该第三人才能撤回；但该第三人在合同订立时知道配偶另一方并未允许的，即使在前半句的情形下也不得撤回。

第 1454 条　紧急管理权

配偶一方因病或不在而不能参与与共同财产有关的法律行为的，如延缓会引起危险，则配偶另一方可以实施该法律行为；在此情形下，配偶该方可以以自己的名义或以配偶双方的名义实施行为。与共同财产有关的诉讼，亦同。

第 1455 条　不经配偶另一方参与的管理行为

配偶任何一方可以不经配偶另一方参与实施下列管理行为：

（1）接受或拒绝归属于配偶该方的遗产或遗赠；

（2）抛弃其特留分，或抛弃财产增加额的均衡；

（3）编制关于归属于配偶该方或配偶另一方的遗产的目录，但归属于配偶另一方的遗产属于配偶另一方的保留财产或特有财产的除外；

（4）拒绝向配偶该方而为的订立合同的要约或向配偶该方做出的

赠与；

(5) 以配偶另一方为相对人而实施与共同财产有关的法律行为；

(6) 在裁判上对配偶另一方主张属于共同财产的权利；

(7) 延续在财产共同制开始时处于未决状态的诉讼；

(8) 在裁判上对第三人主张属于共同财产的权利，但以配偶另一方未经必要的同意而处分该项权利为前提；

(9) 在裁判上主张对强制执行共同财产的异议权；

(10) 采取对于保护共同财产为必要的措施，但以延缓会引起危险为前提。

第 1456 条　对配偶一方的监护

只要配偶一方在父母照顾或监护之下，配偶另一方就单独管理共同财产；第 1422 条至第 1449 条的规定必须予以适用。

第 1457 条　共同财产的责任

(1) 对因配偶一方在财产共同制存续期间实施的法律行为而发生的债务，仅在配偶另一方同意该法律行为，或该法律行为不经其同意也为共同财产的利益而有效力时，共同财产才负责任。

(2) 即使判决对共同财产不生效力，共同财产也对诉讼费用负责任。

第 1458 条　在取得遗产的情形下不负责任

配偶一方在财产共同制存续期间将遗产或遗赠作为保留财产或特有财产而取得的，共同财产不对配偶该方因取得遗产或遗赠而发生的债务负责任。

第 1459 条　对保留财产或特有财产所负的责任

对配偶一方在财产共同制存续期间，因属于保留财产或特有财产的权利或因占有属于保留财产或特有财产的物而发生的债务，共同财产不负责任。但该项权利或该物属于配偶一方经配偶另一方允许而独立从事的营业，或该债务属于通常从收入中予以清偿的特有财产的负担的，共同财产负责任。

第 1466 条　非共同子女的婚假立业资财的费用

在配偶双方的相互关系中，非共同子女的婚嫁立业资财由该子女的父或母负担。

第 1467 条　保留财产、特有财产和共同财产之间的均衡

（1）配偶一方将共同财产使用于其保留财产或其特有财产的，必须对共同财产补偿所使用财产的价额。

（2）配偶一方将保留财产或特有财产使用于共同财产的，可以请求从共同财产中予以补偿。

第 1471 条　分割的开始

（1）在财产共同制终止后，配偶双方就共同财产进行分割。

（2）到分割时为止，第 1419 条的规定适用于共同财产。

第 1472 条　共同财产的共同管理

（1）到分割时为止，配偶双方共同管理共同财产。

（2）配偶任何一方得以与财产共同制终止前相同的方式管理共同财产，直到配偶该方获悉或应当知道财产共同制终止时为止。第三人在法律行为实施时知道或应当知道财产共同制已终止的，不得援用前句的规定。

（3）配偶任何一方有义务协助配偶另一方采取对于共同财产的适当管理为必要的措施；配偶任何一方可以单独采取必要的保护措施。

（4）财产共同制因配偶一方死亡而终止的，生存配偶必须继续执行对于适当的管理为必要的、不引起危险就不能延缓的事务，直至继承人能够另做处置之时。已亡配偶曾单独管理共同财产的，不存在该项义务。

（二）父母与未成年子女的财产关系

父母和子女的法律关系有两个阶段：在子女成年之前，父母对子女承担着重要的"照管"责任；随着子女的成年，父母和子女的关系转变为一般的血亲关系，同时保留了一些父母责任的影响，特别是当成年子女和父母住在一起，或在经济上尚未独立时。《德国民法典》第 1603 条在讲到直系血亲的抚养义务时，特别强调给付能力。该条第 1 款规定："在考虑到其他义务的情形下，如负担抚养费就会妨害其适当生计的人，不负抚养义务。"第 2 款进一步规定："父母处于这一境况的，对其未成年的未婚子女，父母有义务将所有可利用的资金平均用于自身的生计和子女的抚养。只要 21 岁及以下的成年未婚子女在父母或父母一方的家庭中生活，且正在接受普通学校教育，就与未成年的未婚子女相同。"

《德国民法典》将父母照顾分为"人的照顾"和"财产照顾"两大部分。

这种区分也只是相对的,例如,子女抚养请求权的主张虽然具有经济因素,但一般被视为人的照顾;而对子女财产收益的管理就属于财产照顾,即使该收益在具体情况下用于子女的抚养。在德国,未成年子女的个人财产是家庭财产的重要组成部分,此时的子女个人财产与家庭财产之间既紧密联系,又彼此独立。

在早期德国家庭法中,父权意味着家父可以为自己的利益使用子女的财产,但现代家庭法以子女权利理论为基础进行重新构建。德国的变革开始于 1979 年的关于重新规定父母照顾的法律,该法改变了相关术语,即"父母权力"的概念被"父母照顾"取代。根据《德国民法典》第 1626 条第 1 款,父母对未成年子女进行财产照顾的主要目标是为子女利益而保存、增值和使用财产。父母可以基于照顾权占有子女所属的物。具体而言,对子女所属之物,父母为直接占有人,子女为间接占有人。如果父母将对物的实际支配权交给子女(例如玩具),子女就成为自己所属之物的占有辅助人,随着年龄的不断增长,子女可以逐步实现对所属之物的直接占有。

关于父母对未成年子女财产的管理,应当遵循如下规则:

第一,父母必须根据经济的管理财产原则将子女的金钱进行投资,但以该金钱不是为支付开支而须随时备用的为限;家庭法院可以就财产投资发布命令。

第二,子女通过遗嘱或者无偿给予获得财产的,父母必须遵循处分人或给予人在给予时作出的指示。

第三,对未成年子女因特定原因获取的财产,比如由于死亡事件获得的财产、代替抚养费而给予的一次性补偿和无偿给予的财产等,父母有制作财产目录的义务,并应提交家庭法院。

第四,父母用子女的资金取得动产的,所有权在取得时转移给子女。所谓"用子女的资金",指的是父母从未成年子女的财产中支付对等给付,或收回子女的一项债权。如果资金部分来自子女,部分来自父母的财产,根据双方份额成立共有关系。

根据《德国民法典》第 1649 条,关于父母对未成年子女财产的使用,应当遵循以下规则:

第一,子女财产的基本部分原则上不得动用,子女财产的收入(例如房产租金、存款利息等)首先要用来满足为财产的通常管理而实际支出的费用,剩下的财产收入用于对子女的抚养。如果未成年子女通过其财产收入和劳动收入足以维持生计,就不能向父母主张抚养费请求权;如果子女的财产收入超过适当的抚养费,父母可以决定在何种程度上提高子女的抚养水平;出于教育的原因,不宜在家庭中给个人财产较多的子女以特别优待。

第二,在子女的财产收入不足以维持抚养费时,父母可以使用子女的劳动收入和营业收入支付抚养费。

第三,基于总体的家庭团结考虑,父母可以在一定程度上支配子女财产收益的剩余部分。父母可以将多余的财产收入用于自己的生计和子女的未成年未婚兄弟姐妹的抚养,但以这样做合乎公平为限。[①]

《德国民法典》第 1638 条、第 1641—1642 条、第 1644—1646 条、第 1648条—1649 条、第 1698 条规定了关于"父母财产照顾"责任的有关内容。[②]

第二节　英美法系国家的家庭财产制度

英美法系国家大体包括英国本土、爱尔兰以及曾经作为英国殖民地、附属国的许多国家和地区,如美国、加拿大、澳大利亚、新西兰、印度、新加坡、马来西亚等。英美法系各国都主要是以特别制定法和判例法来调整婚姻家庭关系,而未采取制定统一成文民事法典的方式。

一、英国的家庭财产制

英国作为英美法系的母国,其家庭法历史悠久,英国家庭法在世界范围内具有普遍性和代表性,英国自公元 9 世纪到公元 11 世纪建立起完备的封建政治制度和统一的法制,再到 17 世纪资产阶级民主政权建立,一直是国家统一、法制统一的,所以家庭法自然也统一在全国适用。需要说明的是,英国家庭法的延续性特征与其改革方法息息相关。英国家庭法的改革是分别进行的,比如英国有婚姻法、夫妻财产法、离婚法、儿童法等单行法,而且每一部分的改革都是一点一滴循序进行的。

---

① 〔德〕迪特尔·施瓦布:《德国家庭法》,王葆莳译,法律出版社 2010 年版,第 352 页。
② 《德国民法典》,陈卫佐译,法律出版社 2010 年版,第 492—501 页。

以夫妻财产关系的改革为例：中世纪英国奉行夫妻一体主义，妻子的人格被合并到丈夫身上，妻子没有财产权，没有契约能力和诉讼能力。后来衡平法赋予妻子"独立财产权"；18世纪，为了防止丈夫侵犯妻子的独立财产，法律又设置了期前处分制度，即在生前，已婚妇女对于独立财产不可任意处分；1857年，英国《离婚与婚姻诉讼法》规定，已婚妇女在分居、离婚或被抛弃后，可以独立拥有自己的财产；1870年，《已婚妇女财产法》规定，已婚妇女的劳动收入属于独立财产，可以自由支配；1882年的《已婚妇女财产法》规定，已婚妇女在独立财产的范围内具有契约能力和诉讼能力；1935年，《法律改革法》对于已婚妇女的契约能力和诉讼能力取消了关于独立财产的限定，将该能力扩至任何财产；1949年法律取消了期前处分制度；1962年，《法律改革法》赋予夫妻之间相互诉讼的权利。至此，已婚妇女在英国才取得了完全的财产所有权，并可以为保护自己的财产对任何人诉诸法律。①

第二次世界大战后，英国加快了婚姻家庭领域的立法工作，颁布了较多法令来加强对婚姻家庭关系的法律调整。其中较为重要的涉及家庭财产方面的法令包括：1964年《已婚妇女财产法》、1967年《夫妻住所法》、1969年《家庭改革法》、1970年《处理夫妻案件程序和财产法》、1976年《婚姻住宅法》、1996年《家庭法》等。

（一）关于夫妻财产制

英国有关夫妻财产制的立法主要以判例法和制定法两种形式出现。在英国的夫妻财产关系中经常出现的"家庭财产"一词的概念，最早是丹宁勋爵在一个判例中提出的，在他看来，家庭财产指的是夫妻双方打算在共同生活期间作为婚后置产为他们自己添置的那些东西。这些财产的归属不依赖于形成它的纯粹偶然的方式，不依赖于夫妻怎样偶然地分配他们的收入和开销。只要这些东西属于他们共有，他们在其中所占的份额应该相等。同样，对房产在一方名下，而另一方对房子的改建作出了实质性贡献时，给丈夫或妻子一部分产权应该说是公平的。②

从英国的法律传统和判例法来看，英国允许夫妻就双方财产关系作出特别约定，并承认这种约定财产制的优先效力。

---

① 李喜蕊：《英国家庭法历史研究》，知识产权出版社2009年版，第6页。
② 杨晋玲：《夫妻财产制比较研究》，民族出版社2004年版，第53页。

在英国法中存在两种法定所有权,即普通法所有权和衡平法所有权。

英国夫妻间的普通法定财产制采用的是分别财产制,即夫妻的婚前财产和婚后个人所得的财产仍归该方个人所有。① 也就是说,对于动产或不动产,结婚、订婚或者同居的事实本身不能改变所有权的归属,但是对于属于不动产的住房,法律会特别保护没有住宅或者享有居住权的夫妻一方的利益。英国 1996 年《家庭法》第 30 条对非所有权人的婚姻住所权作了规定,该条第 2 款规定:"除本章另有规定外,无此权利的配偶一方享有下列权利:(a) 配偶一方已经占有的,享有所有权的配偶另一方不得将其从该家庭住址或该家庭住宅之任何一部分中驱逐出去,但经第 33 条所述命令许可的除外;(b) 配偶一方尚未占有的,经法院许可,享有进入并占有该家庭住宅的权利。"②

然而配偶们往往希望自己身后的财产能够留给未亡人,除了通过遗嘱达此目的,也可以以共同共有的方式共有住房和家庭其他财产,因为共同共有与按份共有的最大区别就是幸存者继承全部财产,即其中一个共同所有人死亡,他的份额不能被他的后代继承,而只能归其他还活着的共同所有人所有。③

衡平法所有权也称信托下受益人的收益权。当代英国法律在处理夫妻财产纠纷时,在法定分别财产制基础上对双方的利益进行衡平,不断追求夫妻财产分割的公平和正义。首先,对于婚姻家庭生活开支的节余及其孳生的财产归属,适用平等分割的原则。1964 年国会颁布《已婚妇女财产法》,规定当妻子用丈夫给予的婚姻家庭开销费用节省下来的金钱购买财产,在无夫妻间相反约定的情况下,该金钱或财产应被看做夫妻享有平等份额。其次,对于婚姻住宅的占有权,1952 年英国著名的法官丹宁勋爵通过判例创制了被遗弃妻子婚姻住所权的衡平法,即如果丈夫是结婚住宅的所有权人,那么"一个被遗弃的妻子,针对她的丈夫来说,有权住在他们结婚的住宅中",同样,"如果一个丈夫是结婚住宅的法定承租人,而他抛弃了妻子并离开了结婚住宅,法律认为只要他妻子付房租并履行承租条件,房东就不能把

---

①　陈苇:《外国婚姻家庭法比较研究》,群众出版社 2006 年版,第 218 页。
②　《英国婚姻家庭制定法选集》,蒋月等译,法律出版社 2008 年版,第 243 页。
③　英国法律中有两种共同所有权:一是共同共有,二是按份共有。参见〔英〕F.H.劳森:《英国财产法导论》,曹培译,法律出版社 2009 年版,第 107 页。

她赶出去。"在丹宁法官看来,"给予被遗弃的妻子一项允许她在结婚住宅里居住的权利。如果她用这项权利武装起来,她就能对丈夫说:虽然所有权在你的名下,但是我可以靠自己的权利住在这里。"①后来该判例所确立的原则最终得到了 1967 年国会《结婚住宅法》的确认。该法规定,被遗弃的妻子有住在婚姻住宅中的权利,但同时进行了限制,即只有妻子事先在地产登记处进行了房屋留置权的登记才受保护。此外,对于受虐待的妻子,1976 年《家庭暴力法》规定,即使房子在名义上和实际上都只属于丈夫一人所有而妻子不占任何份额,法院也能根据习惯法批准一项禁令来保护受到虐待的妻子,她会得到一道把她丈夫赶出房子的判令,甚至如果有保护她的需要,还可以逮捕他。②

(二) 关于父母与未成年子女的财产关系

现代家庭法在父母子女关系方面的变革也非常大,最典型的就是指导父母子女关系的原则由父权至上转变为儿童权益至上,并且国家公权力对儿童保护的干预和保障力度也越来越大。

1. 英国收养制度下的父母子女财产关系

1926 年英国通过了《儿童收养法》,正式承认和确立了现代收养制度,不仅促进了英国所属的其他殖民地国家的收养立法,而且也对普通法系国家的收养立法产生了深远影响。该法创立了一种永久而不可撤销的身份关系,即收养者与被收养者之间建立终身的不可撤销的父母子女关系,并规定被收养人对原出生家庭享有继承权。

1949 年,英国通过了新的《收养法》。该法设置了试用期,即在试用期内和收养令未发出之前,孩子的亲生母亲可以改变意见;法律为收养者的身份保密;该法规定被收养者与原来家庭脱离关系,并像收养者亲生子女一样对收养者的不动产和个人财产享有继承权,不过在收养行为发生之前积累的财产不在被继承之列。

1958 年英国再次对《收养法》进行了修订,加强了对被收养儿童的保护,养子女原来的家庭信息也被严格保密,在此背景下,家庭收养行为越来

---

① 〔英〕丹宁勋爵:《法律的正当程序》,杨百揆、刘庸安译,法律出版社 1999 年版,第 226 页。

② 李喜蕊:《英国家庭法历史研究》,知识产权出版社 2009 年版,第 231—233 页。

越多。此后,英国在1960年、1964年、1968年和1976年又对《收养法》进行了修订和补充,尤其是1976年《收养法》完全确立了保护儿童最大利益的立法原则。

2. 英国监护制度下的父母子女财产关系

1975年《未成年人法》第85条第1款规定:"法律赋予父母对于其子女(不论是否婚生)在人身和财产上的所有权利和职责,其中包括了探望和其他法定权利和职责"。根据该法,父母的权利和职责包括:与子女同住并控制其日常教养的权利;为子女的教育和宗教做决定的权利;施加适度惩罚的权利;管理子女财产的权利;在法律行为和法律程序中代理子女行使的权利;同意让子女接受医疗的权利等。[①]

英国1989年制定的《儿童法》被视为20世纪针对儿童的最为重要的立法,该法确立了"儿童福利原则",其中第1条第1款规定:"决定与下列事项有关的任何问题时,法庭应将儿童福利作为首要考量因素:(a)儿童的抚养;(b)儿童财产的管理或财产孳息的使用。"对于父母责任的含义,该法第3条做了如下界定:"(1)本法所称的'父母责任',是指父母对子女及其财产依法享有的权利、权力、权限及承担的义务和责任;(2)包括儿童的财产监护人对儿童及其财产所享有的权利、权力及承担的义务;(3)前款所称的权利特别包括监护人为儿童的利益,以自己的名义接受或追索儿童在任何地方有权接受或追回的任何种类的财产;(4)一个人是否对儿童负有父母责任之事实,不影响下列权利和义务:(a)其对有关儿童应当承担的义务(如抚养子女的法定义务);(b)子女死亡时,其对该子女的遗产所享有的权利。"[②]根据该部法律,父母并不享有对子女的绝对权利,父母权利的行使应当以为了保护未成年子女利益的目的为限。父母作为自然监护人,有权管理子女的财产,但是不享有用益权。

在英国,由于习惯和发达的信托制度,未成年子女的财产通常在事先已经被信托。人们可以通过三种途径设立信托:一是委托人自己声明自己是受托人;二是将财产转给一个或几个受托人管理;三是通过遗嘱设立。例如,撒拉是个英国富婆,为确保她的唯一女儿安娜能得到财产的收益以及将

---

① 李喜蕊:《英国家庭法历史研究》,知识产权出版社2009年版,第247页。

② 《英国婚姻家庭制定法选集》,蒋月等译,法律出版社2008年版,第137—138页。

来安娜的孩子能继承外婆撒拉的财富,她签署了一份设立信托的文件,声明:用自己的财产设立一个信托基金,T1 和 T2 将作为她的两名受托人持有信托财产。将信托财产每年的收益给安娜终身享用,在安娜身后将信托财产在安娜的孩子当中平均分配。于是,撒拉的财产被以下三种方式分割了:受托人掌握着每项信托财产的管理权和控制权;安娜终身拥有信托财产的收益权(如由受托人负责买卖股票,或经营农场,每年的收益交由安娜支配);安娜的每个孩子(包括尚未出生的)平均拥有安娜去世之后的信托财产的所有权。[①]

二、美国的家庭财产制

美国作为联邦制国家,家庭关系主要由各州立法予以规范。美国早期的家庭法受英国普通法的影响,单行制定法与判例法并列,但到了现代,制定法已经取代了判例法的地位,成为家庭法的主要构成部分。[②] 并且,基于国情的特殊性,与英国的法律编制类似,美国的判例法与制定法除了专门调整配偶间的家庭财产之外,并没有单独规制"配偶加父母或子女"类型的家庭财产制的立法。

(一) 关于夫妻财产制

与英国一样,美国也没有明确就约定财产制作出规定,但承认夫妻对财产关系的约定具有优先适用的效力。根据美国《统一婚姻财产法》的规定,夫妻双方可以通过财产契约对法定财产制作出变更。[③]

美国现行的夫妻法定财产制,是以分别财产制为主流,而以共同财产制为支流。美国除了加州、德州和华盛顿等 9 个曾受大陆法系影响的州外,其他各州都采用分别财产制。

1. 分别财产制

因为夫妻双方各自具有独立的法律人格,所以也就拥有各自独立的财产。质言之,除非双方另有约定,夫妻一方所有的财产,不因婚姻关系的延

---

① 〔英〕F. H. 劳森著:《英国财产法导论》,曹培译,法律出版社 2009 年版,第 189—190 页。

② 夏吟兰:《美国现代婚姻家庭制度》,中国政法大学出版社 1999 年版,第 1 页。

③ 王胜明、孙礼海主编:《〈中华人民共和国婚姻法〉修改立法资料选》,法律出版社 2001 年版,第 367 页。

续而转化为夫妻共同财产。在今天的家庭法中,人们很是强调达成协议的重要性,并已经有使婚前协议具有执行力的讨论了。美国凯斯法官说:"婚姻在现代社会被认为是平等主体间的合伙关系,妻子不再是从属于丈夫的私人物品。"①

在分别财产制下,夫妻双方对各自的婚前财产和婚姻存续期间所获得的财产独自享有所有权,并对自有财产独立行使管理、使用、收益和处分的权利。除非在特定情况下,财产不会归入共同所有的范畴。如系一方单独产生的债务,债权人不能追讨另一方的个人财产。然而,采取分别财产制,并不意味着双方经济上的完全分离,如一方自愿向另一方提供生活费的,不会在离婚或债权人追讨时失去分别财产制的保护。

为了缓和分别财产制在离婚中可能对弱势一方带来的损害,采取分别财产制的各州一般规定有夫妻财产的衡平分配法,即在离婚时允许对婚姻过程中所取得的财产进行再分配。在配偶一方死亡时,生存配偶有权选择是接受遗嘱中留给自己的财产,还是按照法定份额取得对方的财产。一般而言,婚姻关系存续越久,生存配偶可以取得的份额越大。②

2. 共同财产制

1988年,法律委员会曾对是否建立家庭财产共有制进行过讨论,许多夫妻也希望法律能够允许成立夫妻共同财产。随后,国会法曾对属于夫妻双方的财产作出规定,但仅仅涉及的是夫妻关系存续期间的财产,并不能适用于解决离婚财产纠纷。一般地说,夫妻一方因劳动所得的收入或用该收入购买的财产,均属于夫妻共同财产。如果原为一方所有的财产因另一方的贡献而获得实质性增值的,则该财产转化为共同财产。大多数实行共同财产制的州,均把婚后在个人财产基础上产生的收益也视为个人财产。对于共同财产,夫妻双方享有平等的管理权、控制权和处分权。夫妻双方均有权通过遗嘱自由处分其个人财产和其名下的共同财产的一半,不受特留份的限制。③

共有,又可分为共同共有和按份共有。共同共有人对财产不划分各人

① 〔美〕凯特·斯丹德利著:《家庭法》,屈广清译,中国政法大学出版社2004年版,第41页。

② 冯桂:《美国财产法》,人民法院出版社2010年版,第95—96页。

③ 陈苇:《外国婚姻家庭法比较研究》,群众出版社2006年版,第225页。

的份额,当一方共有人死亡时,另一方可依据"生存者取得权"而拥有整个财产;共有人可以通过书面通知、双方协议分割以及转让等方式使存在于他们之间的共同共有变为按份共有。共同共有也会因破产而消灭。按份共有人是按照各自的份额分别对共有财产享有权益,一方共有人死亡时,并不自动产生衡平法之"生存者取得权",死者的财产份额可依照死者遗嘱或遗产处分法来予以转移。1964 年美国《已婚妇女财产法》第 1 条规定:"当妻子以用来管理家务的存款购买财产,如果该存款是丈夫给予妻子的,则他们对该财产享有相同份额。"

配偶双方的任何一方不分份额地对全部财产享有的所有权,为夫妻财产共有权。夫妻财产共有权因转让契约和遗嘱而产生,但不可因继承而产生。在一些州,夫妻财产共有权通常是由丈夫通过契书赋予自己和妻子,即丈夫将自己的土地转让给自己和妻子共同所有。夫妻财产共有权的内容有:(1) 夫妻双方对共有财产共同享有所有权,一方未经对方同意不得擅自处分共有财产、不得分割消灭夫妻财产共有权;(2) 配偶一方死亡的,生存配偶对全部共有财产享有绝对所有权,继承人不得继承夫妻共有财产,即共同共有权中的生存者的享有权理论在夫妻财产共有权中同样适用;(3) 配偶一方个人的债权人不得在夫妻共有财产上受偿自己的债权;法院对配偶一方所作的败诉判决亦不得执行夫妻的共有财产。[1]

3. 离婚时的财产分割

(1) 传统的普通法分割

普通法上缺少与财产直接相关的"共同体"这一概念,所以通常借助调整亲密关系之外财产关系的原则(产权转让和赠与)来认定财产关系。法院在处理离婚案件时的任务只是确认谁对哪些财产拥有所有权。由于传统婚姻中夫妻角色划分清晰,一方承担"家庭经济来源"的角色,另一方照顾家庭,料理家务,所以传统普通法的财产分割方法不甚合理。1971 年纽约州有这样一个案例:在一个持续数十年的婚姻家庭中,丈夫将其大部分收入用于储蓄和投资,妻子所有收入用于家庭日常生活开支,后来离婚时,法院判定妻子无权就存款主张权利,因为这些资产来源于丈夫的收入,而且丈夫是唯一的产权所有人。法院这种不能公平分配离婚财产的事实增加了改革的

---

① 马新彦:《美国财产法与判例研究》,法律出版社 2001 年版,第 68 页。

压力。20 世纪七八十年代,实施普通法财产制的州对此作出快速反应,采用了一种新的较为公平的财产关系模式,1970 年威斯康星州的最高法院对这一趋向制度进行了预言:"离婚双方分割财产是基于婚姻是共享的事业和共同的任务这一理念。尽管夫妻双方的贡献和公平权利依据具体案件可能各异,但这却是一种字面意义上的合伙人关系。在一个短暂的婚姻中,尤其是丈夫所创收入占据绝大部分的婚姻财产时,他能将其中三分之一分配给妻子作为补贴就很不错了。在婚姻关系存续期间较长的情况下,特别是双方在此期间共同获得的财产,双方平均分配婚姻财产才最能代表双方在合伙事业中的共同利益性。"1994 年,密西西比州的法官更是认为:"婚姻伴侣是婚姻的平等贡献者,无论其是否都在外工作"。①

（2）现代的公平分割

实行普通法财产制的州的做法与传统不同,他们采用了两种不同的方法对可分财产进行了界定。第一种是"通用共同体"规则,该规则授权法院可就"在双方之间对共同所有及分别拥有的财产——不论是在何种时候以何种方式以夫妻一方或双方共同名义获得的财产"进行分配。据此,双方拥有的所有财产都将在离婚时进行分割,即使在婚前获得而且婚后一直为一方独有。第二种是"延迟共同体"规则。据此,法院的首要任务是区分配偶的财产是个人财产还是婚姻财产。然后法院会将"个人财产"分配给个人,只对"婚姻财产"进行分割。在特殊情况下,为紧急的公平需要,允许法院介入对双方当事人(推定的)个人财产进行分割。根据美国《统一结婚离婚法》第 307 条,在决定何种分割是公平分配时,各州通常允许其法院考虑下列因素:"① 配偶双方对获得婚姻财产所作的贡献,包括作为家庭主妇的贡献;② 分配给配偶双方的财产价值大小;③ 婚姻存续的时间;④ 在财产分配时配偶双方的经济状况,包括双方获得现在家庭居所的权利或因配偶一方因承担子女抚养义务被允许在现有居所中合理地居住一段时间的权利。"

在公平分配问题上还存在着一个争议,即对婚姻的经济贡献和非经济贡献的相关价值。起初,法院一直非常强调经济贡献。近年来,美国司法界日益趋向平等地对待这两种贡献,即使一方配偶的收入占了婚姻存续期间

---

① 〔美〕哈里·D. 格劳斯、大卫·D. 梅耶:《美国家庭法精要》,陈苇等译,中国政法大学出版社 2010 年版,第 214—216 页。

收入的全部。2007 年,美国芝加哥法院判定一位操持家务的配偶分得婚姻财产的一半份额,总计 36.8 亿美元,尽管这遭到了其前夫的反对:该前夫主张这些财产主要归功于他独特的企业经营"技能、天赋和动力"。①

(二)关于父母与未成年子女的财产关系

在美国,当子女在法律上自立时,父母对其子女的权利和义务则终止。子女可以因特定的事由,如入伍、结婚或生活上的自给自足等,在早于法定成年年龄前自立。

现在欧洲的许多发达国家已经逐渐接受认可一部分抚养子女的支出是社会的责任,通过提供程度不一的儿童补助金,支付母亲甚至父亲的产假补贴,以及补贴日常看护,除此以外,医疗保健和高等教育,在有的国家也被作为一项基本的公共政府责任。然而现行美国法律在很大程度上依然反映的是传统普通法观念,即抚养子女的开支应该是私事,由各自的父母承担。并且,父母对于子女的抚养义务,被法院视为是父母的权利,除非父母对子女的抚养义务低于有关疏于照顾和依赖关系法律中规定的最低标准,法院一般都十分不愿去干涉一个完整家庭的隐私。只有在父母与子女分居时才能被要求强制执行,法院也会就抚养义务的具体金额、支付时间及条件作出具体裁判。根据美国《统一结婚离婚法》,法院在确定抚养子女费的数额上应综合考虑以下因素:"① 子女的经济来源;② 父母获得监护权一方的经济来源;③ 婚姻如未解除,子女可享受的生活标准;④ 子女的身体和精神状况及其教育需要;⑤ 父母未获得监护权一方的经济来源及需要。"

在美国,父母作为子女的自然监护人(natural guardianship)有权对未成年子女的财产进行照护(custody)。照护权通常包括对子女的抚养、教育及财产的管理。有些州规定,父亲是子女的首要监护人,通常在父亲死亡或无能力时母亲才被视为自然监护人。另一些州则认为父母有权分担照顾子女的职责。

在父母子女关系中,父母有管理子女财产的权利,对未成年子女的财产不享有用益权,父母有权要求子女的雇佣者将子女的薪酬直接交给自己;父母抚养子女,"为其对价,有受子女勤劳(service)之权利。从而对于子女之

---

① 〔美〕哈里·D. 格劳斯、大卫·D. 梅耶:《美国家庭法精要》,陈苇等译,中国政法大学出版社 2010 年版,第 217—219 页。

勤劳所得,有以为己有之权利"。①

理论上为了维护家庭和谐,美国许多司法区都认可普通法上的相关免责规定,禁止父母子女间的侵权之诉。与配偶之间侵权行为的免责一样,许多司法区在不同程度上废除了父母子女间的免责规定,如驾驶汽车过失或双亲一方的性侵犯案。但是,如果对过失行为的指控涉及父母对子女的权利,仍适用免责规定。其根据在于"在家庭领域内,涉及父母的教育、照顾、管理的特定活动时,司法不应也不得介入"。根据普通法,美国父母也不对子女给第三人造成的侵权行为承担法律责任,只有在父母监管不力时,才对他们自己的疏于监管承担责任。尽管目前也有许多制定法规定父母应为其子女的侵权行为在一定范围内代为承担责任,但适用范围有限。父母对其子女的侵权行为可以免责的另一种例外情形是:子女的侵权行为符合"家庭目的原则",如子女驾驶家里的车导致第三人受伤,第三人有权向其父母主张损害赔偿。此外,未独立生活的子女享有对因父母的意外死亡而获得赔偿的权利,但是法院却很难满足父母在未成年人死亡时提出的赔偿请求,因为传统侵权行为法对纯粹的精神损害赔偿持怀疑态度,并且,在他们看来,失去子女也不同于失去父母,不会造成法律意义上经济供养来源的丧失。

在美国也存在较为成熟的信托制度。生前信托对于家中有未成年子女的家庭,可以为他们提供更好的保障。假如夫妇当中一人离世,另一人当然可以继续拥有产权和子女们的监管权;可是,万一夫妇都离世,假如没有预先通过遗嘱或生前信托,去指定遗产的管理权和子女的监护权,便要由认证法庭(Probate Court)去按州法律作决定,而这些决定通常都是根据亲属的亲疏关系,未必与生前父母的愿望相符。由于生前信托通常可以随时更改,到子女成年后,父母到时可以考虑修改信托,让子女来作继承信托人。举个简单例子:夫妇有两个孩子,年纪还小,夫妇设立生前信托,将自住房屋及银行户口改由生前信托拥有,由夫妇作为共同信托人。任何一方离世后,其所属之资产便归入信托财产由生存配偶作信托人,并可取得信托赚得的全部收益。生存配偶本身的资产则继续留在生前信托内并继续为信托人;生存配偶将来离世,信托条款预先指定的继任信托人就可以按信托条款处理信托条款项下的产业,包括待子女成年后将资产交予子女继承。一旦把财产转

---

① 史尚宽:《亲属法论》,中国政法大学出版社 2000 年版,第 702 页。

给受益人的任务完成了,信托按照其条款就自行失效了,不需要提交任何正式的文件来终止信托。

第三节　国外立法中可资借鉴的家庭财产制内容

一、关于夫妻财产制的有关规定

我国夫妻财产制的整体结构不完整,《婚姻法》只规定了通常状态下的法定财产制,而没有相应建立非常态下的法定财产制。在现实生活中,婚姻关系存续期间,可能因夫妻分居,夫妻一方虐待、遗弃另一方,夫妻一方不履行扶养家庭的义务,或滥用财产的共同管理权或夫妻一方从事个体、合伙经营发生破产等原因,夫妻他方为保护自己的合法财产权益,要求撤销法定的共同财产制,实行分别财产制。但如果夫妻不能就此达成协议,就需要经请求由人民法院宣告实行分别财产制。《婚姻法》由于缺乏这方面的规定,使夫妻在上述情况下的财产分割成为不可能,夫妻要想分割财产就必须以婚姻关系的破裂为代价,这无形中导致了离婚率的上升,背离了婚姻法维护婚姻家庭稳定的宗旨。

从国外立法看,有些国家设有通常法定财产制和非常法定财产制,如瑞士、意大利;而有的国家设立了共同财产制的解除或撤销制度,如法国、德国等,以满足夫妻在婚姻期间基于特殊情况而实行分别财产制的需要。下面重点对《瑞士民法典》[①]所规定的"非常的法定财产制"做一系统介绍,以资国内立法借鉴。依据适用情形的不同,瑞士的非常法定财产制可分为宣告的非常法定制和当然的非常法定制,《瑞士民法典》将非常法定财产制规定于"一般规定"中,称之为"特别夫妻财产制"。

（一）宣告的非常法定制

如果出现了法定事由,法官可以应夫妻一方的申请或负责强制执行夫妻一方财产的监督官厅的申请,命令该夫妻之间适用分别财产制。

---

① 《瑞士民法典》,殷生根、王燕译,中国政法大学出版社1999年版。下文引用的《瑞士民法典》条文均来自于此。

第一,无论夫妻采用的是法定财产制还是约定财产制中的共同财产制,只要出现了确有实行分别财产制之理由,夫妻一方可以提出申请。这些事由包括:夫妻另一方的财产不足清偿其债务或其在共同财产中的应有部分已被扣押;另一方危害到该方或婚姻共同生活的利益;另一方无正当理由拒绝给予处分共同财产之必要的同意;另一方拒绝向该方报告其收入、财产及债务或共同财产情况;另一方持续无判断能力。如果夫妻一方持续无判断能力,其法定代理人可以基于此理由请求法官实行分别财产制(第185条)。在实行分别财产制后,夫妻双方可以随时通过婚姻契约恢复适用其原来的财产制或其他财产制。当实行分别财产制的法定事由不存在时,法官可以应夫妻一方的请求命令恢复其原来的财产制(第187条)。

第二,如果对依约定实行共同财产制的夫妻一方的个人债务开始强制执行,且其在共同财产中的应有部分被扣押,则强制执行的监督官可以针对夫妻双方请求法官命令实行分别财产制(第189条)。在这种情况下所适用的分别财产制之终止,适用当然的非常法定制的有关规定。

(二)　当然的非常法定制

如果对实行共同财产制的夫妻一方开始破产程序,分别财产制则成为适用于该夫妻之间的夫妻财产制(第188条)。如果债权人得到了清偿,则法院可以应夫妻一方的申请命令恢复适用共同财产制(第191条)。

不管夫妻是被宣告或是当然适用分别财产制,只要法律无其他规定,夫妻在开始适用分别财产制时,其夫妻财产权的分割适用其原来的财产制的有关规定(第192条)。[1]

设置非常法定财产制的目的是为了解决夫妻财产关系中的一些特殊情况,以此来维护夫妻双方和特定债权人的利益,保障婚姻家庭关系的稳定,促进社会的安定团结。非常法定财产制涉及夫妻财产关系的重大改变,因而可能会对夫妻关系产生较大的影响。因此法律应严格限定请求适用非常财产制的申请人的资格,同时对当事人申请适用非常法定财产制的法定理由进行严格规定。

---

[1]　靳玉馨:《夫妻财产制比较研究》,载 http://cdfy. chinacourt. org/article/detail/2005/09/id/553436. shtml,访问时间:2013 年 7 月 20 日。

二、关于夫妻财产以外的家庭财产制的有关规定

综观大陆法系国家及英美法系国家的立法,很少有单独对家庭财产制作出系统规定的,在这方面《瑞士民法典》独树一帜,该民法典除在第六章规定了"夫妻财产制度",在第八章第四节规定了"子女财产的管理、使用、保护和终止"等制度之外,还在第九章具体规定了"家庭的共同生活",并在该章第三节"家产"中专门规定了"家庭财产共有制"。

其中第九章第二节规定了"家长权的要件、责任、子女及孙子女的补偿请求权"。具体而言,根据《瑞士民法典》第 331 条,共同生活的家庭成员,依法律或约定或习惯有家长时,所有血亲、姻亲或依契约受雇用的佣人或因类似关系而与家庭共同生活的人,均须服从家长权。根据《瑞士民法典》第334 条的规定,成年子女或孙子女,在与父母或祖父母共同生活中,付出劳动或交出收入的,可在父母或祖父母死亡时提出补偿的请求;该项请求也可在父母或祖父母的财产被扣押或破产、家庭共同生活结束或由他人经管时提出。

第九章第三节主要规定了"家庭财团的设立、家庭共有财产关系(包括设立、期限、效力、终止、收益的共有关系)和家宅"。《瑞士民法典》设置的家庭财产制度是以公民个人财产制度为逻辑起点的,即家庭财产是家庭成员个人所有财产(权利)的"让渡"或"汇集"。[①]

(一)家庭共有财产的组成

(1)专款专用性质的家庭财团:根据《瑞士民法典》,家庭中,得为支付家庭的教育费、婚嫁费或抚养费,或为用于其他类似目的的费用,依人法或继承法的规定,将一定财产设立为家庭财团,但世袭家产不得设立(第 335条)。

(2)家庭共有财产:家庭成员有权将其继承的财产,全部或部分地作为共有财产保存,或汇集一定财产作为共有财产,该财产即为家庭共有财产(第 336 条)。

---

① 于大水:《家庭财产的共有制及立法建议》,载《烟台师范学院学报》2002 年第 1 期。

（二）家庭共有财产关系的内容

1. 家庭共有财产关系的期限

家庭共有财产关系可约定为定期的或不定期的；如家庭共有财产关系约定为不定期时，各共有人可在 6 个月前请求终止该财产关系；如家庭共有财产用于经营农业时，上述终止的请求，仅允许依当地习惯在春季或秋季提出（第 338 条）。

2. 家庭共有财产关系的权利和义务

根据《瑞士民法典》第 339 条、第 340 条、第 342 条、第 347 条的规定，共有财产的所有权属全体共有人，共有关系的事务由所有共有人共同处理，家庭共有财产关系使共有人联合进行共同的经济活动，各共有人在共有关系中享有平等权利，除非另有约定；共有人可将共有财产的经营和代理委托其中一人负责，并约定其须每年将纯营利中的一定比例分配给其他每个共有人；分配比例，如无其他约定，应按共有财产在一段合理的周期较长的时间内所产生的平均所得，并在充分考虑到受托之人的劳务后，公平决定。

共有人，在共有关系存续期间，对家庭共有财产不得请求分割或处分其应有部分。共有人共同对其债务负责；共有人在家庭共有财产之外的财产，或在共有关系存续期间继承或经其他途径无偿取得的财产，属个人所有，但另有约定的除外。

3. 家庭共有财产关系的终止

根据《瑞士民法典》第 343 条、第 346 条的规定，共有关系在下述情况下终止：当合意终止或通知终止时；当定期共有关系期限届满时，但默示继续存在共有关系的除外；共有人中一人的共有财产被扣押，且已受作价处分时；共有人中一人破产时；共有人中一人因重大原因请求终止时。家庭共有财产关系终止的，应当依法进行清算分割。

第四部分　我国家庭财产制度的立法现状及存在问题

第一节　现行法律中关于家庭地位的规定和社会实践的差异

一、民事法律中以自然人为独立民事主体的规定

（一）《民法通则》及其司法解释关于自然人为独立民事主体的规定

在我国《民法通则》中主要规定了两大类民事主体：公民（自然人）和法人。《民法通则》第2条规定："中华人民共和国民法调整平等主体的公民之间、法人之间、公民和法人之间的财产关系和人身关系。"后来立法者意识到将"公民"这一公法概念放在民法中并不合适，因此，自1999年颁布《合同法》以后，无论是在立法中还是在民法的理论研究中，再涉及该概念时都统一使用"自然人"这一私法概念。即使在某些特殊情况下出现的"公民"也和"自然人"和含义等同。

《民法通则》第二章规定了"自然人"这一产生最早、也最重要的民事主体，从自然人的民事权利能力和民事行为能力、对未成年人和精神病人的监护、自然人的宣告失踪和宣告死亡等几个方面进行了立法规范。《民法通则》第21条规定："失踪人的财产由他的配偶、父母、成年子女或者关系密切的其他亲属、朋友代管。代管有争议的，没有以上规定的人或者以上规定的人无能力代管的，由人民法院指定的人代管。失踪人所欠税款、债务和应付的其他费用，由代管人从失踪人的财产中支付。"说明了作为自然人的失踪

人其独立的法律地位和独立的财产。《民法通则》第 75 条规定："公民的个人财产,包括公民的合法收入、房屋、储蓄、生活用品、文物、图书资料、林木、牲畜和法律允许公民所有的生产资料以及其他合法财产。"尤其是民法通则中关于人身权和民事责任的相关规定,更是体现了自然人作为独立民事主体的地位,在此不再一一赘述。

（二）对《物权法》中与自然人关系密切的几个物权主体概念的理解

第一,对于《物权法》第五章"国家所有权和集体所有权、私人所有权"中"私人"的理解。

我国物权法中对所有权的类型按照主体性质的不同进行了划分,其中的"私人所有权"是相对于国家所有权和集体所有权等公有权来定义的,是指国家和集体之外的其他非公有性质的民事主体所享有的所有权,因此私人所有权并不等同于自然人个人所有权,其权利主体可以是自然人,也可以是私法人或私非法人组织。

第二,对《物权法》第六章"业主的建筑物区分所有权"中"业主"概念的理解。

我国物权法中之所以使用"业主"这一概念是因为实践生活中大家对此比较熟悉,为了方便理解建筑物区分所有权而增加的,目的是使该权利能够通俗易懂,使建筑物区分所有权更加具体。业主是买房置业的主人,当然就是建筑物区分所有权人。[①] 而购买房屋的人可能是自然人、法人或者其他组织,所以此处的"业主"并不一定是自然人。

（三）《婚姻法》中关于自然人为独立民事主体的规定

在我国婚姻法中,主要规定了自然人之间的婚姻关系和家庭关系。无论是夫妻关系中的男女双方,还是家庭关系中的父母子女关系、兄弟姐妹关系、祖孙关系,都是以自然人为独立民事主体,基于自然人之间的婚姻、血缘而产生的受法律保护的权利义务关系。

二、民事法律中关于家庭民事地位的有关规定

（1）《民法通则》及其司法解释中关于"家庭"之规定,表明了在以自然人为主体参与的民事法律关系中,最终存在两种情况:一种是自然人独立参

---

① 王利明:《论业主的建筑物区分所有权的概念》,载《当代法学》2006 年第 5 期。

与、独立承担该行为的法律后果;另一种是自然人以家庭财产投入或家庭成员共同参与的民事法律关系,则以家庭财产承担民事法律后果。

《民法通则》第二章第4节规定了"个体工商户,农村承包经营户",如果个体工商户还不一定是家庭,或许存在个人出资成立、个人独自经营、收益归个人所有和支配的可能性,那么农村承包经营户则一定是以家庭为单位的。农村土地承包经营中最主要的家庭承包就是以户为生产经营单位进行的,承包方是本集体经济组织的农户,即使部分家庭成员发生变化,如生老病死,也不影响承包经营关系的存在。《民法通则》第29条规定:"个体工商户、农村承包经营户的债务,个人经营的,以个人财产承担;家庭经营的,以家庭财产承担。"最高人民法院《关于贯彻执行〈中华人民共和国民法通则〉若干问题的意见(试行)》(以下简称《民通意见》)针对此问题则进一步明确,其第42条规定:"以公民个人名义申请登记的个体工商户和个人承包的农村承包经营户,用家庭共有财产投资,或者收益的主要部分供家庭成员享用的,其债务应以家庭共有财产清偿。"第44条规定:"个体工商户、农村承包经营户的债务,如以其家庭共有财产承担责任时,应当保留家庭成员的生活必需品和必要的生产工具。"这两个条款非常明确地表明,自然人个人和家庭是两个不同的民事主体,代表不同的利益,反映不同的意志,承担不同的责任。自然人以自己的财产出资、体现自己的意志、所获利益归属自己时,自然人是该法律关系的独立主体,用自己的个人财产独立承担责任,家庭共有财产不能用来清偿个人债务;自然人虽然以自己行为参与民事法律关系,但用家庭共有财产来出资,获利归属家庭成员共同享用时,则需用家庭共有财产来承担民事责任,因为其体现的是家庭的整体意志和利益。众所周知,自然人虽然是生活在家庭中,但自然人和家庭绝对不是完全统一的。因此,通过这些条款非常鲜明地表现了在民事领域中作为民事主体的自然人和家庭的区别。

《民法通则》第二章的第5节关于"个人合伙"的规定中,也同样表现了这样的立法理念。虽然法律是以自然人的名义规定的合伙人,《民法通则》第30条规定:"个人合伙是指两个以上公民按照协议,各自提供资金、实物、技术等,合伙经营、共同劳动。"《合伙企业法》第2条规定:"本法所称合伙企业,是指自然人、法人和其他组织依照本法在中国境内设立的普通合伙企业和有限合伙企业。"但针对合伙人对合伙债务承担无限连带责任时,则根据合伙财产出资和盈余分配情况,明确了合伙人为自然人时的个人合伙责任和家庭所应承担的合伙责任两种情况。《民通意见》第 57 条规定:"合伙人以个人财产出资的,以合伙人的个人财产承担;合伙人以其家庭共有财产出资的,以其家庭共有财产承担;合伙人以个人财产出资,合伙的盈余分配所得用于其家庭成员生活的,应先以合伙人的个人财产承担,不足部分以合伙人的家庭共有财产承担。"

《民通意见》第 119 条规定:"承租户以一人名义承租私有房屋,在租赁期内,承租人死亡,该户共同居住人要求按原租约履行的,应当准许。"说明房屋租赁合同虽然是某个自然人签订的,但其租赁房屋的行为往往是代表家庭的意志和利益,不是其个人行为,因此在承租人死亡后,为了承租家庭的利益该租赁合同可以继续有效。这条规定即是考虑到租赁合同所代表的真正利益和意志,符合社会实际情况。

(2)《物权法》及相关法律中关于"家庭"作为土地承包经营权和宅基地使用权主体的规定,说明农村家庭在法律上的重要地位和作用。

《物权法》第八章对"共有"的规定,表明家庭成员对家庭共有财产是一种共同共有的关系。第十一章关于"土地承包经营权"的规定以及《农村土地承包法》第 15 条明确规定的"家庭承包的承包方是本集体经济组织的农户",说明农户是家庭承包的主体,而个人不能成为家庭承包的主体,只是在家庭承包之外的其他方式中可以以个人作为承包方。农户是农村中以血缘和婚姻关系为基础组成的农村最基层的社会单位,它既是独立的生产单位,又是独立的生活单位。作为生产单位的农户,一般是依靠家庭成员的劳动进行农业生产与经营活动,是农村从事生产经营的基本单位。所以,所谓农户其实质应为法律上的农村家庭。[①] 以户为单位进行承包经营,可以解决农村无民事行为能力人或者限制民事行为能力人对自己土地承包经营权的行使障碍。当然,农村集体经济组织成员即农民个人是取得家庭承包经营权的实际的、直接的权利主体,农户是获取家庭承包经营权的形式主体、间接主体。[②]

---

① 肖立梅:《我国农村土地家庭承包经营权的权利主体探究》,载《法学杂志》2012 年第 4 期。

② 同上。

在《物权法》出台之前,关于农村宅基地及宅基地使用权的内涵属性一直缺乏相关法律的确切界定。我国 2007 年出台的《物权法》基于农村宅基地在中国农村社会生活中的特殊地位,明确将宅基地使用权规定为一种特殊的用益物权,从而在法律上首次对农村宅基地使用权进行了准确定位。尽管自 1986 年《土地管理法》颁布实施以来,我国农村宅基地使用管理制度不断发展完善,但相比城镇国有土地使用管理制度建设,农村宅基地使用管理制度建设总体还比较滞后,至今尚没有一部农村宅基地使用管理的专项法律法规。农村宅基地使用管理的相关政策主要由《物权法》《土地管理法》等相关法律条款,以及《国务院关于深化改革严格土地管理的决定》(国发〔2004〕28 号)、《关于加强农村宅基地管理的意见》(国土资发〔2004〕234号)等土地管理政策性文件组成。《土地管理法》第 62 条规定:"农村村民一户只能拥有一处宅基地,其宅基地的面积不得超过省、自治区、直辖市规定的标准。农村村民建住宅,应当符合乡(镇)土地利用总体规划,并尽量使用原有的宅基地和村内空闲地。农村村民住宅用地,经乡(镇)人民政府审核,由县级人民政府批准;其中,涉及占用农用地的,依照本法第 44 条的规定办理审批手续。农村村民出卖、出租住房后,再申请宅基地的,不予批准"。明确了以"依法申请、一户一宅、限定面积"为主要特征的农村宅基地使用权分配制度。与农村土地家庭承包经营权类似,虽然该权利实质主体是农村集体经济组织成员,但在具体分配时是以农户即农民家庭为单位进行的,即农户是获取宅基地使用权的形式主体。与家庭承包经营权相比,农村宅基地使用权以农户为单位进行分配还具有更大的独立性,表现在家庭承包经营权中具体承包土地面积的大小会受到家庭中集体经济组织成员数量的影响,而以农户为单位在分配宅基地时与家庭中集体经济组织成员人数并无关系。《山东省实施〈中华人民共和国土地管理法〉办法》第 43 条规定:"农村村民一户只能拥有一处宅基地。农村村民建住宅,必须符合乡(镇)土地利用总体规划,结合旧村改造,充分利用原有的宅基地、村内空闲地和山坡荒地,严格控制占用农用地。新建宅基地面积限额为:(1) 城市郊区及乡(镇)所在地,每户面积不得超过 166 平方米;(2) 平原地区的村庄,每户面积不得超过 200 平方米。村庄建在盐碱地、荒滩地上的,可适当放宽,但最多不得超过 264 平方米;(3) 山地丘陵区,村址在平原地上的,每户面积 132 平方米;在山坡薄地上的,每户面积可以适当放宽,但最多不得超过 264 平方米。人均占有耕地 666 平方米以下的,每户宅基地面积可低于前款规定限额。县级人民政府可以根据本地具体情况,在本条第 2 款规定的限额内制定本行政区域内的宅基地面积标准。"第 44 条规定:"农村村民符合下列条件的可以申请使用宅基地:(1)因结婚等原因,确需建新房分户的;(2)原住宅影响村镇规划需要搬迁的;(3)经县级以上人民政府批准回原藉落户,农村确无住房的;(4)县级以上人民政府规定的其他条件。"这些规定都清楚的表明,宅基地使用权的主体是农户而非农民个人,如果不承认家庭的民事主体地位则无法解释此类规定。

(3)《婚姻法》中关于家庭规定明显不足。

遗憾的是在我国《婚姻法》第三章"家庭关系"仅仅规定了家庭中存在的各种亲属关系,忽视了家庭作为一个组织的独立性和家庭共有财产的独立性。将夫妻关系作为一个特殊组织,对夫妻共有财产、夫妻个人财产进行了较为详细的规定。殊不知,夫妻关系只是家庭关系中的一种,比起夫妻关系来讲,家庭更有其独立于家庭成员和社会其他组织的特性,对于家庭共有财产的形成和家庭成员对家庭共有财产的权利行使也需要进行全面规范。或许和我国《婚姻法》的名称有关,即仅是以婚姻关系为规范对象,规范婚姻关系和与婚姻关系密切的亲属关系,不是婚姻家庭法,没有将家庭纳入其立法规范的视野。但是家庭由于其组织的特殊性,与一般民事主体是有明显区别的,所以,将有关家庭方面的规范进行单独立法,更有利于维护家庭的和睦团结和凝聚力,增强家庭成员之间的感情和责任意识,不宜放在一般民法中规定。

三、社会现实中自然人和家庭之间的关系现状

尽管法律上是将自然人个人作为独立民事主体,对于家庭没有进行明确规定,只是在特殊情况下体现了家庭与自然人个人之不同,但是在实际生活中,家庭与自然人有着特殊紧密的联系,同时又有明显的区别。

家庭虽然是由自然人组成,但是它已经成为相对独立于家庭成员的社会组织,它有自己相对独立的意志和利益。依据系统论的观点,任何系统都是一个独立的事物,都具有组成该系统的元素所没有的特征和功能,一个系统为了维持自身的特征和功能就必须独立地与外界进行信息、能量等交流,

而不能以元素的对外交流取代系统的交流。① 尽管自然人生活在家庭中,和家庭有着密切的联系,但两者并非一体,利益亦非完全一致,而是有着各自不同的权利和义务,有着相对独立的地位。

家庭在社会生活中既可作为一个生产经营单位进行各种经营活动,更是一个生活消费的基本单位进行各种消费行为,这一过程也是民事主体参与民事法律关系的重要途径。我国现实生活中的家庭,无论是作为生产还是生活的基本单位,正以空前的姿态活跃在经济和社会生活中,法律不应无视家庭在生活中参与的各种民事活动。如以自然人名义实施的很多民事活动实际上是为了家庭的整体利益,代表的是家庭成员的共同意志。就不动产房屋来讲,在家庭共同生活期间,为了共同居住而实施的租赁房屋、购买房屋的行为,虽然签订合同的目的是为某个家庭成员,但该行为后果是由整个家庭来承担。为了日常生活需要,购买各种生活用品的民事行为,实施行为的是自然人,但利益归属和责任后果承担都应当是家庭。深入分析生活中诸多以自然人为主体设立的民事法律关系,我们发现此类情况较为普遍,行为往往由某个特定自然人来实施,但代表的意志和利益及最终行为后果是属于整个家庭。进而深入分析可知,现实生活中自然人的行为实际可以根据其反映的意志和代表的利益不同分为两类:一类是个人行为,即完全体现个人的意志、代表个人利益,该行为产生的法律后果由其个人来承担;一类是家庭行为,即反映的是家庭成员的共同意志,代表的是家庭的整体利益,该行为产生的权利、义务及责任应当归属于家庭。家庭作为一个稳定的、独立于其家庭成员个人的组织体,有自己独立的利益、独立的意志和独立的责任,尽管和其他非法人团体一样,家庭和家庭成员个人在财产、责任上的独立是相对的,但也足以说明家庭和家庭成员个人不是重合的,不能互相代替。家庭和个人之间存在的独立性是一种客观存在的现实,需要立法予以确认和保护。如果不承认家庭的民事主体资格,就很难在民法理论上对以家庭为整体所实施的各种民事法律行为进行科学解释。

因此,在法律上应当明确自然人和家庭之间的区别和联系,两者在民事主体地位上不同,在财产归属和责任承担上也有所区别。随着人类社会的发展,自然人个人在法律上的独立地位和独立权利已牢固确立,不可撼动,

---

① 巩方健:《认真对待法律的空间性》,载《政法论丛》2008 年第 4 期。

过去那种重家庭轻个人,个人人格被家庭所吸收的现象已经成为历史不会再重新出现。但家庭并没有就此退出历史舞台,无论是在社会实践中还是在现行法律的某些条款中,都能看到其在默默发挥着重要作用。我们认为,在我国将来的婚姻家庭立法中,应当正视家庭的实际民事主体地位,明确家庭共有财产的形成及家庭成员对家庭共有财产享有的权利,理清自然人个人和家庭之间的关系,维护家庭这一特殊组织的整体利益,为建设和谐稳定的家庭关系发挥积极作用。

第二节　关于家庭财产共同共有的性质所存在的问题

一、现行法律关于家庭财产的规范现状

无论是古代社会还是现代社会,家庭都是一个经济单位,都有家庭的经济生产、经营预算和共同的生活消费,因而也就容易形成家庭的共有财产。然而,家庭共有财产不同于其他组织的共有财产,家庭是以亲情和血缘为纽带维系起来的,不能完全用经济利益的平衡性来进行规范调整。所以,虽然创造家庭共有财产的人可能不是全体家庭成员,抑或在取得家庭共有财产的过程中家庭成员的贡献大小并不相同,但对于家庭共有财产来讲,不能以此来判断其权利归属和利益享用。现代社会的家庭结构规模在不断减小,夫妻和未成年子女所组成的核心家庭占主要比例,据调查城镇的核心家庭占家庭总数的71%。[1] 因此很多国家也只在法律中规定夫妻财产制度,对家庭财产制度缺乏特别规范。家庭成员复杂的直系家庭或复合家庭在我国仍占有相当的比例,农村的直系家庭比重约为其家庭总数的1/4,表明父母同一个已婚子女居住有一定的普遍性[2],子女承担着目前社会还无法完善解决的养老的重任。家庭成员间相互分工、协作完成生产活动,为没有劳动能力的家庭成员提供生活保障,从一定意义上说家庭的保障功能是经济功能

---

① 王跃生:《当代中国城乡家庭机构变动比较》,载《社会》2006年第3期。
② 同上。

的派生物。[①]在这样成员复杂的家庭中产生的家庭共有财产,是当前家庭财产领域法律规范缺失的重要部分。

　　广义的家庭财产应当包括家庭共有财产、部分家庭成员共有财产和家庭成员个人财产三种类型,狭义的家庭财产仅指家庭共有财产。我国现行法律关于家庭财产的规范极为简单,仅在《民法通则》及其司法解释和《物权法》中有较少条文规定。《民法通则》中使用的是"家庭财产"的概念,《民通意见》使用的是"家庭共有财产"的概念,二者的含义应当是完全相同的,都是指狭义的家庭共有财产。《物权法》没有明确规定"家庭财产"或"家庭共有财产",只是在规定共有制度时提到家庭关系可以成为共同共有的基础,比较模糊地规定了家庭共有财产的性质为共同共有,再无其他明确规范。《物权法》第103条规定:"共有人对共有的不动产或者动产没有约定为按份共有或者共同共有,或者约定不明确的,除共有人具有家庭关系等外,视为按份共有。"《婚姻法》中虽详细规定了夫妻之间的财产关系,但对于家庭财产的类型和财产关系则无任何规定。而家庭中不仅有夫妻关系和夫妻财产,还可能存在父母子女关系、兄弟姐妹关系和祖孙关系及其他财产,有关家庭财产的调整仅靠现有《婚姻法》的规定是远远不够的。

二、实践中家庭财产的复杂与法律中"共同共有"的定性相矛盾

　　一般在说起家庭共有财产时,人们首先想到的是动产和不动产等享有所有权之财产,其实不然,家庭财产的客体范围非常广泛。尤其是随着社会发展,人们所拥有的财产类型更是越来越多,不仅限于物的所有权,还包括用益物权和担保物权等其他物权类型。另外,债权、知识产权、股权等财产性权利也逐渐成为家庭财产中的重要组成部分和重要财产形式。

　　家庭财产中的动产主要包括:机动车、货币、书籍、文物、衣服、生产工具、家具、家用电器等家庭生活用品,种类非常繁多。家庭财产中的不动产,既可以包括房屋等建筑物的所有权,也包括在土地上面设立的各种用益物权,如建设用地使用权、土地承包经营权、宅基地使用权和地役权等。另外,还可以包括因债权而设立的各种不动产上的担保物权。家庭财产中还可以

---

① 胡扬:《中国农村社会保障改革的路径依赖与制度创新》,载《兰州学刊》2006年第1期。

包括各种类型的债权,较为普遍的是合同之债,另外还可以是无因管理之债、不当得利之债及其他类型等。家庭财产中还可能包括知识产权、股份、债券、投资基金、有限责任公司和合伙企业的出资份额、保险标的收益等多种财产。

我国民法关于共有的规定是放在所有权内容中,理论上认为"共有是指某项财产由两个以上的权利主体共同享有所有权"[①],依《物权法》第95条的规定,"共同共有"是指"共同共有人对共有的不动产或者动产共同享有所有权"。由此可见,共有的对象应当是特定物的所有权。如上文所述,家庭共有财产的客体范围非常广泛,不仅限于物的所有权,甚至超出了物权的范围。显然,《物权法》中关于共同共有的规定,并不构成调整基于共同关系而产生的共同财产现象的一般性法律,它只涉及共同财产中与物权有关的问题。具体来说,《物权法》中关于共同共有的规定,只调整夫妻共同财产、合伙共同财产、家庭共同财产、数个继承人共同继承遗产的问题中涉及财产所有权的内容。另外,《物权法》第105条还规定了对其他物权的"准共有",即"两个以上单位、个人共同享有用益物权、担保物权的,参照本章规定"。如此看来,只有共同关系人形成的共同财产中包括了物权的时候,针对这些物权,共同关系人之间才形成为《物权法》所调整的"共同共有"关系。对于属于共同财产中其他类型的权利共有现象,例如共同债权,则应由债法上的相应制度去规范。[②] 显然,现行法律关于共同共有之规范不能准确、全面调整实践中的家庭共有财产。杨立新教授认为,对所有权以外的他物权、知识产权以及部分债权甚至特殊情况下的人格权如荣誉权都可以形成权利共有状态,此种共有比较特殊,称为准共有,准共有也分为按份共有和共同共有。[③] 虽然其观点似乎可以解决实践中共同共有的客体范围不仅限于物权的现状,但很明显是对法律条文的改造和扩大化解释,超出了立法的内容。由此可见,按照我国现行法律规定,将家庭共有财产的性质认定为是共同共有并不准确,其包括共同共有所有权、准共有其他物权以及对其他财产权利的共同享有。在我国《物权法》对共同共有界定非常清晰、适用范

---

① 佟柔主编:《中国民法》,法律出版社1990年版,第281页。

② 薛军:《〈物权法〉关于共同共有的规定在适用中的若干问题》,载《华东政法大学学报》2007年第6期。

③ 杨立新著:《共有权研究》,高等教育出版社2003年版,第19页。

围较为狭窄的情况下,笼统地说夫妻共有财产和家庭共有财产是共同共有很明显是不严谨、不准确的。

三、对传统民法中共同共有制度的理论研究

从历史沿革角度来看,共同共有源自于日耳曼法上的"合有",而"日耳曼法之合有虽亦为多数人之共同所有关系,但并非纯然物权法上之制度,而系由于其多数所有人间,有共同态之存在,故并具有人格法之关系"①。共同关系是一种身份性的关系,是共同共有的成立基础,这在各国理论界基本都是一致的,但是对于何为"共同关系",就现有的研究资料而言,并无一个精确的概念。史尚宽先生说,所谓共同关系,例如夫妇关系、亲子关系、合伙关系。谢在全先生在其宏著《民法物权论》中对共同关系的表述非常详细(注:在台湾"民法"中"共同共有"被表述为"公同共有"):"所谓公同关系,系指两人以上因共同目的而结合所成立,足以成为公同共有基础之法律关系而言,故具有二项意义:一是公同关系之成立,均有其一定之共同目的,例如合伙系为经营一定之合伙事业,夫妻共同财产系为处理夫妻间所生之财产关系,遗产之公同共有则系为处理共同继承之关系,因之,各公同共有人对此项所有权之享有,自应受此共同目的之拘束,庶几能实现公同关系存在之共同目的。二是公同共有乃在公同关系上成立,故各公同共有人间有人的结合关系存在。"②从上述学者所下定义而言,虽说法各异,繁简不同,强调的重点也有所不同,但有一点是一致的,那就是都提到了"共同目的"一词。建立共同关系,往往都具有共同目的,如夫妻共同共有和家庭共同共有都是以共同生活为目的。因此,共同共有关系体现的是"物以人聚",而按份共有关系往往被认为是"人以物聚"。③ 为维护共同关系以达到共同目的,对于当事人间的财产必须做出一定的安排。多数人间的财产所有权享有可以有两种安排:一是分别所有,一是共同所有。分别所有很显然对于维护共同关系以达到共同目的是不利的。一物由两人以上共同享有,在法律技术上有三种制度设计:一是按份共有,一是共同共有,一是法人所有。若为按

---

① 李宜琛:《日耳曼法概说》,中国政法大学出版社 2003 年版,第 73—75 页。

② 谢在全:《民法物权论》,中国政法大学出版社 1999 年版,第 324 页。

③ 张双根:《共有中的两个问题——兼谈对〈物权法(草案)"共有"章的一点看法〉》,载《比较法研究》2006 年第 2 期。

份共有,因各共有人得随时请求分割共有财产以结束共有关系,这不利于维护共同关系以达到共同目的。当然法人所有虽然能够很好地起到维持共同关系以达到共同目的的作用,然法人的成立是有其严格条件的,并不是在任何情况下都能成立法人,在夫妻之间、家庭之间根本就不可能成立法人。台湾学者谢在全先生也认为,在共同共有中各共有人间虽因有共同目的而有人的结合关系,但此种结合关系尚未达到其个人人格已退居幕后,成为独立人格的程度,是以共同共有仍有存在之必要。[①]

在类似于夫妻、家庭、合伙等共同关系中,虽然由单个当事人形成的共同关系共同体并没有获得独立的法律人格,却成立了和成员具有相对独立性的组织体。从法律主体角度看,这些共同体虽然不是具有独立人格的法律主体,但是无论是组织构成还是在意志形成和利益归属方面都具有自己相对独立的法律性质,区别于其组成人员。尤其是比较典型的合伙组织、家庭等组织体。因为该组织体的存在,参与共同关系的成员不与共同财产的某一个特殊的组成部分,建立一种具体的归属关系,而只可能针对共同财产总体价值的某一"份额",存在抽象的归属关系,性质上类似于股东对公司的财产所享有的股权。但是由于这种组织体没有取得彻底独立于其成员的法律人格,因此,该组织体只是共有财产的形式上的或者名义上的权利主体,实质的权利主体仍然是构成该共同体的成员。而共有的财产则可以是该组织体所能够拥有的所有财产,包括各种形态的物权、债权、知识产权、股权等财产性权利。可见,在共同共有关系中,共同共有人是对基于共同关系而形成的组织体所拥有的所有笼统财产享有平等的权利,而不是对其中某一个具体的物或某一项具体的财产享有抽象份额。

同样是作为共同共有基础的共同关系,因类型不同导致共同共有关系也存在明显区别。例如,合伙关系是为经营一定的合伙事业;共同继承关系是为了处理遗产;家庭关系为了家庭成员共同经营和生活;夫妻关系是男女双方为了永久共同生活。不同目的使各个共同关系中的主体之间结合的紧密程度各不相同,如合伙人之间本无身份关系,只是为了共同经营才组成合伙组织,因而其结合程度较为松散;继承人之间原本具有亲属身份,但是不具有团体性,只是为了共同处理遗产问题才建立了共同关系,这种共同关系

---

① 　谢在全:《物权法论》,中国政法大学出版社 1999 年版,第 328 页。

是暂时的,随着遗产的分割而解散。这样合伙关系和共同继承关系更多体现了财产性,在成立之初即已设定份额,合伙表现为合伙份额,继承表现为继承份额。而在家庭关系中,家庭成员原本就具有亲属身份,基于共同生活的目的而密切结合在一起;夫妻关系更是结合得非常紧密,以永久共同生活为目的,这样家庭关系和夫妻关系更多体现了人身性。所以,在进行具体制度设计时,针对这几种产生共同共有的基础关系之不同,可以设立不同类型的共同共有制度。如基于共同继承关系产生的共同共有最为短暂和松散,基于合伙产生的共同共有在符合法律规定条件或经其他合伙人同意时,也可以退出合伙组织,而对于因家庭关系和夫妻关系产生的共同共有则具有较强的稳定性,共有人一般不得转让其"份额",也不得请求分割共有财产。对于关系紧密的共同共有,在共同关系中往往都产生有一定独立性的组织体,具有相对独立的人格,与具体组成人员相区别。

　　由于共同关系的多样性导致共同共有类型的不同,因而在各国立法上,各种共同共有制度通常由规范共同关系的法律予以规定,而不是仅规定于所有权中的共有部分。如《德国民法典》将合伙、共同继承、夫妻共有分别规定在债权编、继承编、亲属编,其物权编的共有部分仅指按份共有。日本民法典、意大利民法典和我国澳门地区民法典与之相类似。《瑞士民法典》虽然在物权编的共有部分包含共同共有,但只有三个条款分别规定共同共有的要件、效力和解除等问题,共同共有的主要规则仍然规定在共同关系的规范中。"共同共有"制度效果在家庭、继承和合伙等所谓"共同共有"的发生原因中存在,而并不出现在物权或民法的其他部分中,这样一种立法状况本身就是对将"按份共有"和"共同共有"一同编排在物权所有权项下的最好的排斥回应。由此可见,按份共有和共同共有表面上似乎属同类,实质上有较大区别。按份共有的重心是在"共有"这个词语上,往往是针对某一特定物,在它的制度设计中应当凸现所有权的功能意义;而"共同共有"理论设计的重心则在"共同"这个词上——强调的是一种主体间的特殊关系,也就是学者们通常所说的"共同关系"——一种完全独立于财产所有制度的人身或其他关系,而在这一关系基础上产生的财产类型会很复杂,并不仅限于物权,更不会限于一物。共同共有制度需要解决在这一特殊共同关系中产生的所有财产关系,这才是"共同共有"制度设计的意义所在。

四、评析我国民法中的共同共有规范及立法改进的建议

我国《民法通则》关于共有制度只有一条即第 78 条,此条规定:"财产可以由两个以上的公民、法人共有。共有分为按份共有和共同共有。按份共有人按照各自的份额,对共有财产分享权利,分担义务。共同共有人对共有财产享有权利,承担义务。按份共有财产的每个共有人有权要求将自己的份额分出或者转让。但在出售时,其他共有人在同等条件下,有优先购买的权利。"最高人民法院之后出台的《民通意见》中从第 88 条到第 92 条共设有 5 个条款,几乎都是针对共同共有的。但无论是《民法通则》还是《民通意见》在表现共同共有是以共同关系为基础的理念上并不明显,甚至没有明确提出。《物权法》对此有所改变,在其第 99 条和第 103 条两个条文中含蓄地表明了共同共有的基础如家庭关系等。第 99 条规定:"共同共有人在共有的基础丧失或者有重大理由需要分割时可以请求分割。"另外,《物权法》改变了《民法通则》及其司法解释中将共同共有作为共有常态的状况,将按份共有作为共有的常态。《民通意见》第 88 条规定:"对于共有财产,部分共有人主张按份共有,部分共有人主张共同共有,如果不能证明是按份共有的,应当认定为共同共有。"《物权法》第 103 条规定:"共有人对共有的不动产或者动产没有约定为按份共有或者共同共有,或者约定不明确的,除共有人具有家庭关系等外,视为按份共有。"这一改变表现了民法理论上对共同共有的认识更加准确和科学,也更接近世界其他国家立法。

然而,我国《物权法》关于共同共有的规定仍然存在不足之处,主要表现在:第一,没有在概念中明确突出共同共有的本质特性——以共同关系为基础。立法中将"共同共有"描述为"共同共有人对共有的不动产或者动产共同享有所有权",与《民法通则》一样,都突出强调了其"不分份额、平等享有"的特性,没有突出其产生的基础是共同关系,从而也导致很多不该发生的争议发生,如很多学者对于共同共有能否依当事人约定而产生发生争议。很显然,共同共有的本质是在共同关系前提下,为了维护共同关系而不分份额地平等享有财产,而且一般不允许随意分割共有财产。所以,共同共有不能依约定产生,当事人可以约定占平均份额的按份共有。第二,仅将共同共有笼统规定在物权法的所有权中,与按份共有并列规定,没有认识到按份共有和共同共有的本质区别,更没有根据不同类型的共同共有制定与其相适

应的法律规范。即使像《瑞士民法典》那样将共同共有放在共有部分,通常也有"共同共有人的权利及义务,依法定或约定的支配共同体的规定决定"的提示(第 653 条第 1 款),具体规则还是规定在规范共同关系的部分。① 第三,有关共同共有的法律规定在适用中与社会现状产生非常明显且低级的矛盾,即共同共有只限于所有权,即使准共有也只扩大到他物权。众所周知,在现实生活中无论是夫妻共有财产、家庭共有财产还是在合伙财产和共同继承的财产中,所涉及的财产都不是一个具体的、特定的物,而是很多财产的集合,其中存在非常复杂的财产类型,显然用共同共有来界定和解决该集合财产关系问题是远远不够的,连最基本的适用范围都难以解决,何言其他呢?

我们认为,借着我国即将制定民法典的时机,有必要对共同共有制度进行全面设计和规范。将"共同共有"纳入所有权的范畴是牵强的,它的本质表明它更接近于有关主体的制度设计,在主体制度设计中应更能准确表达它的内涵和效果意思。"共同共有"产生原因的特殊性提示我们:在重新设计民法主体制度过程中,应当以共同关系产生的特殊组织体为中心,系统地设计出一套完整的包括成员间关系规则、财产管理和利用上的规范。"共同共有"作为现行民法制度完全可以在民事主体制度中找到自己的位置,在规定共同关系的同时,对于共同体所产生的财产关系规范完全可以表达在制度的设计中,表达在法条的制定中。而这样的方法既可以解决人们对这个"共同共有"共同体的关注,维护共同体的稳定,同时财产归属问题也可以得到解决,再者也能使我们的立法编排更流畅更严谨,从而实现立法的全面协调和有效解决社会实际问题的目的。

第三节 不同法律在调整家庭财产关系中的冲突

在我国民事法律领域,《婚姻法》被视为民事特别法,由于《民法通则》出台时间较早,关于物权方面的规定非常简单,因此有关婚姻家庭方面的财

---

① 裴桦:《关于共同共有两个基本问题的思考——兼评我国〈物权法〉相关条款》,载《甘肃政法学院学报》2008 年第 4 期。

产关系和财产纠纷,一直适用我国《婚姻法》和相关司法解释,对此未有争议。我国现行《婚姻法》于 1980 年正式颁布,2001 年进行了较大范围地修正。2007 年《物权法》颁布后,对物权法律关系进行了较为全面和完善地规范,在调整民事主体之间的物权归属、物权利用、物权变动和物权保护等方面发挥了极为重要的作用。但也正因为《物权法》的出台,在确定物权归属和物权变动的规则方面与《婚姻法》已经明确适用地有关规则发生了较多冲突,产生了一系列适用上的争议。另外,有关夫妻之间的财产协议和赠与也涉及如何理解适用《婚姻法》与《合同法》的问题。在处理家庭财产关系的过程中,我国《婚姻法》与《合同法》《物权法》之间究竟如何选择适用,家庭之间的财产归属和变化是否严格适用《物权法》的规定? 夫妻之间的协议是否适用《合同法》的规定? 诸如此类的一些问题一直是困扰理论界和实务界的难点问题。

一、我国《物权法》关于物权归属和物权变动的基本规定

我国《物权法》对物权归属和物权变动作了非常明确详尽的规定。《物权法》第 6 条规定:"不动产物权的设立、变更、转让和消灭,应当依照法律规定登记。动产物权的设立和转让,应当依照法律规定交付。"第 9 条规定:"不动产物权的设立、变更、转让和消灭,经依法登记,发生效力;未经登记,不发生效力,但法律另有规定的除外。"第 23 条规定:"动产物权的设立和转让,自交付时发生效力,但法律另有规定的除外。"据此可以明确看出,除法律另有规定外,在物权变动过程中不动产未经登记,动产未经交付的,不发生物权变动的效力。同时根据法律规定还可以推断出,通常情况下人们在判断某项财产的所有权归属时主要依据公示出来的状态,即对于不动产所有权的归属判断看其登记,不动产物权只要登记在谁的名下,就可推断谁对该不动产享有相应物权;对于动产所有权的归属判断看占有,谁占有某项动产就可推断其对该动产享有所有权。即使所公示出来的物权状况和实际权利状况不相符合,第三人基于对公示的相信而实施的民事行为也会受到法律的保护,这就是物权法中的公示公信原则。正是由于这一原则,促使人们在交易中尽量按照要求进行公示,实现物权归属和变动在形式和内容上的统一。

二、我国《婚姻法》中关于夫妻财产制的规定

我国《婚姻法》规定的夫妻财产制包括法定夫妻财产制与约定夫妻财产制两种。

法定夫妻财产制是指如无约定当然适用的夫妻财产制度。我国《婚姻法》第17条规定了法定的夫妻共有财产："夫妻在婚姻关系存续期间所得的下列财产，归夫妻共同所有：（一）工资、奖金；（二）生产、经营的收益；（三）知识产权的收益；（四）继承或赠与所得的财产，但本法第18条第3项规定的除外；（五）其他应当归共同所有的财产。"《婚姻法》第18条规定了法定的夫妻个人财产："（一）一方的婚前财产；（二）一方因身体受到伤害获得的医疗费、残疾人生活补助费等费用；（三）遗嘱或赠与合同中确定只归夫或妻一方的财产；（四）一方专用的生活用品；（五）其他应当归一方的财产。"在夫妻财产关系内部，确定夫妻财产权利的归属应适用《婚姻法》。在婚姻关系存续期间，只要夫妻之间没有符合法律要求的特殊情况，属于第17条规定的财产都应当归属于夫妻双方共有，属于第18条规定的财产都应当归属于夫妻中的一方所有。例如，依《婚姻法》第17—18条规定，夫妻一方因继承所得的财产，除非被继承人指定财产只归夫妻中的一方所有，否则当然属于夫妻共有财产范围。据此，如无相反证据，夫妻一方因继承取得的房屋，另一方当然享有共有权，无须继承人的处分行为，也不用必须登记在另一方的名下。

约定财产制是对法定夫妻财产制的变更和补充，其效力高于法定夫妻财产制。第19条规定："夫妻可以约定婚姻关系存续期间所得的财产以及婚前财产归各自所有、共同所有或部分各自所有、部分共同所有。"根据法律规定，夫妻之间对于财产约定的范围非常广泛；另外，无论是将一方的个人财产约定为双方共有还是将法律规定的双方共有财产约定为一方个人所有，均无特殊的形式要求，只要双方意思达成一致即可。当然，在约定内容涉及第三人利益时，必须告知第三人，该约定才能对抗第三人。

总之，根据《婚姻法》的规定可以看到，法定夫妻财产制适用的条件是合法婚姻关系的存在，约定夫妻财产制适用的条件是夫妻之间的有效约定。

由于财产问题是夫妻关系中的重要问题，尤其是在当事人发生矛盾或离婚过程中，如何确定财产的性质显得更为重要。我国最高人民法院出台

的一系列关于《婚姻法》适用的司法解释,针对夫妻财产问题也作了非常详细的规定。下面我们对此进行梳理分析,以理解和把握立法的本意和发展趋向。

(1) 2001年最高人民法院关于适用《中华人民共和国婚姻法》若干问题的解释(一)(以下简称《婚姻法司法解释(一)》)

第19条:"婚姻法第18条规定为夫妻一方所有的财产,不因婚姻关系的延续而转化为夫妻共同财产。但当事人另有约定的除外。"说明个人财产不会因婚姻存续时间而自动改变其性质,但夫妻之间的约定优先于法律的规定。

(2) 2003年最高人民法院关于适用《中华人民共和国婚姻法》若干问题的解释(二)(以下简称《婚姻法司法解释(二)》)

第11条:"婚姻关系存续期间,下列财产属于婚姻法第17条规定的'其他应当归共同所有的财产':(1) 一方以个人财产投资取得的收益;(2) 男女双方实际取得或者应当取得的住房补贴、住房公积金;(3) 男女双方实际取得或者应当取得的养老保险金、破产安置补偿费。"

第12条:"婚姻法第17条第3项规定的'知识产权的收益',是指婚姻关系存续期间,实际取得或者已经明确可以取得的财产性收益。"这两个条款进一步明确了夫妻共有财产的范围。

第19条:"由一方婚前承租、婚后用共同财产购买的房屋,房屋权属证书登记在一方名下的,应当认定为夫妻共同财产。"该条款说明即使登记在一方名下的房产,也不会改变其共有的性质。

第22条:"当事人结婚前,父母为双方购置房屋出资的,该出资应当认定为对自己子女的个人赠与,但父母明确表示赠与双方的除外。当事人结婚后,父母为双方购置房屋出资的,该出资应当认定为对夫妻双方的赠与,但父母明确表示赠与一方的除外。"说明父母双方对子女的财产赠与因婚前还是婚后性质有所不同。此条也与婚姻法的规定相一致。

(3) 2011年最高人民法院关于适用《中华人民共和国婚姻法》若干问题的解释(三)(以下简称《婚姻法司法解释(三)》)

第5条:"夫妻一方个人财产在婚后产生的收益,除孳息和自然增值外,应认定为夫妻共同财产。"该条款对《婚姻法司法解释(二)》第11条第1项的规定进行了修订和细化,即婚前个人财产产生的孳息和自然增值部分仍然为个人财产,通过投资所获得的收益是需要付出劳动和心血的,该部分才属于夫妻共同财产。

第 6 条:"婚前或者婚姻关系存续期间,当事人约定将一方所有的房产赠与另一方,赠与方在赠与房产变更登记之前撤销赠与,另一方请求判令继续履行的,人民法院可以按照合同法第 186 条的规定处理。"该条款与婚姻法中以前的规定有所不同,将夫妻之间的赠与按照普通赠与合同来对待。

第 7 条:"婚后由一方父母出资为子女购买的不动产,产权登记在出资人子女名下的,可按照婚姻法第 18 条第 3 项的规定,视为只对自己子女一方的赠与,该不动产应认定为夫妻一方的个人财产。由双方父母出资购买的不动产,产权登记在一方子女名下的,该不动产可认定为双方按照各自父母的出资份额按份共有,但当事人另有约定的除外。"由于《婚姻法司法解释(三)》在《物权法》之后出台,非常明显地看出该条款受到了《物权法》关于不动产需要登记的影响,以登记来推断父母赠与的意思,同时判断财产的性质为个人所有还是夫妻共有。

第 10 条:"夫妻一方婚前签订不动产买卖合同,以个人财产支付首付款并在银行贷款,婚后用夫妻共同财产还贷,不动产登记于首付款支付方名下的,离婚时该不动产由双方协议处理。依前款规定不能达成协议的,人民法院可以判决该不动产归产权登记一方,尚未归还的贷款为产权登记一方的个人债务。双方婚后共同还贷支付的款项及其相对应财产增值部分,离婚时应根据婚姻法第 39 条第 1 款规定的原则,由产权登记一方对另一方进行补偿。"

第 11 条:"一方未经另一方同意出售夫妻共同共有的房屋,第三人善意购买、支付合理对价并办理产权登记手续,另一方主张追回该房屋的,人民法院不予支持。夫妻一方擅自处分共同共有的房屋造成另一方损失,离婚时另一方请求赔偿损失的,人民法院应予支持。"说明法律在夫妻之间和第三人的发生财产纠纷时,更倾向于保护第三人的利益,因为夫妻之间关系密切,属于内部关系,第三人难以明确和知晓双方之间的权利和义务,因此,首先要保护善意第三人的合法权益,然后再解决夫妻之间的内部问题。

第 12 条:"婚姻关系存续期间,双方用夫妻共同财产出资购买以一方父母名义参加房改的房屋,产权登记在一方父母名下,离婚时另一方主张按照夫妻共同财产对该房屋进行分割的,人民法院不予支持。购买该房屋时的出资,可以作为债权处理。"因房屋原本属于一方父母承租的公房,购买房改房的价格一般会参考工龄、职务、级别等因素,具有比较强烈的福利色彩,其购买价格往往与市场价格相差甚远,如果认定为夫妻共同财产,显然会损害一方父母的财产权益,与国家有关房改政策精神也不相符。此条款同时也说明在确定房屋产权时登记的重要作用。

从 2011 年出台的《婚姻法司法解释(三)》可以看出,该条文内容在物权归属判断方面受到《物权法》的较大影响,出现了与物权法规则相靠拢的趋势。如判断父母赠与子女房产以登记作为判断赠与双方还是一方的意思,也就是由原先的单纯意思变更为通过登记的形式来推断其意思。另外,明确规定夫妻一方擅自处分不动产时,对善意第三人的保护适用物权法中的善意取得制度。

三、我国《物权法》与《婚姻法》在调整夫妻财产和家庭财产关系中的矛盾

从上述关于两部法律的规范特点可以看出,《物权法》是以公示即不动产的登记和动产的占有与交付作为判断物权归属和物权变动的重要标志,《婚姻法》则是以时间(结婚时间与财产取得时间)和双方的意志作为判断财产归属的依据,而两者在实践中会出现不一致的地方,从而引发法律适用上的矛盾。

(一)依《物权法》公示出来的物权状况和依《婚姻法》判断的夫妻财产归属状况出现的不一致情形

根据《物权法》的规定,动产物权和不动产物权的公示方法不同,下面分别从两个方面进行分析。

首先,从动产物权角度来讲,静态动产物权的公示方法是占有,动产物权变动的公示方法是交付。当然,在实际生活中交付行为是公众难以看到的,大家所能看到的是交付前的占有状态和交付后的占有状态不同,从而推定当事人之间进行了交付。因此,对于动产物权来讲其真正的公示方式是占有,即动产在谁的占有之下,就可以推定谁对该动产享有物权。夫妻是最为亲密的一种关系,除特殊情况外往往是要共同生活在一起的,因此,对于动产的占有也是共同的,按照《物权法》关于动产物权公示方法的规定是属于双方共同所有。但是根据《婚姻法》的规定,可能会是夫妻一方的婚前个人财产,也可能是婚后取得的属于其个人所有的财产,抑或是夫妻双方约定为个人所有的财产。而对于两地分居的夫妻来讲,其所占有的动产从《物权法》角度来看是其个人财产,但根据《婚姻法》的规定则可能是夫妻共有财产,或者是约定为对方个人所有的财产。由于如此种种情况的存在,均会导致出现依据《物权法》和依据《婚姻法》在判断物权权利归属时不一致的情形。

其次,从不动产物权的角度来看,在夫妻生活过程中,房屋是最主要也是价值较大的不动产,因此无论是当事人个人还是法律都极为关注。在最高人民法院出台的一系列关于婚姻法适用的司法解释中,房屋一直都是解决夫妻财产纠纷时关注和规范的重点。房屋是典型的不动产,根据《物权法》的规定,不动产物权的公示方式是登记,而根据《婚姻法》则以婚姻成立时间、房屋的取得时间和双方的约定来判断权利归属,与该房屋登记在谁的名下似乎没有关系。因此,实践中有可能出现以下几种按照两种法律标准判断权利归属而表现不一致的情形:

(1)一方如夫方(或妻方)的个人房产登记在对方名下,但双方对此没有特殊约定。如在结婚前男方购买的房屋应女方的要求登记在女方名下,但男方并没有将该房屋赠与女方或约定为双方共有的意思,双方也没有就此房屋的权利归属达成明确的协议。根据《婚姻法》的规定,该房屋仍然为男方个人财产,而根据《物权法》对不动产权利归属的判断要依靠登记,该房产应当属于女方的个人财产。

(2)双方的共有房产登记在一方名下,双方对此房产归属没有特殊约定。此类情况在实践中大量存在,夫妻在共同生活期间用共同积累的财产购买了房屋,在办理产权登记时基于某种原因,房屋没有登记在双方的名下,而是登记在夫妻一方名下,双方又没有对此做出特别约定。根据《物权法》的规定,该房屋应当属于登记一方的财产,而根据《婚姻法》的规定该房屋为婚姻关系存续期间取得的财产,应为夫妻共有财产。

(3)一方的婚前个人房产登记在双方名下,双方对此没有特殊约定。此种情况与(1)相类似,如男方的个人婚前房产在婚前或婚后变更登记在双方的名下,但是双方并没有对房产归属进行明确约定,男方或许认为即使这样做了对自己的权利也没有任何影响,因为依法还是自己的婚前个人财产,而女方或许认为根据《物权法》之规定,登记在自己的名下,自己对该房产就享有一定的权利。各方都从有利于自己的角度进行分析和理解,那么此类情况下应当如何选择适用的法律依据来确定权利归属?

（4）根据夫妻财产协议,将夫妻共有房屋约定为一方个人所有财产或将一方个人房屋约定为夫妻共有房屋,但没有去办理房屋变更登记。依《物权法》规定应为原登记权利人之财产,依《婚姻法》规定应根据协议内容确定财产性质。

（二）依《物权法》所要求的物权变动规则与《婚姻法》中夫妻财产协议内容相矛盾

物权变动规则是在我国《物权法》颁布时正式统一确定下来,在此之前的民事法律中,对物权变动缺乏统一明确的规范,甚至还存在着一些错误的认识和规定。根据《物权法》的规定,物权变动的规则分为两种情况:一种是以法律行为进行物权变动,需要具备两个条件,即法律行为有效和法定的公示方法;另一种是非法律行为引起物权变动,无须公示,只要符合法律规定的条件即可。根据民法关于民事行为的基本规定可以得知,通过夫妻之间的协议约定而变更财产归属的行为,应是典型的以意思表示为要素的民事行为,按照《物权法》物权变动规则的要求,需要进行公示即不动产要登记和动产要交付才能发生物权变动的法律后果。若只有民事行为,缺乏登记或交付等公示要件,则不发生物权变动的效果。

而根据《婚姻法》的规定,夫妻双方可以通过约定将个人财产变为夫妻共有财产,也可以将夫妻共有财产约定为个人所有财产,无需进行任何公示。以房屋等不动产为例,若夫妻双方将属于一方所有的房屋协议约定为夫妻双方共有,无需登记即可发生效力;若夫妻双方协议将本应属于个人所有的房屋约定为夫妻共有财产,则不管该财产登记的权利状况如何,依据约定该房屋都成为夫妻共有财产。那么在《物权法》颁布后,夫妻约定婚前个人财产为夫妻共有财产,若婚后未进行不动产变更登记,或者婚前动产在婚后并未移转占有的,物权变动是否发生? 对此问题立法并不明确,司法实务中也存在很大争议。

（三）《物权法》的规定与家庭财产现状相矛盾

《物权法》主要是规范民事主体之间的物权法律关系,《婚姻法》主要规范夫妻之间的财产关系,而现实生活中,和自然人关系最密切的除了婚姻关系外还有家庭。家庭中除了夫妻关系这一基本的、主要的亲属关系外,还可能存在父母子女关系、兄弟姐妹关系、祖孙关系等。因此,单纯的夫妻财产关系不能解决家庭中所有财产法律关系。而且,在很多成员复杂的家庭中同样存在着家庭共有财产,家庭共有财产的类型也会比较繁多,既有动产、不动产,也有很多其他财产类型。比如,某套房屋实质上属于家庭共有财产,由于传统习惯往往只登记在家庭中户主或其他某一成员名下,但依《物权法》之公示公信原则和实际权利归属之间会出现差异。另外,在实践中虽然就某项不动产进行交易的除单位外往往都是自然人,但自然人很多情况下不是为个人的利益和意志,背后代表的是整个家庭,无论是出售还是购买不动产可能都是为了全体家庭成员的生活。如果将《物权法》规定的物权基本规则完全排除于婚姻家庭之外,那就会造成生活中大量不动产物权的实质状况和公示状况不一致的现象,如此势必会影响《物权法》作为调整物权法律关系的基本法律规范的权威和地位。

四、如何协调统一不同法律在调整夫妻关系和家庭财产关系时的适用

(一)我国《物权法》和《婚姻法》之间矛盾产生的根源及协调的基本理念

深入分析会发现《物权法》与《婚姻法》矛盾发生的实质原因在于:(1)从调整对象来说二者有明显不同,因此对公示要求也不同。《物权法》因其涉及范围的广泛性和面对主体的不特定性,在规范物权变动时更关注的是物权变动的公示要件;而《婚姻法》因其调整对象的特定性,在明确夫妻之间的财产归属时,更看重双方的真实意愿,没有形式上的特殊要求。(2)从颁布时间和法律发展来说,《婚姻法》颁布在前,《物权法》颁布在后,《婚姻法》颁布时我国民事领域中的物权变动制度无论是理论研究还是法律规范都非常匮乏,因此不重视夫妻间财产物权变动的形式要求也是情理之中的。问题是在《物权法》颁布后,关于夫妻之间的财产归属和物权变动是否仍然一如既往,不需要任何变化呢?

我们认为这种认识是不妥当的,应当根据《物权法》确立的基本规范,结合社会现实,对《婚姻法》关于夫妻财产关系的变动进行相应的调整,以实现法律体系的协调一致,更好地起到指导和规范社会实践的作用。原因在于:第一,《物权法》是调整物权法律关系的基本法律规范,《婚姻法》即使调整的是特殊主体之间的物权法律关系,也应当以《物权法》关于物权变动的基本规范为依据,结合社会实践,做出必要的调整,以达到与《物权法》有效衔接和协调统一。第二,夫妻之间的财产关系虽然由《婚姻法》进行规定,但其不单纯是夫妻内部关系问题,无论是夫妻共有财产还是夫或妻一方之财产都有可能会进入交易领域,而在和第三人交易时该物权是否公示、权利状况如何都会影响到交易秩序和第三人的利益,因此即使是夫妻财产关系的变动也有其公示的法律上的正当性和实践中的必要性。第三,从调整对象角度来说,两部法律也有所不同。《婚姻法》是调整夫妻之间的财产归属和变动关系,属于夫妻之间的一种内部财产关系,即对于双方取得的财产可以按照双方的意愿进行约定,法律不做太多干涉。但内部关系确定后以何种方式对外予以公示,以方便他人知晓其权利状况并以夫妻财产为标的进行交易则属于《物权法》调整的内容。因此,准确地讲,两部法律并非存在适用上的矛盾,更主要的是如何衔接的问题,即根据《婚姻法》确定好夫妻之间的财产关系后,需要按照《物权法》的要求予以相应公示,以保障交易安全和第三人的合法利益。第四,从法律规范的效力等级上来说,《物权法》和《婚姻法》都属于民事法律中的基本组成部分,属于民事单行法,其法律地位和法律效力相同;从颁布时间上来讲,根据新法优于旧法的原则,《物权法》优先于《婚姻法》;但由于两者的调整对象不同,《物权法》调整的是一般物权法律关系,《婚姻法》调整的夫妻财产关系属于一种特殊的物权法律关系,根据特别法优先于普通法的原则,《婚姻法》又应当优先于《物权法》。针对两者之间如此复杂的效力对比状况,我们认为,不能简单地说哪部法律绝对地优先于另一部法律,要看在何种物权法律关系中,如果是调整夫妻之间的财产关系,则《婚姻法》优先于《物权法》,但在调整夫妻与第三人之间的物权关系时,《物权法》应当优先于《婚姻法》。在下面的研究中我们将对此问题做进一步地阐述。

(二)我国《婚姻法》中关于夫妻之间物权变动的规定是否属于《物权法》第9条、第23条中的"法律另有规定"?

《物权法》第9条、第23条规定了法律行为引起物权变动适用的基本规则,同时在每条最后又规定了物权变动中的例外情况即"法律另有规定的除外"。非法律行为引起物权变动当属此种例外情况毫无争议,如《物权法》第二章第三节的"其他规定"中的第28—30条所规定的法律文书、征收决定书、继承及其他事实行为所引起的物权变动,均为无需公示的物权变动。

《婚姻法》关于两种夫妻财产制的规定,是否属于《物权法》中的"法律另有规定"？即夫妻基于夫妻关系依法取得的财产共有权或者基于夫妻之间的协议取得财产所有权,是否需要履行物权变动的公示方式？对此,理论界和司法实务中均未明确。

我们认为,对于该问题的分析应当区分法定夫妻财产制和约定夫妻财产制。在适用法定夫妻财产制的情况下,确定夫妻财产权利归属直接适用《婚姻法》的规定,这是属于法律的明确规定,夫妻一方取得法定夫妻财产共有权之唯一根据是合法的夫妻身份。在婚姻关系存续期间,一方所取得的财产(无论动产还是不动产)依法直接作为夫妻共有财产,均并无公示的要求,因此属于《物权法》第9条、第23条中的"法律另有规定"的范围。在适用约定夫妻财产制的情况下,当事人可选择的范围包括分别财产制、一般共同共有财产制和限定共同共有财产制。如果当事人选择分别财产制,即各自所得归各自所有,则在当事人之间不会发生物权变动。如果当事人选择一般共同共有财产制或限定共同共有制的话,就会发生物权变动,该物权变动的发生是否需要履行公示程序？对此,无论是学界还是司法实践中都未能达成共识,主要有以下几种不同的观点:(1)夫妻财产制契约属于物权契约,因此,婚后当然发生物权变动的效力,无需另行经过物权变动程序。[①] (2)夫妻财产制契约在性质上属于身份行为或附随的身份行为,因此,在确定夫妻之间是否发生物权变动时,应当适用婚姻法的规定而不是物权法的规定,不必受物权变动公示规定的约束。[②] (3)在夫妻依法约定为共同财产时,夫妻共同财产之取得乃依法产生,登记只体现为登记簿之更正,并无影响物权变动之效力。(4)当事人协议将一方的婚前财产约定为双方共有的情形,应当视为一方对另一方的赠与,物权变动应当以登记为要件。在登记完成之前,不仅物权未发生变动,赠与方还可以依《合同法》的规定行使任意撤销权。[③] 针对上述几种观点,我们认为,首先,夫妻之间的财产协议并非

---

① 参见史尚宽:《亲属法论》,中国政法大学出版社2000年版,第344页。

② 参见杨晓林:《婚姻财产约定制下不动产是否需要履行物权变动形式——兼谈我国夫妻财产约定制度的完善》,载《婚姻家庭法律师实务》(第3辑),中国法制出版社2008年版。

③ 《婚姻法司法解释(三)》第6条:"婚前或者婚姻关系存续期间,当事人约定将一方所有的房产赠与另一方,赠与方在赠与房产变更登记之前撤销赠与,另一方请求判令继续履行的,人民法院可以按照合同法第186条的规定处理。"

物权契约,因我国法律上只存在法律行为理论,并不承认独立于债权行为的物权行为,因此物权契约解释与我国法律行为理论无法相容,不予采纳。其次,夫妻财产契约并非身份行为,是与夫妻之间的身份关系联系密切的财产行为,首先要适用《婚姻法》的规定,但也不能完全无视《物权法》的内容。最后,关于夫妻之间的财产约定与夫妻赠与之间的关系,两者之间是包容关系还是并列关系?理论界有一定的争议。我们认为,从表面分析二者似乎有所不同,如夫妻之间的协议内容是选择一种双方均满意的夫妻财产制,并非赠与或接受赠与,夫妻财产契约是以夫妻身份为前提,实际上契合了夫妻这一身份法上的特征,很难说是一种无偿的赠与。① 然究其实质,在约定夫妻财产制中其内容是非常丰富和广泛的,只要不违反法律的强制性规定即可。如可以约定个人财产归个人、个人财产归双方共有(实质为部分赠与)、个人财产归对方(即赠与)、部分财产归个人、部分财产归双方共有等,因此,在约定夫妻财产制中其实包含了夫妻之间的赠与内容。鉴于夫妻关系这种特殊人身关系的存在,不宜将夫妻之间的赠与单独列出来与一般赠与合同同等对待,因为无论是全部赠与还是部分赠与,都体现了夫妻之间对于财产处理的意愿,建议将其列入到约定夫妻财产制中,作为夫妻财产协议的一种类型更为合适。否则就无法回答实践中普遍存在的以下质疑:同样是通过夫妻财产约定不支付对价即可获得对方财产,为什么通过双方共有的方式获得对方部分个人财产就视作夫妻协议而无需履行物权变动手续,如果获得对方全部个人财产或者某项财产的全部就视为一般赠与关系,需要履行物权变动手续呢?这种量的区别为什么会导致质的差异呢?该认识的法理依据何在?因此,我们认为《婚姻法司法解释(三)》第6条关于夫妻之间赠与关系的规定有失妥当,该条款规定"婚前或者婚姻关系存续期间,当事人约定将一方所有的房产赠与另一方,赠与方在赠与房产变更登记之前撤销赠与,另一方请求判令继续履行的,人民法院可以按照合同法第186条的规定处理",即将夫妻之间的赠与与夫妻之间的约定财产制区别开来,完全按照普通人之间的赠与对待。如前所述,两者之间没有实质的区别,只是部分赠与和全部赠与的关系。另外,如果认为夫妻之间的赠与要按照《合同法》和《物权法》的规定执行,那么夫妻之间的财产协议也是一种民事行为,是否

① 田韶华:《婚姻领域内物权变动的法律适用》,载《法学》2009年第3期。

也应当按照《合同法》和《物权法》的规定来执行,如此,夫妻关系岂不等同于一般自然人之间的关系?该种理解显然违背了我国关于婚姻家庭立法的立法宗旨和基本精神。

夫妻关系无疑是最为密切的身份关系,夫妻之间关于财产的约定并非是单纯经济交易行为,不宜完全按照民事行为的标准进行衡量。因此,界定此类行为的性质和效力时,必须从结婚这一特殊条件出发,充分探究夫妻之间的真实意图,不能完全适用物权变动的一般形式要求。① 因此,只要夫妻双方的协议约定真实有效,即可发生物权变动的内部效力,但是根据《物权法》关于物权变动的基本规定是从保护交易秩序和交易安全的角度考虑的,即如果没有进行不动产更正登记,不得以夫妻之间的协议对抗善意第三人。该协议对解决夫妻之间的财产关系仍然是有效的,如果一方有擅自处分夫妻共有财产的行为,另一方仍可以以协议为据来追究该方的责任,保护自己的合法权利。

(三)如何协调我国《物权法》和《婚姻法》中关于动产物权的法律规范适用

依《物权法》规定,动产物权的公示方法是占有。夫妻关系是以共同生活为目的,因此,无论是双方共有的动产还是单方所有的动产往往都是在夫妻的共同占有之下。根据《物权法》之公示公信原则,从维护交易秩序和保护第三人角度来讲,夫妻任何一方对所占有的动产进行处分,第三人都可以通过正常交易继受取得或者善意取得该项财产的所有权,除非其在交易时明知该项财产非处分人所有。《婚姻法》和相关司法解释对此也有规定,《婚姻法》第 17 条规定:"夫或妻对夫妻共同所有的财产,有平等的处理权。"《婚姻法司法解释(一)》第 17 条规定:"夫或妻在处理夫妻共同财产上的权利是平等的。因日常生活需要而处理夫妻共同财产的,任何一方均有权决定。夫或妻非因日常生活需要对夫妻共同财产做重要处理决定,夫妻双方应当平等协商,取得一致意见。他人有理由相信其为夫妻双方共同意思表示的,另一方不得以不同意或不知道为由对抗善意第三人。"

我们认为,即使是在权利人将动产委托他人保管的情形下,如果保管人对保管物实施无权处分行为,基于保管人对财产的占有,第三人在符合法律

---

① 许莉:《夫妻财产归属之法律适用》,载《法学》2007 年第 12 期。

规定的情况下也可以善意取得该财产,何况是在夫妻这样一种特殊亲密关系中,对于第三人来讲更无法判断夫妻一方处分的财产是其个人财产还是夫妻共有财产抑或是另一方所有财产,因此无端的让第三人增加调查的负担或者承担交易所可能带来的意外风险都是不公平的。总之,夫妻之间关于动产的特殊约定只在其内部有约束效力,不得对抗第三人,除非第三人知道该约定。此种理解应该更有利于保护交易秩序和第三人利益,同时维护夫妻之间的这种紧密关系。

（四）如何协调我国《物权法》和《婚姻法》之间关于不动产物权的法律适用

真正体现这两部法律之间矛盾冲突的是夫妻财产中有关不动产的处分行为。因此,如何选择不动产物权的法律适用是协调这两部法律关系时需要解决的关键问题。

如上文所述,两部法律之间的根本冲突就是《物权法》所要求的公示物权状态和《婚姻法》所规定的夫妻之间真实物权状况不相一致。《物权法》虽然规定了物权的公示公信原则,也明确了基于法律行为引起物权变动必须要进行公示的债权形式主义的物权变动模式。不可否认的是,在《物权法》中的确存在着无需公示的物权变动情形——非法律行为引起的物权变动。由此可知,无论是从法律规范角度看还是在复杂的社会现实中,一定存在着公示的物权状况和实质的物权状况不一致的现象,为了保证交易秩序和交易安全如何来解决这一问题?《物权法》第 19 条规定:"权利人、利害关系人认为不动产登记簿记载的事项错误的,可以申请更正登记。不动产登记簿记载的权利人书面同意更正或者有证据证明登记确有错误的,登记机构应当予以更正。"该法第 31 条规定:"依照本法第 28 条至第 30 条规定享有不动产物权的,处分该物权时,依照法律规定需要办理登记的,未经登记,不发生物权效力。"这两个条款为公示的物权状况和实质的物权状况不一致提供了解决的办法:第一步,可以申请更正登记,从而实现形式和实质的一致,全面维护当事人的利益;第二步,如果当事人基于各种原因不想去办理更正登记,法律也并不强制,但在对财产进行处分时,则必须要办理相应登记,否则难以发生物权变动的效果。此处的登记包括两个,一是更正登记,二是移转登记。因此,对于夫妻财产中的不动产来讲,如果出现登记权利状况和实质权利不一致时,为防患于未然建议当事人最好去办理更正登记,实现形式与实质的统一,这样真正权利人就可以得到法律全面有效的保护。尤其是在对该不动产进行处分时,应当先办理更正登记,再进行法律上处分,既维护了权利人的利益,也保障了交易秩序。

当出现登记权利状况和实质权利状况不一致时,无论实质权利的取得是基于法定夫妻财产制还是约定夫妻财产协议,在处理此类问题上应当是一致的。对夫妻关系来讲,财产归属依据什么、状况如何都是夫妻之间的内部问题,对于以该不动产为标的进行交易的第三人来讲并不清楚。第三人不了解与自己交易的当事人是否结婚、何时结婚、该当事人何时获得不动产、若是已婚夫妻之间是否就财产归属有特别协议,对于这些涉及当事人隐私的问题第三人既无从了解也无权了解,其所能直观看到的是该不动产的权利登记状况,而这又是《物权法》明确规定的物权公示方式。因此,无论是立法还是实践都不应当苛求第三人在交易时必须去调查了解对方的婚姻状况及夫妻内部协议状况,他只要根据登记的权利状况进行交易就已经完成了善意第三人该做的事情。因此,公示出来的物权状况具有对外的效力。我们认为,在解决夫妻与第三人之间的不动产法律关系时,应以《物权法》为依据,在处理夫妻之间的财产关系时,应以《婚姻法》为依据。如此,可以总结为:在处理夫妻财产内部关系时,首先看夫妻之间是否有特别约定,其次再判断是否属于法定的夫妻财产范围,最后当没有约定,依法又无法说清且当事人之间有争议时,则可以根据物权公示状况判断权利归属。在处理夫妻财产与第三人关系时,物权的公示状况优先于当事人的财产约定和法定夫妻财产制的适用。

（五）关于不同法律在调整夫妻财产和家庭财产关系中的总结

综上所述,无论是婚姻还是家庭,都是一个依靠情感、责任和义务维系的特殊组织,不能完全用市场经济的方式对待,更不能把每个个人看作是在婚姻家庭中追求自己经济利益最大化的民事主体。因此,不能直接用《物权法》和《合同法》的规范来处理夫妻财产关系和家庭财产关系。《婚姻法》《物权法》和《合同法》在解决家庭财产问题上并无实质的矛盾和冲突,各部法律调整的对象不同,但彼此间又有密切联系,关键是如何衔接的问题。婚姻家庭内部的财产关系优先适用《婚姻法》的规定,而婚姻家庭与第三人之间的财产关系要优先适用《物权法》和《合同法》的规定。如此认识和界定也是对夫妻处理财产关系进行正确引导和理性警示,无论适用法定夫妻财产制还是约定夫妻财产制,在涉及不动产问题时,最好通过办理相应的不动产登记体现公示物权和实质物权是一致的,以免埋下隐患以使将来在进行交易时产生不必要的麻烦。如此,既实现了民事基本法律之间的良好衔接和协调统一,也有效维护了各方当事人的利益。

第四节　重个人轻家庭的立法现状与社会现实的差异

我国《婚姻法》关于夫妻财产制度有较为全面详尽的法律规定,而对于家庭财产制则鲜有提及。家庭是社会的基本组成细胞,家庭对个人的出生和成长有着非常重要的影响,家庭成员在共同生活过程中会形成家庭财产,婚姻法关于夫妻财产制度的规定难以解决家庭财产问题,需要立法的进一步重视和完善。

一、夫妻财产制度不断加强和家庭财产制度逐步淡化的立法现状

通过前面关于我国古代家庭财产制的研究可以发现,在传统社会中无论是家庭还是家庭财产在法律上都居有非常重要的地位。随着社会的进步,对封建家族制度的批判和对个人权利与自由的重视,立法中关于家庭和个人的规范发生了鲜明的变化,个人在法律中的地位越来越重要,而家庭则逐渐淡化甚至退出了法律的视野。1950 年新中国第一部《婚姻法》中使用的还是"家庭财产"的概念,其第 10 条规定:"夫妻双方对于家庭财产有平等的所有权与处理权。"此处的家庭财产包括男女婚前财产、夫妻共同生活获得的财产和未成年子女的财产等,仍然承认了家庭财产中不仅有夫妻财产,还包括其他家庭成员所获得的财产。然而,1980 年颁布的《婚姻法》则正式提出了"夫妻共同财产"的概念,并废止了我国自古以来所延续的家庭财产制,其第 13 条规定:"夫妻在婚姻关系存续期间所得的财产,归夫妻共同所有,双方另有约定的除外。"对"家庭财产"则只字未提。我国采用《婚姻法》取代其他家庭关系法的立法思路,原本是基于这样两种考虑:一是要取消"封建"的或不平等的旧家庭模式;二是建立男女平等的家庭关系。应当说这两种想法都是正当的,在当时社会环境下也是必要的,但却忽视了与中国家庭传统和社会现实的衔接,设计了单一化和极端化的家庭法框架,这

种框架根本没有考虑如何对应复杂的中国家庭形态。甚至可以说,立法者根本没有认真研究过中国的家庭传统和家庭形态,只是从学理上凭空设计了一个《婚姻法》,想当然地以为可以据此改造中国家庭。① 当然,在废除传统封建家长制方面,该部法律具有历史进步意义,承认夫妻法定财产制和约定财产制,既意味着对男女平等原则的贯彻实施,又体现了对夫妻双方独立人格的尊重和保护,在当时来看是具有划时代意义的。

然而家庭关系中不仅包括夫妻关系,还存在诸如父母子女关系、兄弟姐妹关系、祖孙关系等多种关系,或者有些家庭中没有夫妻关系,因此仅规定夫妻财产关系并不能彻底解决家庭中的全部财产问题。法律在追求个人自由、时代进步的同时犯了过犹不及的失误,在摒弃封建家庭财产制度的同时忽视了现实生活中家庭财产的客观存在和立法规范的必要,造成了如今法律规范与社会现实严重脱节的现象和结果。在这种轻家庭重个人的观念影响下,有关夫妻财产制度的法律规定随着法律不断更新和司法解释的接连出台内容越来越丰富,而涉及家庭财产方面的法律条文几乎无迹可寻。作者翻遍我国现行民事法律,和家庭财产有关的条文可谓屈指可数,数量少得可怜,仅有《民法通则》中的第 29 条、《民通意见》中的第 42 条、44 条、57 条和《物权法》中的第 103 条 5 个条文,而且规定的非常简单。虽然,现代社会是以三口之家的小家庭为主的家庭模式,或许夫妻共同财产就构成了一个家庭的共有财产。然而,家庭财产与夫妻共同财产终究是两个完全不同的法律概念,其外延和范围要比夫妻共同财产广泛得多。因此这种将家庭财产等同于夫妻财产,甚至在很多场合将两者混用的观点是不正确的。

二、夫妻财产制的立法理念不断向个人主义发展

近三十年来,伴随着经济社会改革和市场经济的发展,人们的价值观在不断发生变化,这种影响也深深腐蚀着家庭传统价值观念的支柱。从个人层面上看,其表现就是自我中心式的个人主义在家庭中不断泛滥,同时这种观念变化也影响着我国的婚姻家庭立法。从 1950 年、1980 年《婚姻法》和2001 年修订的《婚姻法》,以及 1993 年、2001 年、2003 年和 2011 年最高人民

---

① 俞江:《中国亟宜确立新型的家制和家产制—婚姻法解释(三)评议》,载《清华法治论衡》2011 年第 1 期。

法院出台的有关《婚姻法》适用的几个司法解释,可以非常清晰地看到传统的婚姻家庭观念在不断削弱,取而代之的是个人主义的不断发展和膨胀,经济理性在婚姻家庭中占据了越来越重要的地位,甚至成为婚姻中的主导因素。

（一）1950 年、1980 年《婚姻法》和 2001 年修订的《婚姻法》逐步缩小了夫妻法定共同财产的范围,扩大了夫妻个人财产的范围,拓宽了约定夫妻财产制的适用领域。

1950 年的《婚姻法》关于夫妻财产的规定非常简单,主要有两个条款,第 10 条规定:"夫妻双方对于家庭财产有平等的所有权与处理权。"第 23 条规定:"离婚时,除女方婚前财产归女方所有外,其他家庭财产如何处理,由双方协议;协议不成时,由人民法院根据家庭财产具体情况、照顾女方及子女利益和有利发展生产的原则判决。"首先对于夫妻之间财产采用的是法定财产制。同时为了保护女方利益,限制了对离婚女性婚前财产的特别约定。也就是说,在离婚时不论男女双方的意愿如何,均不得将女方的婚前财产约定为夫妻共有财产,但对于其他家庭财产的处理则尊重双方的意愿,无法达成协议时再由法院进行判决,法院应当是将其他家庭财产作为夫妻共有财产,按照相应的原则来进行处理。由此可见,在当时法律规定下夫妻个人财产非常少,基本都是家庭财产。

1980 年的《婚姻法》明确规定了夫妻财产的约定,该法第 13 条规定:"夫妻在婚姻关系存续期间所得的财产,归夫妻共同所有,双方另有约定的除外。夫妻对共同所有的财产,有平等的处理权。"第 31 条规定:"离婚时,夫妻的共同财产由双方协议处理;协议不成时,由人民法院根据财产的具体情况,照顾女方和子女权益的原则判决。"意味着承认了夫妻双方对夫妻财产的特别约定,体现了对夫妻个人意愿的尊重和保护,而且夫妻财产制的适用原则是"有约定从约定,无约定从法定",即约定财产制可排斥法定财产制优先适用。

2001 年修订的的《婚姻法》则在其第 17—19 条中进一步明确了法定财产制中夫妻共有财产和个人特有财产的范围,以及夫妻约定财产制的具体适用,夫妻双方的意思自治可以排除法定财产制适用的原则得到了立法者的充分认可。

从上述夫妻财产制度立法的内容及其发展情况可以明确看出,法定的夫妻财产共同制和分别制的规定逐步细化,法定的夫妻共同财产的范围日益缩小,与此相对应的是,法定的夫妻个人财产的范围在逐步扩大,同时夫妻双方约定的意思自由和内容也在不断扩大,充分体现了法律对夫妻关系中个人利益的肯定和保护,明显贯彻的是个人本位主义的立法理念。

(二)最高人民法院陆续出台的几个司法解释愈加体现了重视个人财产权利的发展趋势

最高人民法院 1993 年出台的《关于人民法院审理离婚案件处理财产分割问题的若干具体意见》,针对夫妻财产性质的认定有以下七个条款:(1)夫妻双方对财产归谁所有以书面形式约定的,或以口头形式约定,双方无争议的,离婚时应按约定处理。但规避法律的约定无效。(2)夫妻双方在婚姻关系存续期间所得的财产,为夫妻共同财产,包括:① 一方或双方劳动所得的收入和购置的财产;② 一方或双方继承、受赠的财产;③ 一方或双方由知识产权取得的经济利益;④ 一方或双方从事承包、租赁等生产、经营活动的收益;⑤ 一方或双方取得的债权;⑥ 一方或双方的其他合法所得。(3)在婚姻关系存续期间,复员、转业军人所得的复员费、转业费,结婚时间 10 年以上的,应按夫妻共同财产进行分割。复员军人从部队带回的医药补助费和回乡生产补助费,应归本人所有。(4)夫妻分居两地分别管理、使用的婚后所得财产,应认定为夫妻共同财产。在分割财产时,各自分别管理、使用的财产归各自所有。双方所分财产相差悬殊的,差额部分,由多得财产的一方以与差额相当的财产抵偿另一方。(5)已登记结婚,尚未共同生活,一方或双方受赠的礼金、礼物应认定为夫妻共同财产,具体处理时应考虑财产来源、数量等情况合理分割。各自出资购置、各自使用的财物,原则上归各自所有。(6)一方婚前个人所有的财产,婚后由双方共同使用、经营、管理的,房屋和其他价值较大的生产资料经过 8 年,贵重的生活资料经过 4 年,可视为夫妻共同财产。(7)对个人财产还是夫妻共同财产难以确定的,主张权利的一方有责任举证。当事人举不出有力证据,人民法院又无法查实的,按夫妻共同财产处理。从上述规定中不难看出,这一司法解释强调的是对夫妻共同财产的保护,它鼓励和支持个人财产向夫妻共同财产的转化。而且这一司法解释是在 1980 年《婚姻法》被修改之前作出的,对 2001 年修订的《婚姻法》起到了一定的引导作用,可以说 2001 年修订的《婚姻法》关于夫妻法定共有财产和个人特有财产的范围确定是在此基础上的进一步改进。

2001 年修订的《婚姻法》并未明确个人财产和共同财产是否因婚姻存续时间而相互转化,只是规定夫妻双方可以就两种财产制随时进行约定。然而在 2001 年修订的《婚姻法》颁布不久,随之出台的 2001 年《婚姻法司法解释(一)》对此问题就做出了与此前解释截然相反的规定。其中,第 19 条规定:"婚姻法第 18 条规定为夫妻一方所有的财产,不因婚姻关系的延续而转化为夫妻共同财产。但当事人另有约定的除外。"对比最高人民法院以上两个截然不同的司法解释,可以看出因时间的推移在同一问题上最高司法机关的态度发生了根本变化。究其根源正是由于社会中普遍盛行的市场经济观念侵蚀到了婚姻家庭的领域,立法者也从传统的支持夫妻共同所有的态度转向了支持夫妻一方个人所有。从这一鲜明变化可以看出,市场机制对于社会实践中婚姻家庭的摧毁已经影响到了立法层面,婚姻家庭立法中的个人主义观念和个体的经济理性逐步占了上风。

2001 年修订的《婚姻法》对于夫妻共有财产和个人财产的列举式规定最后都有一个兜底条款:"其他应当归共同所有的财产"和"其他应当归一方的财产"。2003 年出台的《婚姻法司法解释(二)》共计 29 个条文,其中有 16 个条文都在往这两个条款里装东西。其中涉及在上市公司、有限责任公司、合伙企业、独资企业投资的有 4 条,总的原则是:夫妻离婚分割财产不能因此影响到企业的运作和资本的效率,充分体现了追求效益最大化的思想。该司法解释中涉及房屋的有 3 条,第 20 条规定:"双方对夫妻共同财产中的房屋价值及归属无法达成协议时,人民法院按以下情形分别处理:(1) 双方均主张房屋所有权并且同意竞价取得的,应当准许;(2) 一方主张房屋所有权的,由评估机构按市场价格对房屋作出评估,取得房屋所有权的一方应当给予另一方相应的补偿;(3) 双方均不主张房屋所有权的,根据当事人的申请拍卖房屋,就所得价款进行分割。"不仅明确了房产分割按照市价进行分割,而且特别规定:双方都主张房屋所有权的,采取市场竞价的方式来确定产权,由出价最高的一方获得房屋所有权,并给另一方以相应的补偿。这种市场竞价的方式表面上体现了公平,而实质上有利于家庭中货币化经济能力较强的一方。该条款改变了过去一直贯彻执行的保护妇女、保护弱者的司法价值倾向,开辟了一个家庭财产分割中男性对女性、强者对弱者的弱肉强食时代。① 第22条规定："当事人结婚前,父母为双方购置房屋出资的,该出资应当认定为对自己子女的个人赠与,但父母明确表示赠与双方的除外。当事人结婚后,父母为双方购置房屋出资的,该出资应当认定为对夫妻双方的赠与,但父母明确表示赠与一方的除外。"由于放弃了1950年《婚姻法》中"家庭财产"的概念,自1980年《婚姻法》起采用"夫妻共同财产"的蹩脚概念,把中国家庭历来选择在子女结婚的当口,上一代与下一代之间转移和分割财产的"分家析产"的传统习惯,表述成别扭的父母对子女的"赠与",事实上由于1980年以后《婚姻法》不采"家庭财产"的概念,父母名下向子女名下的财产转移,在法律上只能被视为"赠与"。②

　　比较来看,2003年的《婚姻法司法解释(二)》对资本逻辑的贯彻还只限于家庭之外的企业,经过十多年经济社会的高速发展,2011年出台的《婚姻法司法解释(三)》则将资本的逻辑贯彻到家庭之内的房产。当立法把中国人置办房屋要结婚过日子都看作是办一个典型合伙企业的时候,关于《婚姻法》的司法解释也就不再是《婚姻法》的一部分,而是《物权法》或者《合伙企业法》的一部分了。竟然还冠冕堂皇地美其名曰将财产关系从婚姻的枷锁中解放出来,"婚姻归婚姻,财产归财产"。《婚姻法司法解释(三)》共19条,其中第5条规定:"夫妻一方个人财产在婚后产生的收益,除孳息和自然增值外,应认定为夫妻共同财产。"立法者认为这是财产的自然衍生,与夫妻双方的协作劳动、努力或管理等并无关联,进一步重申了保护个人财产的理念。第7条规定:"婚后由一方父母出资为子女购买的不动产,产权登记在出资人子女名下的,可按照婚姻法第18条第(三)项的规定,视为只对自己子女一方的赠与,该不动产应认定为夫妻一方的个人财产。由双方父母出资购买的不动产,产权登记在一方子女名下的,该不动产可认定为双方按照各自父母的出资份额按份共有,但当事人另有约定的除外。"该规定与《婚姻法》第17条、《婚姻法司法解释(二)》第22条相抵触,实质上是对2001年修订的《婚姻法》的越权解释,片面强调了对夫妻个人财产权益的认定和保护。第10条规定:"夫妻一方婚前签订不动产买卖合同,以个人财产支付首

---

① 强世功:《司法能动下的中国家庭——从最高法院关于〈婚姻法〉的司法解释谈起》,载《文化纵横》2011年第1期。
② 赵晓力:《中国家庭资本主义化的号角》,载同上。

付款并在银行贷款,婚后用夫妻共同财产还贷,不动产登记于首付款支付方名下的,离婚时该不动产由双方协议处理。依前款规定不能达成协议的,人民法院可以判决该不动产归产权登记一方,尚未归还的贷款为产权登记一方的个人债务。双方婚后共同还贷支付的款项及其相对应财产增值部分,离婚时应根据婚姻法第 39 条第一款规定的原则,由产权登记一方对另一方进行补偿。"总结来看,关于夫妻财产关系的变化主要表现在:婚前财产为个人财产不因婚姻而发生转化;婚后取得的具有人身性质的财产为夫妻个人财产;婚前或婚后父母出资赠与给子女的房产,为夫妻个人财产;夫妻一方婚前个人财产在婚姻关系存续期间的孳息和自然增值,为夫妻个人财产;夫妻一方婚前按揭购买的不动产,即使共同偿还贷款也属于夫妻一方个人财产。这一系列变化的显著特点就是愈加扩大法定夫妻财产制中个人财产的范围,突出对婚姻中个人财产权利的保护。让婚姻关系中双方财产近乎达到井水不犯河水的地步,全面贯彻"爱情归爱情,财产归财产"的理念。

这些司法解释的总体趋向是以"个别财产制"逐步取代"家庭财产制"的思路,逐步明晰夫妻财产中的权利归属。尤其是《婚姻法司法解释(三)》,最高人民法院的本意应当是希望用细化规则去厘清夫妻之间的财产归属,以使下级法院判案有所准据。然而没想到的是这些条款使公众受到强烈暗示,认为国家从此提倡夫妻在生活中把经济账算清楚,以便做好随时离婚和分割财产的准备。① 综观新中国以来婚姻家庭法律的发展历史,可以看出从最初的将夫妻看作一体通过财产关系将其紧密地联系在一起,到后来逐步地关注婚姻中个人财产和个人利益的保护,尤其是《婚姻法司法解释(三)》的出台,似乎有意将《婚姻法》变成一部《物权法》和《离婚法》,多数的条款都是为了离婚和财产争夺的便利而设定的。② 实际上,按照婚姻法的立法趋势可以看出,中国人结婚以及对婚姻的维持将越来越难,而离婚则越来越容易。那么婚姻家庭法律到底是要促进婚姻家庭的稳定,还是要促进婚姻家庭的破裂? 当然,大家可能会认为婚姻的稳定与否起决定作用的是当事人自己,不是法律。但法律对实践的引导作用是不容小觑的,这也是在该解释

---

① 俞江:《中国亟宜确立新型的家制和家产制——婚姻法解释(三)评议》,载《清华法治论衡》2011 年第 1 期。

② 林辉煌:《家产制与中国家庭法律的社会适应——一种"实践的法律社会学"分析》,载《法制与社会发展》2012 年第 4 期。

出台后引起大家广泛争议且出现登记热潮的根源。现行的婚姻家庭法律尤其是最高人民法院出台的司法解释更多考虑的是如何满足资本的需求和司法机关的需求，而对于婚姻家庭稳定的根本需求则没有过多关注，家庭的稳定是多数人的根本利益所在，是维持社会秩序的根本利益所在，是保障国家发展的根本利益所在，所以更应该成为立法者关注的核心。

我国的夫妻财产制经历了从无到有，从家庭财产制到夫妻财产制，从夫妻个人财产制的确立到夫妻个人财产范围不断扩大的发展历程。因此，分析我国夫妻财产制的发展历程，可以说是我国夫妻个人财产制的发展演变历史。当然，也许有人会说夫妻约定可以改变法律的规定，更能体现对当事人的意愿尊重和利益保护。但是要考虑到夫妻关系的特殊性和夫妻双方在很多方面的不对等性。夫妻财产的总量是一定的，在约定的过程中势必会发生此长彼消的结果，在协议时往往是在家庭中占有强势地位的一方更能掌握主动权，那么夫妻关系不也就类同于市场经济关系了吗？如何还能体现出婚姻家庭中应有的互相扶助、为弱势家庭成员奉献的精神？"夫妻是以永久共同生活为目的而结合的伴侣"，这是婚姻的基石，如果将婚姻当作是分别拥有个人感情和个人财产的两个人临时组合在一起的合伙生意，随时可能会因感情变故或其他因素，而对本就泾渭分明的财产进行直接分割，轻而易举地解散夫妻关系，那么婚姻关系的神圣光环也就不复存在，人们对婚姻的敬畏也会淡化。当婚姻变成这样一种"AA 制契约婚姻"时，离婚率逐年上升的现象也就不难理解了。

三、现实中的婚姻财产不能取代家庭财产

婚姻财产关系的主体是夫妻不是家庭，婚姻是家庭中的核心关系但不是全部关系，家庭才是组成社会的基本单位，婚姻与家庭不是完全等同的，它们之间存在着以下几种情况：

（1）夫妻关系与家庭重合。即家庭中只有两个人——丈夫和妻子，这样的家庭在现实生活中占据一定比重，如年轻夫妻结婚后即与父母分开单独生活，或者夫妻两人共同生活多年一直没有子女。在这种情况下，婚姻法关于夫妻财产关系的规定完全可以调整该家庭中的所有财产关系。

（2）夫妻关系是家庭亲属关系中的一种，此外，家庭亲属关系还包括父母子女关系、兄弟姐妹关系、或者祖孙关系。这样复杂的大家庭虽然在当今

时代所占比重有所下降,但现实中尤其是在一些农村地区仍然存在。如夫妻二人结婚后与一方父母(通常为男方父母)共同生活,则不仅存在两对夫妻关系,还有父母子女关系,两对夫妻在共同生活过程中所产生的家庭财产就不是仅靠夫妻财产制度能够解决的。或者夫妻婚后生育子女,则不仅有夫妻关系,还有父母子女关系,如果生育两个以上子女,还会存在兄弟姐妹关系,随着子女的逐渐长大能够参加各种社会劳动,为家庭财产做出自己的贡献,则该家庭财产也不仅是夫妻财产。

(3)家庭中没有夫妻关系。虽然人们从观念上越来越认可夫妻关系的重要性,甚至认为家庭关系的核心是夫妻关系,家庭是在夫妻关系的基础上进一步发展起来的。但不可否认的是,在一些特殊的家庭中确实没有夫妻关系,如一些单亲家庭。随着现代社会离婚率的逐年上升,单身父亲或者母亲带着子女独自生活的现象越来越常见,这样的家庭中产生的财产显然不是夫妻财产制度能够解决的。当然单亲家庭的形成原因除离婚外,还可能是丧偶、未婚先孕等情况。此外,还可能存在父母死亡后,子女跟随成年兄姐或者祖父母共同生活组成家庭的情况。

由此可见,婚姻并不等同于家庭,婚姻虽然是夫妻形成的一个组合体,而家庭更具有一定的独立性,是具有巨大利益和深厚情感的社会组织,其根本价值是关爱、互惠、利他乃至牺牲精神。家庭是最容易发生利他行为的地方,亲情充溢其间是家庭完成其功能的保证。家庭在社会中的地位和作用比起夫妻来讲更为重要和普遍,法律不应当厚此薄彼,更不应该轻重颠倒,在着重规范夫妻财产关系的同时,忽视了对于家庭财产关系的基本规范。

当今世界,从家庭和个人关系的角度上说有两种代表性的文化——"个人本位"和"家庭本位"。所谓的"个人本位"是说在个人和家庭的比较中更重视个人,强调个人的生存、个人的利益、个人的意志、个人的发展、主张人的个性和独立性,以家庭服从个人,在西方社会遵循的是"个人本位"。"家庭本位"则不同,在个人和家庭的比较中更重视家庭,强调家庭的利益、家庭的生存、家庭的意志和家庭的发展,以个人服从家庭。[1] 我国封建社会贯彻的则是"家庭本位"的理念。然而,我们认为凡事过犹不及,当过去我们受到封建家庭制度的迫害时,是需要进行改革和改变,尊重和强调个人的权利和

---

[1] 潘允康:《社会变迁中的家庭》,天津社会科学院出版社 2002 年版,第 69 页。

自由,但是否就这样毫无节制的发展下去,无视家庭在每个人生命中、生活中的重要意义和价值而走向另一个极端呢? 答案当然是否定的。所以,我们应当对当前法律不断弱化家庭功能的过程及产生的后果进行必要的反思,需要重新认识家庭在社会现实中的重要作用,在法律上为其重新正确定位。在法律层面我们要挖掘家庭的优良传统和美德,重视家庭。家庭也是我们宝贵的传统资源,是中国传统文化给我们的馈赠,千万要珍惜,我们需要的是批判封建家庭制度中压抑个性的糟粕,推动这一传统资源的现代转化,而不是全盘否定或忽视家庭的存在和家庭的实际作用。更不能重复西方国家的弯路,即因强调个性解放导致家庭不稳定,社会问题突出,然后再重新提出重视家庭的问题。①

---

① 孟宪范:《家庭:百年来的三次冲击及我们的选择》,载《清华大学学报(哲学社会科学版)》2008 年第 3 期。

第五部分　我国现代家庭财产制度的重新构建

第一节　家庭在现代法律中的重新认识与定位

一、家庭从传统走向现代的蜕变

家庭是构成人类社会的最基本的组织细胞,关系到社会的形态结构和基本特征,家庭组织及生活方式的缓慢变革,能从更深、更隐藏的层面揭示出社会的变迁。在中国的发展历史上,家庭的地位和作用也因社会发展和变革而有比较大的变化。总的来讲,在古代社会,家庭起着举足轻重的作用,随着近代社会的变革,家庭在社会和法律中的作用逐渐削弱,经历着从传统家庭向现代家庭的深刻变迁。

传统中国社会结构的基本原理是"家—国"一体,家庭与整个国家的政治、经济、社会、伦理有着血肉相连的关系。家庭在社会中具有非常重要的地位,是政治伦理的原点、国家的社会管理单位、赋税徭役单位、法律单位、福利单位,居于国家视野的中心。① 所以,在近代社会改革的过程中,为了推翻封建专制制度建立一种全新的社会制度,对家庭制度进行批判和改革是不可避免的,也是首当其冲的。吉登斯说:"家庭是传统和现代性之间

---

① 孟宪范:《家庭:百年来的三次冲击及我们的选择》,载《清华大学学报(哲学社会科学版)》2008年第3期。

斗争的场所。"①自清朝末年开始在近一百年来的时间里,我们看到了一场关于家庭的漫长复杂而又内容丰富的斗争史,在中国现代化的进程中,家庭制度、家庭价值遭到一波又一波的冲击,家庭功能经历了逐渐弱化的过程。

对家庭的第一次冲击是自近代开始对封建家长制度的严厉批判。由于封建家长制是封建统治的基础,所以在近代社会革命的大潮中,封建家长制成为启蒙思想家激烈批判的对象,他们提倡民主,反对封建专制统治和封建礼教,要求人权平等和个性解放。这次批判在中国历史上首次动摇了统治中国思想文化几千年的封建传统文化的权威地位,是中国家庭制度去政治化、去神圣化、走向世俗化的开端,同时也将家庭从历史上一直居于国家视野的中心推向了被边缘化的处境,国家的注意力转向了政治、经济、外交、军事、安全等其他领域。

对家庭的第二次冲击是在 1949 年新中国成立后到"文化大革命"期间,家庭在社会生活中的重要性下降,而且随着社会变革,构成社会的基础组织不再是家庭而是城市的单位和农村的人民公社。人们从摇篮到墓地,生生死死都离不开单位,单位代表国家对个人担负起生老病死的无限义务②,承担了原本属于家庭的许多功能。另外,由于社会生活的过度政治化严重影响了家庭成员之间的感情,侵蚀了家庭的根本价值。家庭也被打上了深深的政治烙印,不再是家庭成员感情慰藉、充满温馨和爱的场所,家庭成员之间因为政治立场的不同因而反目成仇,为表各自坚定立场和忠心而互相揭发、批斗的现象非常普遍,家庭成员之间这些互相伤害的行为严重伤害了家庭中的情感。

对家庭的第三次冲击发生在改革开放以后,作为市场经济主要特点的经济理性对家庭的入侵,彻底摧毁和瓦解了家庭以情感、奉献、责任为基本特征的价值体系,取而代之的是自我中心式的个人主义在家庭中的扎根和泛滥。这次冲击虽看似无形,却如水银泻地威力很大,消解着家庭的核心价值,动摇了家庭传统价值大厦的根基。③

---

① 郑曦原、李方惠:《通向未来之路:与吉登斯对话》,四川人民出版社 2002 年版,第147 页。

② 路风:《单位:一种特殊的社会组织》,载《中国社会科学》1989 年第 1 期。

③ 孟宪范:《家庭:百年来的三次冲击及我们的选择》,载《清华大学学报(哲学社会科学版)》2008 年第 3 期。

事实上,尽管家庭在国家管理体系中的地位下降,其传统价值观念受到影响和改变,家庭在现代社会中依然占有非常重要的地位和作用。对于自然人来讲,无论是在个人的成长过程中还是在其情感世界里,家庭的作用都是无可替代的。家庭不仅是生产、生活、生育的共同体,享受人伦亲情的血肉同盟,人们社会生活的核心,而且是履行社会责任与义务的基本单位。随着社会的经济发展,或许个人财产的取得与家庭的整体性关系已经不那么密切,但是,人人都生活在家庭之中,家庭的稳定与和睦直接影响着个人的生活质量和情感健康,在中国人普遍不信奉宗教、缺乏精神信仰的情况下,家庭更是个人精神或心灵的唯一安放处,家庭环境如何直接影响着自然人对于幸福指数的体验。在每个人的生命长河中,家庭都是与我们生死与共、休戚相关的重要组织。

二、家庭在我国现行法律中的规范现状

在经历了近现代社会变革所带来的一系列冲击之后,尤其是最后一次经济的市场化所带来的价值观念的深刻影响,经济理性、个人的自我中心式主义和市场经济所推行的契约自由原则逐渐渗透到家庭领域,并且影响着家庭关系。个人的自由和利益愈加受到重视,除此之外,由于在这一过程中,我们不仅普遍接受了通过"想象"而来的、西方社会的家庭模式和家庭观念,而且在行动中也以此为摹本来改造并重塑我们的家庭。因而,我们看到个人的权利被日益重视与强调,家庭和婚姻也从神圣的伦理或精神体转化为世俗的契约型关系。婚姻和家庭逐步走向市场化,维系它更多依靠的是经济利益,并使其呈现出经济共同体的特征。社会变革和经济发展所带来的个人主义的滋生和发展不仅影响着社会交往中的人与人之间的关系,而且侵入到婚姻家庭关系中,甚至影响到了我们的立法。从前文关于现行《婚姻法》及相关司法解释的内容分析可以看出,立法更注重婚姻中个人意志和利益的保护,不再重视家庭的整体利益。无论是在立法中还是在伦理观念上,不再强调个人对于家庭的无私奉献,不再宣扬为了保障婚姻家庭的和谐稳定可以牺牲个人利益,甚至出现由于对个人利益的特别保护而影响夫妻感情和婚姻稳定的现象。

随着社会的发展,家庭的结构类型也在发生着变化,由过去直系家庭、联合家庭为主体的大家庭向以核心家庭为主体的当代家庭过渡。与之相适

应,传统家庭中以代际关系为主轴的家庭关系转变为以夫妻关系为中心,法律中开始更加关注和重视夫妻关系尤其是夫妻之间的财产关系,而忽视了其他家庭类型和家庭中的财产关系。我国自 1950 年起用《婚姻法》取代了其他家庭关系的立法,随着社会发展和立法观念的改变,片面强调和重视婚姻关系和个人利益的发展,法律中几乎很少再见到家庭的踪迹,更缺乏对复杂家庭类型中家庭财产的规范。近代中国家庭革命要消灭的是父权,现在看来,它连父母在家庭中的地位也一起消灭了。[1] 我国现行《婚姻法》包括其司法解释将家庭类型全部简化为夫妻式家庭,家中存在的是夫妻关系和夫妻财产,忽视了实践中还大量存在的其他家庭类型,夫妻只是家庭中的重要关系、核心关系之一,却不能涵盖所有家庭关系。父母一直就是大多数中国普通家庭中的固定成员,子女对父母的养老义务也从来没有从法律和生活中消除过。现行法律过分关注夫妻关系,忽略了家庭其他关系,造成了法律与现实的巨大差异,在通过司法解释弥补的过程中,非要把父母按照传统伦理观念为子女出资购房的行为定性为社会一般人之间的赠与关系,甚至把夫妻之间的财产约定也和普通人之间的赠与关系混为一谈,削弱了家庭的伦理价值和个人生存发展的特殊意义,将家庭成员之间的关系与社会上一般人之间的关系混淆在一起,不利于家庭的稳定、和睦与团结。而现代《婚姻法》中不仅取消了旧式家庭,甚至连家的名分都被取消了,残存的是《民法通则》中"个体工商户"和"农村承包经营户",即使连《婚姻法》承认的夫妻式家庭,也没有给予一个整体名分。在夫妻财产制框架下,家庭中的财产似乎只有两种财产:个人财产和夫妻共同财产。[2] 作为在中国几千年历史长河中居于核心地位的家庭似乎从法律上消失了,只有残存的几个条款中略有提及"家庭财产"或"家庭共有财产"。对于家庭这样一个生活中实实在在存在且与我们休戚相关的组织,则再无其他任何规范。家庭在法律上消失了,立法关注的是个人和只能称之为家庭的核心要素尚没有独立为组织体的婚姻。对于家庭成员之间的人身关系,在《婚姻法》中通过亲属关系进行了规范,但对于以家庭为单位所产生的财产关系却没有明确规范。

---

[1]　俞江:《中国亟宜确立新型的家制和家产制——婚姻法解释(三)评议》,载《清华法治论衡》2011 年第 1 期。
[2]　同上注。

三、需要通过古今中外兼收并蓄对现代家庭进行重新定位

在我国民事法律体系正逐步发展与完善,且民法典的制定已经被作为我国立法界不久之将来要实现的一个重要目标的关键时期,我们不能再无视社会现实,无视家庭对于每一个自然人的重要价值,无视家庭的和谐稳定对社会发展和国家富强的重要作用,无视现行法律规范的不足,应该在法律中重新审视家庭的地位和作用,明确规范家庭中所产生的财产关系,尊重和发扬家庭的优良传统和伦理道德,承认家庭在法律上的民事主体地位,设置家庭共有财产制度,保障家庭成员在家庭中的利益共享和责任共担,尤其是弱势成员在家庭中的财产利益和人身利益,突出家庭的伦理属性和情感属性,促进家庭的稳定和家庭成员之间的密切关系,为构建现代社会和谐家庭打下坚实的法律基础。

在进行家庭立法的过程中,要吸收古代家庭的优良传统,重视家庭伦理道德的规范和指引作用。家庭伦理道德是指在一定历史条件下,以社会舆论、传统习惯、内心信念、约定俗成或者法律法规为约束力和推动力,形成的旨在调整家庭成员之间以及家庭成员与外界人际关系的价值观念与行为规范的总和。家庭是人类生命的摇篮,是人类的伊甸园、避风港,是人类享受天伦之乐的殿堂,所以道德伦理规范对调整家庭关系具有非常重要的作用。家庭伦理是中国历史最悠久的思想文化,也是我国传统伦理道德的核心和基础。它既积淀着人类五千年古老的文化传统,又展现出当今与时俱进的的时代精神。为了维护家庭的和谐稳定,古代思想家提倡"父慈子孝、兄弟友爱、夫妻和谐"的传统家庭伦理,以及尊敬老人、爱护幼儿的"老吾老,以及人之老,幼吾幼,以及人之幼"的博爱思想,同时,古代家庭非常重视子女对父母要尽孝道,孝道一直是儒家和我国历代帝王遵守的典范。尤其是在当今时代,受极端个人主义、利己主义、享乐主义等人生观和价值观的影响,社会中频频出现不尊重老人、不赡养老人甚至虐待老人的现象,养老尊老的美德正在被一些人玷污和抛弃。我们更应该重新重视和发扬尊重长辈、尊重老人的优良传统,现在的尊老不是过去的言听计从、无条件服从,也不是简单地让老人吃饱穿暖即可,既要考虑经济上的供养,还要注意生活上的照顾和精神上的抚慰。同时,中国传统上一直遵循家庭本位的思想,家庭本位是

以家庭利益优先,在个人与家庭关系上,要求个人要无条件地服从家庭。虽然家庭本位的思想在贯彻过程中损害到了某些家庭成员的个人利益,但也增强了家庭的凝聚力和向心力,将个人发展和前途与家庭紧紧联系在一起,增强了家庭成员的荣辱观。在当今个人本位盛行的时代,我们不可能重新确立家庭本位的立法思想,但是任何一种思想在走向绝对和极端的时候,都会产生过犹不及的效果。现代法律重个人轻家庭的立法理念已经在现实中出现许多弊端,我们需要在立法中平衡家庭和个人之间的关系,既要防止因家庭利益损害个人利益也应该注意避免因个人利益损害家庭整体利益的现象发生。

西方国家中以夫妻关系为主轴、以爱为核心,个人本位主义和契约论的家庭立法观念也值得我们在家庭立法中予以借鉴和贯彻。自近代开始,西方国家所宣扬的个人、民主、平等的观念即开始影响我国,随着社会经济发展和改革开放的逐步深入,"个人本位主义"和"以自我为中心"的西方价值观对我国现代社会价值观念的影响更加广泛,民事法律体系中逐渐形成了以个人为主体、以个人利益为中心的法律制度。不可否认的是西方的价值观念在带来代表民主、平等的先进制度的同时,也产生了一些不良影响。如社会中道德滑坡、人情冷漠的情况越来越严重,唯利是图、不择手段的现象频繁发生,甚至在婚姻家庭中也出现了家庭成员过于关注自己的利益和需求,忽视他人利益和家庭整体利益,导致离婚率上升、家庭成员责任感淡化,家庭中不和谐的因素越来越多,家庭关系的和谐稳定受到严重影响。

伴随着中国社会的工业化和城市化发展,经济社会的转型给家庭带来了更大的压力和风险,如就业、疾病、子女的教育、老人的赡养和高昂的房价等,而与压力日益加大形成鲜明对比的是中国的家庭结构逐渐减小,家庭成员间的关系日益淡化,造成家庭矛盾越来越突出、家庭的稳定性在下降。甚至可以说,无论是亲情、伦理与道德,还是关系、制度与结构,当下中国的"家庭"都已处在濒临崩溃的边缘。[①] 家庭是社会的细胞,是社会最基本的组成单位,每个家庭伦理道德状况的好坏,直接影响社会的风气,从而影响社会的发展与进步。家庭与社会是一种互动的关系,社会的发展变化促进家庭

---

① 方乐:《法律实践如何面对"家庭"?》,载《法制与社会发展》2011 年第 4 期。

的发展变化,家庭的发展变化也将带动社会的发展变化。家庭伦理与道德是个人行动的正当性基础,而且家庭关系与家庭秩序同样也是社会关系和社会秩序合理性的稳定基石。所以,要完善家庭的法律制度建设,首先要建立具有中国特色、体现时代精神的家庭伦理道德体系,然后再结合社会现实进一步制定家庭的基本法律制度。家庭作为和人关系最密切的情感组织,其中的道德约束作用应当比法律更深入、更全面。我们要构建一个全新的家庭制度,既能使家庭中每一个成员的个性得以自由发展,又能保持家庭的协调、稳定、互助、和睦;既要重视继承和发扬传统的家庭美德,如父慈子孝、尊老爱幼、勤俭持家、夫妻和睦等,又能遵循民主、平等的现代意识;既体现对个人权利的尊重与保护,又要强调在家庭这个以亲情、爱情为纽带组成的特殊组织中必须存在的利他因素和奉献精神,使家庭成为人类最亲密、最可靠也最基本的互助团体。家庭是我们相互依存、满足情感需求的场所,从情感需求上来说,家庭成员之间的互相关心、互相帮助、互相安慰,都是其情感的自然萌发,并无从中获利的目的,家庭成员在这种释放情感、接受情感的过程中获得满足和幸福。就家庭财产来讲是为保障家庭的正常生活,根据家庭成员的个人情况按需分配的。家庭中需要乐于奉献和牺牲的利他精神,也需要家庭财产在代与代之间、男性与女性之间的相对均衡,家庭成员在生活中往往同心协力——共患难、同富贵。在现代家庭中,权利与义务是相互统一的,家人之间的爱是相互的,对家庭和家人的奉献与牺牲也是双向的,如父母对未成年子女的抚养教育、成年子女对年老父母的赡养扶助等。总之,平等、民主、互爱、自立、利他是今天在家庭中应倡导的道德原则,同时也应当成为指导家庭立法的基本准则。不能完全按照"爱情归爱情,婚姻归婚姻"的逻辑,用个人财产制取代夫妻财产制和家庭财产制,把婚姻和家庭看作是拥有个人情感和个人财产的临时组合体,随时会因为感情问题而导致立即各卷铺盖散伙的后果发生,更不能完全按照公司企业的管理模式,绝对贯彻契约自由的原则,随意适用调整一般民事法律关系的规范来调整婚姻家庭关系。

四、对法律中家庭组织体的重新认定

我国民事立法中没有关于家庭的定义,巫昌祯教授认为家庭是由一定

范围的亲属所构成的生活单位①。马忆南教授将家庭定义为"是主要以婚姻关系、血缘关系为纽带而形成的、包含一定范围的亲属在内的社会生活单位。"②。吴国平教授认为家庭是以婚姻、血缘和共同经济为纽带而组成的亲属团体和生活单位。③ 台湾民法规定:"称家者,谓以永久共同生活为目的而同居之共同体。"我们认为,法律意义上的家庭应当是自然人之间以婚姻、血缘和法律拟制为纽带形成特定的权利义务关系,他们以共同生活为目的,以同居共财为基本特征,这样的组织体就是法律实质意义上的家庭。

按照婚姻法的规定,特定亲属之间会产生权利义务关系,包括:父母子女关系、夫妻关系、兄弟姐妹关系和祖孙关系。而这些具有特殊紧密关系的人会因共同生活而组成家庭,成为家庭中一份子。所以,家庭的形成往往以成员之间存在紧密亲属关系为基础,没有亲属关系的人之间往往不会组成法律意义上的家庭。当然,随着社会发展和变革,家庭的规模在逐渐缩小,实践中存在的家庭类型很少包含上述所有亲属关系,可能仅包括其中一种或两种关系,如核心家庭中的夫妻关系和父母子女关系。随着计划生育的普遍推行,家庭中的兄弟姐妹关系也大大减少了。

要将实质上的家庭与形式上的户籍区别开来。户与家庭首先从内涵上来看并不相同,户是经济的社会实体,家庭是生物的社会单位。一般情况下的家庭往往是登记在同一户籍中,实现家庭与户籍的统一。但由于现实社会中户籍登记受很多因素的影响,不完全是按照共同生活作为登记标准,因此有些情况下两者是不统一的。即可能存在登记在户籍上的并不是同一家庭的成员,如有些人为了解决孩子的上学问题,将孩子户籍落在其他亲属的户口上;也存在没有登记在同一户籍上的人是同一家庭的成员,如由于工作关系户籍在外地等。也就是法律上在判断家庭的组成时,不能单纯看户籍是否在一起,最主要的要看这些自然人之间是否具有法定权利义务的亲属关系以及同居共财的事实。

---

① 巫昌祯、夏吟兰主编:《婚姻家庭法学》,中国政法大学出版社 2007 年版,第 5 页。
② 马忆南主编:《婚姻家庭法学》,北京大学出版社 2012 年版,第 50 页。
③ 吴国平、张影主编:《婚姻家庭法原理与实务》,中国政法大学出版社 2010 年版,第 2 页。

五、关于现代家庭财产制度的构建思路

在当前关于家庭的法律制度建设中,首当其冲的应当是对家庭财产制度的制定与完善。

(1)要明确家庭的民事主体地位。家庭与自然人相比具有相对的独立性,然而由于家庭和个人的密切关联,个人不可能完全独立于家庭,因此,家庭不能具有和法人相类似的独立地位,应当赋予其具有第三类民事主体——非法人组织的主体地位。无论是从历史发展、社会现实还是关于非法人组织之本质特征来看,家庭都应当成为民法中类似于合伙组织的、具有相对独立性的民事主体。自然人和家庭在民事主体资格、意志形成、财产享有和责任承担等方面都有区别。家庭成员在生活中实施的民事行为可以根据其反映的意志和代表的利益的不同分为个人行为和家庭行为,个人行为应由其个人财产来承担责任,家庭行为应由其家庭共有财产来承担责任,从而使个人和家庭在财产归属、责任承担方面有了清晰划分,使社会中客观存在的家庭实至名归,使家庭共有财产有了承受的载体,既维护了家庭的整体利益,又使个人和家庭具有密切的联系。

(2)要明确家庭共有财产的内涵、来源及基本分类。家庭共有财产有其特殊含义,指在家庭成员共同生活期间,以家庭作为直接主体通过生产经营活动或受赠所获得的财产和部分家庭成员进行独立经营取得但和家庭有密切联系的财产以及家庭成员个人取得但自愿纳入家庭共有的财产;该财产供全体家庭成员平等享用,以保障家庭的稳定存续和家庭成员的生存与发展。根据不同途径取得的财产在家庭共有财产中所占的比重和地位不同,将家庭共有财产分为两大类:传统模式的家庭共有财产和现代模式的家庭共有财产。传统模式的家庭共有财产主要是直接以家庭为主体取得的财产,是依家庭的实际情况客观形成,受家庭成员个人意愿较小。而现代模式的家庭共有财产是建立在家庭成员个人将个人所有财产让渡给家庭的基础上,更多受到家庭成员意愿的影响。现代模式的家庭共有财产又可根据家庭成员约定的内容不同进一步分为:约定实行个人财产制、约定实行家庭共有财产和个人财产并存、约定实行家庭共有财产制。

(3)明确家庭共有财产的权利主体、权利性质、权利行使和分割方式。

家庭共有财产的直接权利主体是家庭,间接权利主体是全体家庭成员。家庭作为一个特殊的组织体,对其利益归属的判断不能完全按照社会中一般原则即是否有贡献及贡献大小来进行,要综合考虑家庭所承载的伦理道德和价值观念及全体家庭成员的情感需求。我国法律规定家庭共有财产的性质是共同共有,对此其他国家多数也如此规范。但综合共同共有的起源和本质特性,以及家庭共有财产的实际类型和状况,会发现我国将共同共有制度规定于所有权部分存在法律体系不协调的缺陷,难以自圆其说,因此,在对我国的家庭财产制度进行全面构建的同时,需要从宏观上对共同共有制度进行重新设计。

(4)分析家庭中存在的基本亲属关系以及由此产生的财产关系,包括抚养、扶养和赡养关系,分析亲属扶养关系的内容以及和监护制度的关系。各种亲属之间的扶养关系虽然具有明显的经济内容,但毕竟带有较强的人身特色,是在特定人之间产生的财产关系,比起家庭共有财产制度来说,内容相对比较单一。

(5)将家庭共有财产制度与我国民法中规定的其他家庭财产关系进行协调统一。其中包括家庭共有财产制度与夫妻财产制度之间的关系,家庭共有财产制度与家庭成员之间的抚养、扶养和赡养关系,家庭共有财产制度和监护制度之间的关系,家庭共有财产制度与遗产继承制度之间的关系。婚姻法中对夫妻财产制度已作了具体规范,但夫妻关系是家庭关系中的一种,夫妻财产是家庭财产中的一部分,如何在明确家庭主体地位、承认家庭共有财产独立性的基础上,协调好夫妻财产与家庭财产之间的关系是需要重点解决的问题。家庭共有财产的基本思路是全体家庭成员不分年龄、资历、能力都平等享用家庭财产,以及如何与在个人本位基础上建立的亲属之间扶养、抚养、赡养关系有效协调。

(6)对家庭内部存在的财产侵权法律问题进行必要研究,全面保护弱势家庭成员在家庭中的合法财产权益,弥补法律的不足。分析家庭内部财产侵权的特殊性以及存在的主要类型,并对解决家庭内部财产侵权纠纷提供解决的方法。

第二节　家庭的民事主体地位①

　　民事主体制度是民法中的重要制度,民法就是通过赋予各类民事主体以相应的民事权利,使其相互间建立各种民事法律关系,从而调整他们之间的利益归属。在我国即将制定民法典之际,研究民事主体的范围,可以更好地发挥法律对社会实践的调整作用。自然人是产生最早也是最重要的民事主体,但自然人并非独立生活,而是和其他家庭成员共同生活于家庭之中。研究家庭的法律主体性质,对于明确家庭和家庭成员个人之间的利益归属、责任承担及相互关系,具有十分重要的现实意义。

一、民事主体制度的基本理论研究

(一)民事主体制度的历史发展

　　在法律发展史上,民事主体的种类和范围并非一成不变而是处于不断发展变化之中。在最初的法律中同为伦理上的人在法律上的地位并不相同,如罗马法规定:"人法的基本划分是所有的人或者是自由人,或者是奴隶。"②在经历了成百上千年压抑之后,人们终于觉醒发出人要作为人类主体的呼唤。资产阶级革命的最大胜利成果就是以法的形式赋予人作为平等主体的自然权利,1804 年的《法国民法典》也仅承认自然人为民事主体。在社会的不断发展过程中,由于有共同需求、共同目的,人们之间往往进行合作从而建立起一种组织体,抽象的人格与团体相结合,就形成了诸如国库、市府、宗教团体等自然人以外的具有独立人格的民事主体,这就是现代法人的雏形。法律比其他社会科学的高明之处在于:它能使人非人,也能使非人成人。③ 1900 年施行的《德国民法典》确立了自然人和法人两类民事主体。在民法理论上,对于法人的本质认识也经历了从拟制说到实在说的发展过程。

---

　　①　肖立梅:《家庭的民事主体地位研究》,载《河北法学》2009 年第 3 期。
　　②　〔意〕桑德罗·斯奇巴尼选编:《人法》,黄风译,中国政法大学出版社 1995 年版,第 35 页。
　　③　彭诚信:《论民事主体》,载《法制与社会发展》1997 年第 3 期。

对于非法人组织民事地位的确定,理论和立法上的认识亦有一个发展过程。非法人组织是指不具有法人资格但可以自己的名义进行民事活动的组织体。① 不同国家对其规范的名称不同,如德国称其为无权利能力社团,日本称为非法人社团和非法人财团,台湾地区称为非法人团体,中国大陆一般称为非法人团体或非法人组织,英美法系国家称为非法人社团或团体,但其本质都指不具有法人资格的组织体。德国民法最初将非法人组织界定为"无权利能力社团",乃在实现一定之政治目的,企图迫使当时具有政治、社会及宗教性质的团体登记为社团法人,以便进行监督管理。② 然而随着社会物质生活的变化,非法人组织大量客观存在,它们在社会经济生活中起着极其重要的作用,尽管不具有法人资格,但它们事实上能以自己的名义参与民事法律关系,享有权利、承担义务。德国法院也通过法律解释,回避了民法典中不承认其他组织民事主体地位的规定,赋予其民事主体资格,这在一定程度上符合社会生活实际的需求。③ 第二次世界大战以后,民法学界关于非法人组织的认识有了重大发展,即承认非法人组织具有一定的民事权利能力、民事行为能力和诉讼能力,非法人组织具有民事主体性得到了普遍的认同。④

民事主体的发展历史表明:首先,民事主体是社会经济活动和人类生活的内在要求和法律的外在固定。民事主体从最初之非全部的自然人,到全部的自然人再到法人和自然人并存,又有现在民事第三主体——非法人团体的出现,由此可见,民事主体范围的扩大,是在漫长的历史中逐步形成的⑤,是法律对经济社会发展现实的一种呼应,其结果是更多主体的行为结果和利益得到了民法的确认和保护,极大地激发了这些主体参与社会财富创造的热情,进而推动了社会的进步,因此,民事主体范围的扩大也必将是民事主体制度发展的趋势。⑥ 其次,民事主体的确定需要法律的认可,反映

---

① 魏振瀛:《民法》,北京大学出版社 2006 年版,第 95 页。
② 曾世雄:《民法总则之现在与未来》,中国政法大学出版社 2001 年版,第 86 页。
③ 梁慧星:《民法总论》,法律出版社 1996 年版,第 141 页。
④ 魏振瀛:《民法》,北京大学出版社 2006 年版,第 95 页。
⑤ 彭诚信:《论民事主体》,载《法制与社会发展》1997 年第 3 期。
⑥ 张晓鸥、吴一鸣:《论"其他组织"的法律地位:兼论民事主体标准》,载《南通职业大学学报》2003 年第 6 期。

了国家意志对人的自由、人的权益的赋予程度,对社会秩序和正义的认识程度。尽管从根本上说,一个社会主体取得民事主体地位是社会发展的客观要求,但从现实的角度看,法律毕竟是控制社会的一种工具,控制进入民事法律关系的主体范围是立法者进行社会控制的一个重要手段。[①] 从许可设立、准则设立到自由设立的发展趋势上讲,"前者向后者的发展是缓慢的"[②],但仍不断向前发展。所以,任何一种以过去法律对于民事主体的规定为依据,进而推断出不能赋予当前某类非自然人组织以主体地位的观点都是僵化的,不符合事物不断向前发展规律;是否赋予民事主体地位关键是看该类主体是否符合民事主体的实质要件。

(二) 理论上明确民事主体的判断标准

要判断某类主体是否可以成为民事主体,需要明确民事主体的判断标准。传统民法认为,民事主体的本质条件包括两方面:一是具备一定的社会经济条件,包括平等的人格、充分的财产自主权、独立的责任能力;二是国家法律确认。而前者是民事主体存在的决定性因素。[③] 这一理论在当时或许可以作为判断民事主体的实质要件,在社会不断发展的今天,该理论至少存在以下缺陷:将独立的责任能力作为确认主体资格的依据,不适应经济发展和竞争规律的要求。强调主体的责任能力并不能保障交易安全,反而会降低交易效率。依此作为确认民事主体资格的前提条件,必然会扼杀市场经济的生命力和交易效率。[④] 传统民法之所以不承认其他组织的民事主体地位,正是因为其他组织不像法人那样有独立的财产,能够独立承担民事责任,而是正好相反,不能独立承担民事责任。但现代民法越来越意识到,衡量能否成为民事主体的标准,应当看其是否具有独立的法律人格,即是否具有民事权利能力[⑤],而不是把是否具备民事责任能力作为判断标准。实际上,现代各国纷纷将非法人团体作为第三类民事主体的做法也已经说明,独

① 张晓鸥、吴一鸣:《论"其他组织"的法律地位:兼论民事主体标准》,载《南通职业大学学报》2003 年第 6 期。

② 日本《新法律学词典》"商法"条,转引自《外国民法资料选编》,法律出版社 1986 年版,第 526 页。

③ 佟柔主编:《中国民法》,法律出版社 1990 年版,第 63—65 页。

④ 蒋大兴:《关于合伙为独立民事主体观点的评价》,载《山东社会科学》1997 年第 6 期。

⑤ 佟柔主编:《中国民法》,法律出版社 1990 年版,第 137 页。

立的责任能力不再是确定民事主体的要件。

　　然而判断何者具有民事权利能力又为一复杂问题。因为权利能力也不是自然产生的,而是法律赋予的,法律赋予某类主体具有权利能力,其就具有民事主体资格。不能以权利能力来论证民事主体,否则就会陷入循环论证的僵局中。因此,关键是看如何取得民事权利能力,或者法律应以何为据来赋予民事权利能力。曾世雄先生在论述民法设计民事主体的过程时把这一过程分为两个阶段:第一个阶段设计权利义务的"集散之处",设计的结果创设了权利能力制度;第二阶段设计何者符合集散处之设计,即何者适于赋予权利能力,但在这关键的第二阶段,作者却仅仅给出了几个具体的适于或不适于赋予权利能力的对象,而没有给出适于赋予权利能力的对象的一般标准。① 我们认为,在法律已经赋予所有自然人以民事权利能力的背景下,对于民事权利能力的符合要件应以非自然人团体为考察重点。而对于非自然人团体来讲,若要法律赋予其民事权利能力,成为民事主体,需要具有三个条件:即稳定的组织、独立的意志和独立的利益。首先,应当具有稳定的组织体,这是该主体区别于其他主体的重要表现,是其成为独立民事主体的前提条件,是能否为其他主体所辨识、能与其他主体区别开来、能被特定化的基础。其次,该组织应当具有独立的意志,即其组成人员有因某种目的而结合在一起的意思和信念。此为民事主体的意志要件。只有具有独立意志,才能成为其他主体的交易对象,才能与其他主体发生意志交流,协商双方的权利义务关系,从而建立民事法律关系。如果缺乏独立意志,就无法为其他主体所特定化,从而无从建立民事法律关系。最后,该团体应当具有相对独立的利益。法律为解决利益冲突而设,没有利益冲突,就不需要法律。作为反映商品经济关系的民法,面对着广泛的利益冲突,它以民事法律关系为核心,通过调整私主体的行为,来调和私主体间的利益冲突,达到私主体间和私主体与社会之间的利益平衡。② 正是由于该团体具有自己独立的利益,所以才能成为民事权利和民事义务的集散之处,才能形成自己的意志去追求利益的最大化,通过参与各种民事法律关系而获取更多的利益,实现自

---

　　① 曾世雄:《民法总则的现在与未来》,台湾三民书局 1993 年版,第 89 页。
　　② 张晓鸥、吴一鸣:《论"其他组织"的法律地位:兼论民事主体标准》,载《南通职业大学学报》2003 年第 6 期。

己的目的。该独立利益的表现就是其拥有自己的财产,该财产可以是与其组成人员的个人财产绝对分离,而成为该团体的独立财产,并以该财产独立承担责任,则该团体为法人团体;若该团体的财产与其组成人员的财产只是相对分离,并在其不能承担责任时,需要以其组成人员的个人财产继续承担,则该团体为非法人团体。

二、民法理论中家庭是否为非法人组织的不同观点

在我国现行法律中,《民法通则》规定的调整对象是公民、法人之间的权利义务关系,表明自然人、法人才能成为民事主体,将"两户一伙"规定在"公民"一章,作为自然人这一类民事主体的特殊存在形式,但并不具有独立民事地位。随着社会经济生活的迅速发展,非法人组织不仅大量存在,而且涉及的领域愈来愈广,这些非法人组织在社会的政治、经济、文化、教育、卫生等方面起着极其重要的作用,它们虽然不具有法人资格,但也是相对独立的生产经营者,它们以自己的名义与他人发生民事、经济关系,享有和承担一定的权利和义务。同时,也难免发生这样或那样的纠纷,首先引起大家关注的是它们参与签订的合同效力如何。判断合同效力的前提是缔约当事人的主体资格问题,按当时法律规定,凡不具有法人资格的组织订立的合同,一律认定为无效。此种做法引起了很大的争议,这些数量很多的非法人组织为了实现其目的,需要参加一些交易活动,当合同发生纠纷时,如果以其无法人资格为由,一律认定为无效,既脱离社会实际,又毫无法律价值。[①] 因此在我国修订的《合同法》中明确规定了其他组织即"非法人团体"的主体地位,同时在关于法人的法定代表人的越权行为规定中,将"其他组织"的"负责人"与法人的法定代表人予以并列,更为明确的规定了非法人团体的合同主体地位。同时,在我国的担保法、著作权法、商标法、合伙企业法等民事法律中也分别从不同的角度对非法人团体的主体资格进行规定。我们认为,将非法人组织作为民事主体是社会现实的发展需要,法律就是要表现和承载现实的这种要求而予以相应变化,非法人团体与法人虽都是非自然人团体,但在作为民事主体时两者有其实质性差异,非法人组织不是完全独立的民事主体,而是相对独立,属于民事主体中比较特殊的"第三类主体"

---

① 参见尹田:《民事主体理论与立法研究》,法律出版社 2003 年版,第 235—236 页。

类型。

关于家庭的民事主体地位如何,是否为与合伙组织相类似的非法人组织,我国法律并未有明确规定。一般认为,今天的家庭与我国旧律中的"家"并不一样。在过去的旧律中,个人的独立地位受到限制,而家可以是权利主体,有独立人格,能对外独立享有民事权利和承担民事义务。今天构成"家"的各成员,已经具有独立的民事主体地位,一般是以自己的名义对外独立享有权利和承担义务,而不能以"家"的名义对外行使权利和承担义务,因此家庭是不具有民事主体地位的。另外,无论是我国实践中的"两户"之"家",还是设有"家庭共有财产"制度之瑞士民法上的"家",其家长、代表人或家属都是以"家"的名义对外发生经济关系。当然,他们都以家庭共有财产对外承担债务,然而,即使"家"具有对外职能,也仍改变不了它是由家长与家属构成的无人格的特别团体这样一个基本性质;因为它不过是亲属法上的一个特别团体,而非民法总则中的权利主体。[①] 还有学者认为,根据我国《民法通则》的规定,农村家庭享有民事主体资格,由于其生活、生产都紧密地和土地联系在一起,而我国城市家庭的"家",连亲属法上无人格的团体之地位也没有。[②] 另有观点认为,我国《民法通则》以"个体工商户、农村承包经营户"的称谓单独成节,与合伙并列放在第二章的公民(自然人)下,作为自然人的附属形态或包含物来加以界定,这实质上是变相地给了"两户"民事主体的资格,即法学界通说的"第三类民事主体"。据此提出我国农村家庭享有民事主体资格,而城市家庭除少数个体工商户外则无民事主体资格之观点。[③] 对于"两户"的性质和法律地位,还有"自然人说"和"家庭合伙说"。"自然人说"认为这是"在我国特殊的历史背景下所出现的自然人参与民事法律关系的特殊法律形式"[④],"农村承包经营户与个体工商户一样,都是经营主体,但承包无论是以个人还是家庭承包的形式,都是从属于自然人的特殊民事主体。"[⑤]"家庭合伙说"认为"以家庭成员为合伙人的合伙,在

---

① 石碧波:《民法上的"家"——兼论我国民法上"家"的二元结构》,载《当代法学》2003年第7期。

② 同上。

③ 同上。

④ 王利明:《民法》,中国人民大学出版社2000年版,第51页。

⑤ 李开国:《民法原理与实务》,中国政法大学出版社2002年版,第115页。

我国,以个体工商户和农村承包经营户为表现形式。家庭合伙在大部分方面同于普通合伙,但也有些自己的特点。所以,法律对家庭合伙的调整往往要由合伙法与亲属法中的有关规定结合起来行使。"[①]

三、应当赋予家庭民事主体地位,归入非法人团体中

结合民事主体的基本理论和实践中家庭的具体情况,我们认为法律应当明确赋予家庭以民事主体地位,将其归入到"第三类民事主体"——非法人团体中去,理由如下:

(1) 从历史发展的角度来看,家庭一直是社会中的重要民事主体,在现代社会也不应退出历史舞台。

在中国传统社会中,"家"是重要的法律主体。国家对社会的控制也往往是通过家庭传达到个人的,比如国家需要以家庭(户)为单位征收赋税、进行房屋管理等。如《秦律》规定,男子成年要向政府登记,分家另立户口并交纳户赋。据《汉书·昭帝纪》中记载,武帝时,每年每户要交纳户赋二百钱。又如,户作为财产所有权的主体,古代法律中也有记载,从《汉书·食货志》的内容可以看出,秦律已承认户籍的存在,承认父亲作为家长,即一户之主享有对家庭财产的支配权。[②] 封建家庭制度的重要特征是实行家长制,家庭财产由家长掌管,法律否定个体的独立性,除家长以外的家庭成员没有自己独立的人格和财产。家长是家庭的代表,对外进行民事活动,其权利义务由家庭承受,其他家庭成员则是家长的附属。古代社会不是个人的集合体,而是家族的集合体,家族构成社会的基本单位,人的一切关系都被概括在家族关系中。[③] 从古代社会到近代社会,亲属法的发展变化表现为"从身份到契约"的运动,自由平等的观念渗入家族形态,从而"家"意识衰退、家长权的弱化、家族成员相互间之人格与自由的尊重等现象亦随之而生。[④] 家族的依附关系逐渐减少,个人义务不断增加,个人替代了家族成了社会的基本构成。在现代民法中确立了个人可以而且应当是民事法律关系的主体,他们

---

① 彭万林:《民法学》,中国政法大学出版社 1999 年版,第 133—136 页。

② 张晋藩:《中国法制史》,北京群众出版社 1994 年版,第 207 页。

③ 〔英〕梅因:《古代法》,沈景一译,商务印书馆 1996 年版,第 35 页。

④ 〔日〕森冈清美:《家族社会学》,转引自林秀雄:《夫妻财产制之研究》,中国政法大学出版社 2001 年版,第 59 页。

以自己的名义进行民事活动,独立地享有权利和承担义务,而由自然人的集合所组成的家庭不再被学者认为是民事主体了。①

随着个人财产权制度逐渐取代家庭财产制度,家庭在法律中的影响越来越模糊,个人越来越强大,甚至有过"取消家庭"建立所谓"绝对自由"的婚姻家庭关系的思潮,把享乐、唯我和不干涉主义作为婚姻家庭自由化的理论基础,结果使家庭的结构发生了根本的变化,加速了家庭的解体,严重影响了社会秩序,成为人类社会的一次灾难。《法国民法典》《德国民法典》作为人类智慧之结晶,在确认个人自由、彰显个人权利、促进人类进步等方面堪称典范。"但从今天的角度看,人们批评民法典(法国民法典)忽视了集体的利益,过于偏重个人主义,使得个体相对于国家而言显得分散、孤立。民法典忽视了法人、协会、团体甚至家庭自身。"②"伴随整个生命的家庭单元如此被渴望,以至于家庭被认为具有教育、文化、社会、经济和财政政策的优先性,以至于宗教团体狂热地捍卫家庭,怎么会这样? 家庭为什么又可能无形地消散?"③在法、德学者检讨法律忽视家庭所产生的缺陷的同时,我们没有理由不以此为鉴,重视家庭在民事领域中的主体地位。契约社会虽强调了个体的独立和自由,却以法律的名义放弃了孝亲、伦理和家庭秩序。学者认为只有用功能而非形式来界定家庭概念才能抓住家庭的本质。④ 在漫长的历史进程中,在人类法律制度的变迁中,家庭对于人类生活的重要意义并没有多大改变。而财产归属在一个家族本位的社会中,并不单纯是一个个人的权利问题,每个人都是生活在家庭中,和其他家庭成员有着密切的人身关系和财产关系,这些关系同时是和家庭伦理、家庭秩序、家庭孝亲密切相关的,是不能靠个体来完成,而应由家庭共同掌握。所以,在现代社会,家庭的职能较过去有了很大变化,但其作为民事主体是维持家庭生存、实现家庭社会职能的客观需要,也是社会实践的需要。⑤ 同时赋予家庭民事主体地

---

① 尹田:《民事主体理论与立法研究》,法律出版社 2003 年版,第 56 页。

② 〔法〕雅克·盖斯旦、吉勒·古博、缪黑埃·法布赫—马南:《法国民法总论》,陈鹏等译,法律出版社 2004 年版,第 126 页。

③ 〔德〕罗尔夫·克尼佩尔:《法律与历史——论〈德国民法典〉的形成与变迁》,朱岩译,法律出版社 2003 年版,第 105 页。

④ 孙建江、吴亚晖:《民事结合制度对传统婚姻家庭制度的冲击》,载《法学》2005 年第 10 期。

⑤ 付翠英:《家庭破产制度初探》,载《金陵法律评论》2006 年春季卷。

位,并不妨碍自然人个体的人身独立和财产独立。

(2)从我国社会特点来看,家庭具有民事主体地位符合人们的传统观念和情感需要。

中国传统社会,伴随着家族制度的变迁,逐渐形成了以"同居共财"为主要特征的家庭财产制度。① 但经过晚清修律及北洋政府时期的立法及司法活动,到中华民国政府于 1930 年正式颁行《中华民国民法典》,传统家庭财产制度在法律制度层面被建基于个人主义之上的个人财产权制度所取代。② 在此过程中,立法者和司法者都更多地吸收和借鉴了西方民法的法律及原则以对传统规则进行变通和改造。在对家庭本位问题进行规范时,虽然认为中国历史上的家庭本位立法原则适合中国社会,也代表着世界法律发展的潮流,因此在中华民国民法典中设有专章规定了"家",但法典坚持严格的个人财产权,对"家产"的抛弃表明其已不是传统意义上的家。对于此种改造和抛弃,也有学者提出异议:"我国农村社会尚行其所谓家族共财制。现行《民法通则》既仿欧西法例,规定夫妻财产制与未成年之特有财产,而于固有之家族共财制反无一言。致一家中所需用之财产,竟不知如何分配与管理,是又一缺陷也。立法者之意,或以家族共财为我国固有之习惯,法律上从不予以规定,人民仍可照旧遵行。或以家族共财,纠纷迭起,法律上未便加以承认。其实我可仿瑞士法例,规定两种以上家族财产制,便人民自由采行,较为妥当。"③

尽管传统家庭财产制度在立法中消失了,当前法律理论中极端繁荣的是效仿西方国家所形成的夫妻财产制度。但家庭财产从来没有从社会生活中消失,现实的中国社会仍然是一个家庭本位的社会,个人作为一个独立的主体生活于家庭之中,在一切社会结构中,家庭是最稳固的。如前所述,我国家庭结构中并非全部是核心家庭,直系家庭也占有很大比例,因此夫妻财产制度不能解决所有家庭的财产问题。受中国传统思想的影响,人们重视家庭观念和伦理道德,家庭成员之间基于亲情、爱情等感情因素形成稳定、联系密切的组织体,家庭成员重视家庭的整体利益,愿意为家庭做出奉献。

---

① 〔日〕滋贺秀三:《中国家族法原理》,张建国、李力译,法律出版社 2003 年版,第 63 页。

② 黄本莲:《家庭财产制度在我国民法中的定位》,载《江苏警官学院学报》2007 年第 1 期。

③ 肖爱树:《20 世纪中国婚姻制度研究》,知识产权出版社 2005 年版,第 86 页。

为了保护家庭成员的生存和发展利益,有必要特别规定家庭财产制度,重视家庭财产的存在和独立性,将家庭财产归属于家庭这个人类生活最基本的共同体具有积极的意义,使得家庭里不仅有法律,而且有道德和亲情,更有社会的义务和责任。所以,赋予家庭主体地位符合人们的传统观念和情感需要。

(3) 从我国现行法律规定来看,家庭具有作为民事主体的客观性和必要性。

在我国的民事立法中,自然人是重要的民事主体,独立享有权利和承担义务及责任,而涉及家庭财产内容的条文甚少,也没有明确赋予家庭以独立民事主体地位。《民法通则》第 29 条规定:"个体工商户、农村承包经营户的债务,个人经营的,以个人财产承担,家庭经营的,以家庭财产承担。"《民通意见》第 42 条规定:"以公民个人名义申请登记的个体工商户和个人承包的农村承包经营户,用家庭共有财产投资,或者收益的主要部分供家庭成员享用的,其债务应以家庭共有财产清偿。"第 57 条规定:"民法通则第 35 条第 1 款中关于'以各自的财产承担清偿责任',是指合伙人以个人财产出资的,以合伙人的个人财产承担;合伙人以其家庭共有财产出资的,以其家庭共有财产承担,合伙人以个人财产出资,合伙的盈余分配所得用于其家庭成员生活的,应先以合伙人的个人财产承担,不足部分以合伙人的家庭共有财产承担。"

上述条文中用了"家庭财产"和"家庭共有财产"两个不同的法律术语,但我们认为其含义应当是一致的。从上述条文中,我们可以得出个人财产和家庭财产分属不同主体,而在自然人的行为产生的义务和责任中,也有个人义务和家庭义务、个人责任和家庭责任的不同。由此可见,尽管自然人生活在家庭中,和家庭有着密切的联系,但两者并非一体,利益亦非完全一致,而是有着各自不同的权利和义务,有着相对独立的地位。再深入分析民事法律中诸多以个人为主体设立的权利和义务关系,我们发现,在很多情况下,即使实施行为的可能是某个自然人,但最终承担责任的并非他本人,而是整个家庭。如张三要租李四的房屋,虽然签订合同的人是张三和李四,法律关系中也是将张三和李四作为主体,但是,如果张三和李四并非为了个人利益,而是代表其所在家庭的利益,则合同产生责任的承担主体并不是张三和李四个人,而是其背后的家庭,由家庭财产来承担。由此可以发现,现实

生活中自然人的行为实际上可以根据其所反映的意志和代表的利益不同分
为两类：一类是个人行为，即完全体现的个人意志，代表的是个人利益，则该
行为产生的法律后果由其个人来承担，如个人的借贷行为或个人实施的侵
权行为；一类是家庭行为，即反映的是家庭成员的共同意志，代表的是家庭
的整体利益，则该行为产生的权利义务及责任则应当归属于家庭。这一结
论与我国民事法律中关于个人财产承担个人责任、家庭财产承担家庭责任
的原则规定也是相一致的。由此，也可看出，家庭在民事法律中应当有其独
立于家庭成员个人的独立利益和独立责任，尽管这种独立是相对的。家庭
和个人之间所存在的独立性是一种客观存在的现实，需要立法予以确认和
进行相应保护。

（4）比较家庭成员和家庭、合伙人与合伙组织两者之间关系的相似性，
明确赋予家庭民事主体地位是可行的。

赋予家庭民事主体地位不会损害到家庭成员个人的利益，也并不是要
回到封建家长制度的旧路上去，而是要补充现有自然人主体制度的不足。
现代家庭和旧有家庭最大的不同之处在于：家庭成员在家庭中相互平等并
且保持自己的独立人格。这样，在一个家庭中就同时存在了两种民事主体，
即自然人和家庭，这种形式和我国民法中的合伙组织极为相似。数名合伙
人成立一合伙组织，该组织具有独立于合伙人的法律地位，可以以合伙组织
的名义从事经营活动，有自己的合伙财产，并承担合伙活动中所产生的民事
责任。合伙人作为自然人也有其独立法律地位，仍享有个人财产，并承担其
个人责任。但由于合伙组织不具有法人资格，在法律上不能真正独立，只是
相对独立于合伙人，所以合伙人和合伙组织之间还有着密切的联系，即合伙
人对合伙财产间接享有权利，同时对合伙组织产生的义务间接承担责任。
目前我国法律中有关处理合伙人和合伙组织关系的规则是有效的、可行的。
所以，赋予家庭民事主体地位并不会造成家庭和个人关系的复杂和混乱，相
反，我们认为如此规范还可以使家庭和个人各就各位，使家庭财产和家庭成
员的个人财产各得其所，从而建立更加和谐的家庭财产关系。当然由于家
庭是建立在特殊人身关系的基础上，以家庭成员之间的情感为纽带，不以追
求经济利益最大化为其存在目的，所以在财产形成、权利行使和利益分配等
方面与合伙组织都有很大区别，但其作为民事主体在地位和性质上与合伙
组织有很多相通之处。

（5）家庭在社会生活中的重要作用决定了应当赋予其民事主体地位。

以经营生产即营利为标准来确立民事主体，只不过是社团法人的一种，即营利性法人，而同属社团法人的还有非经济的或非营利的公益法人和中间法人。我国民法只把具有经营性质的个体工商户和农村承包经营户确立为民事主体的做法，本身就值得商榷。家庭在社会生活中既可以作为一个生产经营的单位进行各种经营活动，更是一个生活消费的基本单位，进行各种商品消费行为，而这一过程也是参与民事法律关系的重要途径。我国现实生活中的家庭，无论是作为生产单位还是生活的基本单位，正以空前的姿态活跃在我国经济和社会生活中，法律不应无视家庭在生活中参与的各种民事活动。根据传统风俗习惯，年中行事、婚丧嫁娶、添丁加口等重大事情会引起人们之间的相互交往，而这些活动基本上都是以家庭为单位进行的，在家族范围内同祭同悼、同贺同喜。除血族活动外，以家庭为单位的对外活动，最直接、也最多的就是姻亲间的礼尚往来。再就是邻里、友善之间的友好交往，即所谓"出入相友，守望相助"。这些活动，一般都免不了捐款行礼。而习惯的做法是，不论是家属中的子女还是母亲前往参加，都要在礼账上写上父亲这个家长的名字。① 这些现象都说明，尽管在法律规范中家庭并没有受到足够重视，现实生活中它的确在发挥着重要的作用。法律应当立足于现实，赋予家庭以民事主体地位，使其名正言顺的发挥其功能和价值。

四、赋予家庭民事主体地位的重要意义

1. 赋予家庭以民事主体地位符合民事主体的实质要件，顺应民事主体制度的发展趋势。

考察是否应当赋予某类主体以民事权利能力应从三个方面入手，即稳定的组织、独立的意志和独立的利益。而家庭作为社会中最基本的生产和生活单位，建立在家庭成员之间的亲属关系上，以家庭成员共同生活为目的，以同居共财为特征，家庭的稳定性是其他任何组织都是难以比拟的。同时，家庭和家庭成员在意志形成和财产关系上都有其独立性，完全符合民事

---

① 石碧波：《民法上的"家"——兼论我国民法上"家"的二元结构》，载《当代法学》2003年第7期。

主体的实质要件。既然有瑞士对所有非营利性法人都采放任主义之立法例①，家庭作为自益性团体，法律也应对其采用鼓励和放任的态度。这符合民法保护人的权利自由行使的要求，体现了对人权的尊重，同时对社会生活秩序也不会有消极影响，符合民事主体制度的发展潮流。

2. 赋予家庭民事主体地位可以有效解决家庭和个人之间的关系。

在家庭财产方面，有家庭成员个人财产、家庭共有财产、部分家庭成员共有财产和夫妻共有财产之分。不同类型的家庭财产其性质和功能不同，家庭共有财产担负着维持家庭稳定存续和保障家庭成员基本生存条件的重任，其供全体家庭成员平等享用，应当属于整个家庭。而家庭成员的个人财产是属于其个人所有，由其个人自由处分和享用的财产。家庭成员在生活中的行为有些是代表个人利益、反映个人意志的个人行为，其法律后果应由个人来承担，有些则是代表家庭整体利益、反映家庭共同意志的家庭行为，其法律后果应由家庭来承担。从而使个人和家庭在财产归属、责任承担方面有了明确划分，不会损害其他家庭成员在家庭中的利益。现实生活中，由于没有赋予家庭以主体地位，所以无论是个人责任还是家庭责任往往都要用家庭财产来承担，违背了民法中责任自负的原则，损害了其他家庭成员的利益。

3. 赋予家庭民事主体地位可以促进交易效率、保障交易安全、也便于诉讼。

在赋予家庭民事主体地位的情形下，由全体家庭成员共同推选或授权某代表人，以家庭的名义实施各类行为，而由家庭共同来承担相应责任，可以促进交易效率。由于没有赋予家庭民事主体地位，家庭成员在进行交易活动时，无论实施的是个人行为还是家庭行为往往都是以自己的名义，这样作为交易相对人无法判断该行为是否需要其他家庭成员的同意，最终责任由其个人承担还是由其家庭来承担，从而容易引发纠纷。在赋予家庭以民事主体地位情况下，家庭成员在实施家庭行为时，则应以家庭名义进行，便于相对人及时了解行为状况，审查其是否有代表家庭的权利，保障了交易的安全。现实中，在因家庭共有财产发生纠纷的情况下，法律也只是将某家庭成员个人列为当事人，而没有将所有家庭成员列上，严格来讲，这不符合法

---

① 梁慧星：《民法总论》，法律出版社 1996 年版，第 142 页。

律关于当事人的规定，但若将所有家庭成员都列为原告或被告，既造成诉讼的复杂也不具有实际的意义。在赋予家庭民事主体地位的情况下，该问题即可轻易解决。

通过赋予家庭以民事主体地位，在不损害家庭成员个人地位和个人权利的前提下，对两者之间的关系进行清晰的界定，既保障了家庭的整体利益，也维护了家庭成员的个人利益，于社会秩序无任何损害，在民法典中应当将家庭明确纳入到第三类民事主体——非法人组织中去。

五、民事法律中家庭与个人之间的关系

1. 家庭与个人各自作为独立民事主体方面既相互独立又密切联系，类似于合伙组织和合伙人个人的关系。

赋予家庭民事主体地位不会损害到家庭成员个人的利益，也并不是要回到封建家长制度的老路上去，而是要补充现有自然人主体制度的不足。现代家庭和旧时代家庭最大的不同之处在于：家庭成员在家庭中相互平等并且保持自己的独立人格。这样，在一个家庭中就同时存在了两种民事主体，即自然人和家庭，家长或其他家庭成员因全面执掌家庭管理事务、决定家庭的各项重要活动而成为家庭事务的执行人。家庭成员个人仍然有其独立人格、独立财产和独立的行为及责任。家庭作为民事主体主要是在作为由家庭成员组成的组织体在涉及家庭整体利益时实施的各项民事行为和参与各种民事法律关系。但是由于家庭是一个组织体，所以其意思的形成、行为的实施完全要依靠自然人即家庭成员来进行，类似于法人的行为要靠法人机关和法人的工作人员。因此，生活中家庭成员的行为可以根据其代表的意志、利益的归属不同而分为个人行为和家庭行为。以个人名义实施、代表个人意志和利益的行为是个人行为，以个人为民事主体；以家庭名义实施、代表家庭意志和利益的行为是家庭行为，以家庭为民事主体。关于家庭与个人之间的关系可以参照合伙组织和合伙人之间的关系规则，如此规范可以使家庭和个人各就其位，使家庭共有财产和家庭成员的个人财产各得其所，从而建立更加和谐的家庭财产关系。

2. 自然人与家庭在家庭财产方面的密切关系。

家庭中存在的财产类型比较复杂，从性质上可将其分为两大类，即家庭成员的个人财产和家庭共有财产。家庭成员个人财产的权利主体是家庭成

员,权利行使由家庭成员依个人意愿进行,由此产生的责任由个人承担。而家庭共有财产则与其有本质不同,家庭共有财产是产生于家庭这一特殊组织中,是建立在家庭成员共同生活的基础上,从权利主体上来讲其归属于整个家庭,由全体家庭成员平等享用,在权利行使时应遵照家庭成员的集体意愿,其目的是保障家庭的稳定存续和家庭成员的生存与发展。但由于家庭并不具有完全独立的人格,不能彻底独立于家庭成员,其对财产享有权利和承担的责任类似于合伙组织。所以,家庭作为一稳定组织是家庭共有财产的临时载体,限制家庭成员对该财产的随意处分,以维持全体家庭成员的正常生活和稳定的家庭关系。因此,家庭共有财产的真正权利主体是家庭成员个人,家庭共有财产的性质应属全体家庭成员共同共有。

3. 自然人与家庭在民事责任的承担上既相互独立又有密切关系。

我国法律虽然没有明确赋予家庭以民事主体资格,但是在关于个体工商户和农村承包经营户及合伙的责任规定中,却体现出了家庭责任和个人责任在承担上的不同。如《民法通则》第29条和《民通意见》第42条、第57条等。此类条款的基本精神是个人责任以个人财产承担,家庭责任以家庭共有财产来承担。在赋予家庭具有独立于家庭成员个人的民事主体地位前提下,家庭成员的个人责任和家庭的整体责任当然更应有明显的区别。纵观家庭中存在的财产类型,可能会有这样三种情况:第一种是只有家庭共有财产没有家庭成员个人财产;第二种是既有家庭共有财产又有家庭成员个人财产;第三种则是只有家庭成员个人财产而无家庭共有财产。第一种情况属于家庭成员在财产关系方面结合最为紧密的类型,此时无论产生个人责任还是产生家庭责任都应当用家庭共有财产来承担,但如果个人责任较为重大,而家庭共有财产中也存在家庭成员的潜在份额,其他家庭成员不愿意自己被他人的个人责任所拖累时,应当准许其提出分割共有财产的请求,以保护其他家庭成员的合法权益,同时贯彻现代民法理念中责任自负的原则。第二种情况是较为普遍的家庭财产存在类型,此时按照法律规定的原则来确定承担责任的财产顺序,即对于个人责任来说,应当先用个人财产来承担,当个人财产不足以承担个人责任时,则还应以家庭共有财产继续承担剩下的责任;以家庭名义所产生的责任,应以家庭共有财产来承担,当家庭共有财产不足以承担全部责任时,家庭成员还应该以自己的个人财产继续承担连带责任。第三种情况是现代社会存在的家庭财产结合较为松散的类型,其往往表现为家庭成员有自己独立的财产收入,该收入作为自己的个人财产,不纳入家庭共有中,而每个家庭成员固定缴纳生活费以维持家庭共同生活。在此种类型中,由于相互间财产较为独立,进行家庭共同的经营或消费行为较少,所以很少产生家庭责任,个人责任由个人财产来承担,即使有家庭责任也由家庭成员以个人财产承担连带责任。

区分个人责任和家庭责任的法律意义在于,个人责任只和该家庭成员个人有关系,与其他家庭成员并无直接的责任关系,其他家庭成员若自愿为其负担法律并不干涉,但其他家庭成员拒绝为其负担时,法律不可强行要求其承担连带责任。家庭责任除和家庭共有财产有直接关系外,还和全体家庭成员有间接联系,即在家庭共有财产不能承担全部家庭责任时,家庭成员需要以自己的个人财产继续承担连带责任。在此过程中,关键是明确何为个人责任?何为家庭责任?对于家庭成员个人实施的,纯粹反映个人意志,追求个人利益的行为所产生的责任应当属于个人责任。如为个人进行高档消费、个人赌博过程中所欠债务,个人独立进行经营活动所产生的债务等。另外,家庭成员个人实施的侵权行为所产生的责任也应当属于个人责任,不应由家庭成员来共同为其负担。家庭成员中的无民事行为能力或限制民事行为能力人实施侵权行为而产生的民事责任,依照法律规定若本人有财产,则从本人财产中支付赔偿金费用,不足部分由监护人适当承担。若本人没有财产,则应当由监护人来承担民事责任,监护人尽了监护责任的,可以适当减轻他的民事责任。尽管在普通大众的意识里,无民事行为能力人和限制行为能力人是家庭的一分子,若其行为给他人造成了损害,理应由家庭共有财产来承担。而且现实生活中往往也是监护人承担了全部的赔偿责任,无论无民事行为能力人、限制行为能力人有无个人财产。① 从法律规定该责任的本意来看,其实质还是属于侵权人的个人责任,由于侵权人不具有独立承担责任的能力,所以由其监护人来承担监护责任。监护人的监护责任也应当为其个人责任而非家庭责任,当然,若监护人为两人以上,则监护责任为其共同责任。所谓家庭责任,是指以家庭名义进行的,反映家庭成员共同

---

① 黄本莲:《家庭财产制度在我国民法中的定位》,载《江苏警官学院学报》2007年第1期。

意志,代表全体成员利益的行为所产生的责任或者因家庭共有财产造成他人损害所产生的责任。如为共同生活需要购买房屋或进行其他的共同消费行为、处分家庭共有财产等行为所产生的责任,以及家庭共有财产所导致的侵权责任。其特点是行为的实施者虽是家庭成员个人,但责任承担的主体则是家庭和全体家庭成员。

综上所述,赋予家庭民事主体地位可以有效解决家庭和个人之间的关系。在家庭财产方面,家庭成员个人财产和家庭共有财产有其本质的区别,在权利性质、行使要求及功能上都有明显不同。家庭共有财产担负着维持家庭稳定存续和保障家庭成员基本生存条件的重任,供全体家庭成员平等享用,其权利载体应当是整个家庭,由全体家庭成员共同共有。家庭成员的个人财产是属于其个人所有,由其个人自由处分和享用的财产。家庭成员在生活中的行为可以根据代表的利益和反映意志的不同分为个人行为和家庭行为。个人行为由个人财产来承担责任,家庭行为则由家庭共有财产来承担责任,从而使个人和家庭在财产归属、责任承担方面有了清晰、明确的划分。

第三节　家庭共有财产的基本理论

一、家庭共有财产的含义

家庭成员在共同生活期间,不但会存在人身关系而且会产生财产关系。家庭成员之间的人身关系是家庭产生的基础,而家庭财产关系则是家庭存在的结果,同时家庭财产还是家庭能得以稳定存续的重要保障。对于家庭财产的含义一般认为有广义和狭义之分,广义的家庭财产是指家庭中存在的各类财产,包括:家庭成员的个人财产、夫妻共有财产、部分家庭成员共有财产和全体家庭成员共有财产。而狭义的家庭财产仅指全体家庭共有财产。由于自然人的个人权利是民法规范的重要部分,夫妻财产制度是婚姻法的重要内容,因此家庭成员的个人财产和夫妻共有财产已有非常全面的法律规范,无需进行特别研究。尽管有学者将全体家庭成员的共有财产和部分家庭成员的共有财产都统称为家庭共有财产。我们认为,其含义不一样,在家庭中这两类财产所处地位及其性质也是不同的。对于全体家庭成员的共有财产来讲,其产生来源于家庭成员的共同生活,目的是为了保障家庭的稳定存续和家庭成员的基本生存条件,因此无论是从法律规定还是理论研究上来看,"家庭共有财产"应有其特定含义,即指属于整个家庭的财产,其直接的权利主体是家庭,间接的权利主体是家庭成员个人。部分家庭成员共有财产的来源往往是部分家庭成员共同的创造活动、经营活动,并不直接承担保障家庭顺利存续的重任,其直接权利主体就是家庭成员个人,中间并无其他组织,因此其实质更类似于家庭成员的个人财产。所以,本书中所研究的家庭财产是产生于家庭成员的共同生活,作为家庭存续的物质基础,属于整个家庭所有、全体家庭成员共有的财产。为了法律术语的一致、准确,此种意义上的家庭财产在我国民法中有两种法律用语即《民法通则》中的"家庭财产"和《民通意见》中的"家庭共有财产",在理论研究中学者也多以"家庭共有财产"来称谓,而且"家庭共有财产"的概念表达应当更为准确,因此,我们就以"家庭共有财产"来表示此类财产。

对于家庭共有财产的定义,学界一般将其定义为家庭成员在家庭共同生活关系存续期间共同创造、劳动所得和其他所得(如继承所得、偶然所得等)而形成的财产。对这种家庭财产的性质,我国法学理论上一般认为属于共有财产,"是共同共有的一种形式"①。也有学者认为,家庭成员在家庭生活存续期间所形成的财产未必就一定是家庭共有财产,它们首先是家庭成员的个人财产,但可以约定为或在一定条件下推定为共有财产。至于把家庭生活存续期间家庭成员所得的财产笼统地界定为"共同共有",那就既否定了家庭共有财产的逻辑前提是"家庭成员的个人财产",同时也否定了家庭成员在其财产权利上的"自由意志",即当事人的财产约定。即使是"共有",家庭成员也可以约定家庭共有财产为"按份共有"。② 也有学者认为用"共同创造、共同所得"来概括家庭共同财产并不准确,绝大多数的家庭共同财产不是共同创造、共同所得,而是各自劳动所得聚集在一起构成的共同财产。家庭共同财产不是法定的财产所有形式,而是家庭成员以某种形式的约定而产生的共同共有关系。因此将家庭共有财产定义为是全体或部分家

---

① 彭万林:《民法学》,中国政法大学出版社 1994 年版,第 125 页。
② 于大水:《家庭财产的共有制及立法建议》,载《烟台师范学院学报》2002 年第 3 期。

庭成员在家庭共同生活关系存续期间,对其共同所得和各自所得的财产约定为共同所有的共有财产关系。①

二、家庭共有财产的来源

要明确家庭共有财产的概念,首先需要确定其财产的原始来源。现代社会充分重视个人的独立地位,自然人是民法中重要的民事主体,独立享有民事权利和承担承担义务。但家庭并非一个类似于法人的有机组织体,所以家庭共有财产是来源于家庭成员的创造行为或通过其他途径取得的财产。即家庭中所有财产实际都是通过家庭成员获得的,如此需要界定家庭成员获得的哪些财产为家庭共有财产,哪些为其个人财产。

(1)按照理论上较为普遍的说法,家庭共有财产的来源有以下三部分:

第一,家庭成员共同劳动、共同创造的财产。

关于家庭共有财产的此种来源较为典型的是在农村。土地是农民主要的生产资料和收入来源,农村实行家庭联产承包责任制,以户为单位进行土地的承包经营,所以,家庭成员共同承包、共同经营、共同收益,所得财产为家庭共有财产,家庭成员共同进行消费。城市家庭中也有类似情况,如以家庭为基础而设立的个体工商户或企业、公司等经营模式,家庭成员共同参与经营,经营活动中所得的收益也作为家庭共有财产。此处需要特别注意的是"共同劳动、共同创造"中的"共同"如何理解,一般意义上来讲,"共同"应指家庭成员一起而非个人单独进行,但是否要求必须"全体家庭成员"参与,部分家庭成员进行共同劳动所创造的财产是否为家庭共有财产?我们认为,对于家庭成员全体进行共同劳动和共同创造所得财产,列入家庭共有财产当无异议。对于部分家庭成员共同劳动、创造的财产是否为家庭财产要视情况而定,如果以家庭财产投资,且该财产的取得和家庭有密切联系,则应列为家庭财产;如果是部分家庭成员独立进行,该财产的获得和家庭联系很少,则应为部分家庭成员的共有财产,是否列为家庭共有财产视其个人意愿。由此可见,用家庭成员共同劳动、共同创造来说明家庭共有财产的来源并不准确。

---

① 王速会:《论家庭共同财产》,载《公安部管理干部学院山西分院学报》2000年第1期。

第二,家庭成员共同继承或共同接受赠与所得的财产。

此种方式所得财产是否当然作为家庭财产,我们认为也值得商榷。首先,对于家庭成员共同继承的财产有两种理解:一种是全体家庭成员都作为继承人参与继承遗产(此种情况较为少见);另一种是部分家庭成员参与继承遗产。但无论是全体还是部分成员参与继承,我们认为该财产的获得都是基于继承人的特殊身份,所得财产应属其个人财产,和家庭没有直接的联系。另外,根据法律规定,共同继承的遗产在分割之前为继承人共同共有,然此种共有是暂时的,本质上任何共有人都有权要求随时对遗产进行分割,从而使共有关系消灭,所以认为共同继承的遗产当然属于家庭共有财产并不合适。我们认为,如果全体继承人一致同意将其作为家庭共有财产应无异议,否则,不能当然纳入家庭共有财产之中。抑或在遗产分割后,由权利人个人意愿选择是自己保留还是交给家庭共有。对于共同接受赠与的财产,我们认为仍然要分成两种情况:一种是以家庭作为受赠对象;一种是以家庭中的部分成员作为受赠对象。如果是以家庭作为受赠对象,则作为家庭共有财产顺理成章。如根据风俗习惯,家庭中若有婚丧嫁娶等事,邻里乡亲会送礼金,该财产应是以家庭作为受赠对象,而不是给具体的某个成员;如果以家庭中的部分成员作为受赠对象,则不能将其当然纳入家庭共有财产之中,因为这种财产的取得和家庭并无密切联系。

第三,家庭成员个人取得自愿约定为家庭共有的财产。

此种途径作为家庭共有财产的重要来源无论是在理论上还是实践中都没有异议,其实质是家庭成员自愿将其个人财产赠与给家庭,作为家庭共有财产,由家庭成员共同进行享用。

通过上述分析可以看出,单纯从家庭共有财产来源的角度对其进行定义并不准确,没有反映出家庭共有财产的实质含义。我们认为,要对家庭共有财产进行准确定义,应当注意到家庭共有财产在家庭这个环境下所具有的特殊性。首先,应当明确家庭共有财产存在的本质和目的。家庭共有财产的产生是家庭成员由于共同生活在财产关系上所产生的结果,如前文所述,家庭共有财产是为了保障家庭成员的正常生存和家庭的稳定存续而产生,是家庭能得以存在的物质基础,这是家庭共有财产产生的基础和本质要求。其次,应当注意个人在家庭财产形成方面的意志性。由于现代家庭成员之间是一种独立、平等的关系,家庭成员属于独立的权利主体,相互之间不存在人身依附关系和命令、服从的家长制,因此在家庭共有财产的形成方面还应该尊重家庭成员的个人意愿。最后,由于家庭作为特定范围内亲属的组合体,要考虑家庭的伦理性和它的特殊功能,在财产关系方面不能完全适用于经济社会的规则,诸如权利和义务的一致性、等价有偿和公平等原则。因此不能完全用评价市场经济关系的标准去界定家庭共有财产,对于许多家庭成员来讲,努力地为家庭创造财富,是一种义务和责任驱使的结果,更多的还是亲情使然。

(2)结合个人与家庭之间的关系以及家庭具有的相对独立的民事主体地位,我们认为家庭共有财产的来源应当包括以下三种途径:

第一,以家庭作为直接权利主体通过经营活动或受赠所获得的财产。

在明确家庭主体地位的前提下,家庭成员的行为可以根据其反映的意志和代表的利益分为两类,即反映家庭成员的全体意志、代表家庭整体利益的家庭行为和反映个人意志、代表个人利益的个人行为。在自然人实施所谓家庭行为时,在明确家庭的民事主体地位前提下,该行为的直接主体应当是家庭,在此过程中无论是通过家庭的经营活动还是直接以家庭作为受赠的主体,所获得的财产都应当归属于家庭这一组织,而不是归属于具体实施该行为的个人。例如,农村中土地承包经营权和宅基地使用权的获得都是以家庭为单位,那么在家庭成员共同耕种土地过程中所产生的收益当然应当归属于整个家庭所有,而不是归属于个人;在宅基地上建造起的房屋也应当属于家庭的共有财产。同样道理,为了家庭的共同生活以家庭共有财产购买各种生产生活用品或进行其他的投资和经营活动,所获取的财产和收益都应当作为家庭共有财产,归属于整个家庭所有。

第二,部分或单个家庭成员个人经营取得但和家庭有密切联系的财产。

对于单个或部分家庭成员不是以家庭名义进行的经营活动,而是以个人名义进行投资和经营,如果所用财产也非家庭共有财产,显然获取的财产不能当然认为属于家庭共有财产。但是如果其经营所得和家庭有密切的联系,比较典型的是以家庭共有财产进行投资等,所获收益则应当作为家庭共有财产。

第三,家庭成员个人取得但自愿纳入家庭共有的财产。

对属于家庭成员个人所有的财产可依其个人意愿决定是否纳入家庭共有财产中。但是我们认为,从保护家庭弱势群体的角度出发,根据民事法律行为的构成要件,能够做出这样意思表示的只能是完全民事行为能力人。如果家庭成员是无民事行为能力或限制民事行为能力人,则不能做出这样的意思表示,其法定代理人也没有权力代替其做出这样的决定,因此无民事行为能力和限制民事行为能力人的个人财产不可纳入家庭共有财产中,应作为其特定财产。在其成年后可根据其意愿将个人财产纳入家庭共有财产中。

总结上述理由,我们认为对家庭共有财产可进行如下定义:家庭共有财产是指在家庭成员共同生活期间,以家庭作为直接主体通过生产经营活动或受赠所获得的财产、部分家庭成员进行独立经营取得但与家庭有密切联系的财产以及由家庭成员个人取得但自愿纳入家庭共有的财产,该财产供全体家庭成员平等享用,以保障家庭的稳定存续和家庭成员的生存与发展。

三、家庭共有财产的分类

如前文所述,家庭共有财产的来源主要有三种途径:一是以家庭作为直接权利主体通过经营活动或受赠所获得的财产;二是单个或部分家庭成员进行独立经营取得但和家庭有密切联系的财产;三是家庭成员个人取得但自愿纳入家庭共有的财产。在这三种取得财产的途径中,第一、二种属于家庭共有财产取得的基本途径和正常途径,这样取得的财产无需进行特别约定而当然作为家庭共有财产,第三种途径取得的财产并不当然归属于家庭共有,是在家庭成员有特别约定时才纳入家庭共有财产之中。从家庭发展的历史过程来看,传统社会中由于不重视个人的主体地位,因此依靠家庭这个组织来取得财产是家庭共有财产的主要途径和来源,随着社会的不断发展,法律更重视家庭成员的个人权利和利益,个人在社会中有其独立地位,往往独立进行劳动、工作或经营,从而获得财产性收益,依靠家庭这个组织来进行共同劳动或创造从而获得财产的情形越来越少。因此,在现代社会家庭中,通过正常途径来获得家庭共有财产已不是家庭共有财产的主要来源,更多的家庭共有财产来源于家庭成员个人所得财产。所以家庭共有财产的组合或构成状况,由过去以家庭共同取得作为其主要构成部分转变为现在以家庭成员个人取得作为其主要构成部分。此种变化更多的体现出将个人财产纳入家庭共有的家庭成员的个人意志,而从权利和义务相一致这个角度来讲,此种变化也是符合民法的基本精神的。

根据不同途径取得的财产在家庭共有财产中所占的比重和地位不同，我们可以对家庭共有财产作如下分类，从而更清楚地认识现代家庭中家庭共有财产的特点。

（一）传统模式的家庭共有财产

传统社会中，家庭作为独立经济单位可以对家庭成员进行合理分工、统筹安排共同进行劳动、创造，从而取得财产，这是家庭共有财产的主要来源，也是基本来源。而家庭成员个人往往并无独立的劳动或创造活动，所以获得个人财产的机会较少，因此，家庭共有财产的主要构成是家庭作为权利主体取得的财产，个人财产自愿纳入家庭共有的数量较少。在现代社会中，尽管此种类型的家庭共有财产数量减少，但在广大农村由于实行家庭联产承包责任制，仍然存在大量的以家庭作为主体进行的土地承包，家庭成员共同进行经营，所获收益作为家庭共有财产的传统模式，所以，很多农村家庭仍然保持这种传统模式的家庭共有财产构成。当然随着市场经济的发展，农村中越来越多的年轻人到城市打工，农村里往往多数是老人、妇女和儿童留守在家里，经营着承包的土地和其他农活，表面看来财产收入来源已经分开了，但是在家庭财产的支配上往往是统一的。如外出打工者大多会按时向家里汇款，在教育、建房、结婚、看病等大项开支上，所有家庭财产是统一支配的。最后，只有务工和务农的收入联合起来才能维持家庭成员的共同生活，不会让家庭生活陷入困境。所以，可以说农村土地的以户为单位进行的家庭承包经营和宅基地的划分，既保障了每个家庭可获得的土地利益，又使得个人无权进行单独处分，将农村家庭紧密地联系在一起，确保了家庭作为一个最基本的土地单位和财产单位的稳定性，是坚持传统家产制最有效的方式。

（二）现代模式的家庭共有财产

现代社会由于重视个人地位和个人权利，所以个人作为独立主体从社会中获取财富的形式越来越普遍，尤其是在城市家庭中，每个家庭成员往往有自己的工作，独立获得财产，相互间很少进行经营或劳动的合作，因此，家庭成员的个人财产是家庭共有财产的主要来源，而家庭作为权利主体直接获取财产的情况比较少见（当然也存在这种情况，如以家庭为基础成立个体工商户、企业或公司等）。由于家庭成员个人取得财产并不当然成为家庭共有财产，需要家庭成员进行协商约定。根据家庭成员约定的内容不同，我们可以将现代模式的家庭共有财产在具体实践中的存在状态分为三种：

（1）约定实行个人财产制。即尽管家庭成员共同生活，但由于现代社会对个体独立性的强调和社会观念的相应改变，很多人可能更愿意拥有自己的独立财产，不愿意束缚于家庭，因此相互间约定实行个人财产制（如果有夫妻关系，可能会是夫妻共有财产）。这种情况多存在于城市家庭，多表现为成年子女与父母共同生活，但所得收入归子女个人所有，或者仅向父母交伙食费；子女婚后与父母共同生活，亦只交生活费，其余财产归自己所有。① 这种情形在理论上往往称为同居不共财。这种家庭的特点是财产关系非常松散，生活中或分家析产时不容易发生纠纷，但其家庭的伦理性和情感属性较为淡薄，这种形式多被具有现代观念的人们所采用。

（2）约定实行家庭共有财产和个人财产并存。即家庭成员将所得收入部分纳入家庭共有财产中，作为维持家庭共同生活的费用支出，部分财产作为自己的个人财产由个人享用。如将自己每月的工资作为家庭共有财产，但奖金或其他额外收入作为自己的个人财产。一般来说，家庭共有财产用来满足家庭的共同生活需要，而个人财产则满足个人的生活需要。

（3）约定实行家庭共有财产制。即家庭成员将所获财产全部作为家庭共有财产，个人不保留财产。此种形式本质上和传统模式的家庭共有财产很相似，家庭成员重视家庭的整体性和利益的共同性，重视家庭成员之间的亲情和责任，在家庭中建立联系密切的财产关系。家庭成员之间也关系紧密，所有的消费开支均由家庭共有财产来负担。在这种家庭中，往往都由成年家长作为生活中俗称的"当家人"，主管家里的财产事务，家庭成员将所获得的财产都统一交给"当家人"来进行管理和按照家庭生活的需要进行支配。

比较传统模式的家庭共有财产和现代模式的家庭共有财产，可以发现，传统模式的家庭共有财产构成是依家庭的实际情况客观形成的，受家庭成员的个人意愿影响较小，因此，更多的是遵从习惯或从法律如何更好地保护家庭利益、维护家庭和谐的角度来确定其性质及权利归属等问题，具有较大的客观性和普遍共性。现代模式的家庭共有财产构成完全是建立在家庭成员的协议基础上，因此，该财产的具体状态、性质及权利归属更多受到家庭

① 杨立新：《共有权研究》，高等教育出版社 2003 年版，第 255 页。

成员协议的影响和限制,具有很大的随意性和自由性。我们在研究家庭共有财产的性质和权利归属问题时,应当以家庭共有财产的这两种模式作为切入点,从而更好挖掘家庭共有财产的本质和特点,理顺现代家庭中所存在的各类财产关系,为建立和谐的家庭财产制度做好基础准备。

通过对家庭共有财产来源的分析,我们也可以发现,家庭共有财产在家庭共同生活过程中既非当然产生,也非必须依靠家庭成员的协商选择才能产生,而要看其不同来源,若能通过正常途径获取家庭共有财产,则无需特别约定即可依法产生,若只有通过家庭成员对个人财产进行让渡才能产生,则必须以家庭成员的协议选择为前提。因此,那种认为家庭共有财产必须经过家庭成员的协商选择,进行约定才能产生的观点我们并不认同,此种观点只看到了大部分家庭共有财产来源于家庭成员个人财产从而需要约定,而没有看到在实际生活中,依据家庭的经营性质,无需进行特别约定亦可当然产生的家庭共有财产。

四、家庭共有财产的特征

(1)家庭共有财产的形成以家庭成员间共同生活关系的存续为前提。没有家庭共同生活关系,家庭共有财产也就无从谈起。当然此处的共同生活并非要求形式上共同居住,如有的家庭成员在外地工作,只能趁假期回家,但和其他家庭成员有共同的家庭住所,生活联系密切,也应当属于共同生活。

(2)家庭中的成员复杂,所形成的家庭财产不仅是夫妻共有财产,否则该家庭财产即为夫妻财产所代替,自无特别研究和规定之必要。尽管在现代社会,家庭的结构规模在不断减小,夫妻和未成年子女所组成的核心家庭占当前家庭结构的主要比例[①],因此很多国家也只在法律中规定夫妻财产制度,而没有对家庭财产制度进行特别规范。但家庭成员复杂的直系家庭或联合家庭在我国也占有相当的比例,尤其是三代组合的直系家庭在我国农村所占比例还较大,承担着目前社会还无法完善解决的家庭养老的重任。

[①]　依据第五次全国人口普查长表数据库(1%)计算后得到,由夫妇及其子女组成的核心家庭占全国家庭总数的 68.15%。参见王跃生:《当代中国家庭结构变动分析》,载《中国社会科学》2006 年第 1 期。

家庭成员间相互分工协作完成生产活动,为没有劳动能力的家庭成员提供生活保障,从一定意义上说家庭的保障功能是经济功能的派生物。[①] 在成员复杂的家庭中产生的家庭共有财产正是当前民事法律领域中严重缺失的部分。

(3)家庭共有财产的直接权利主体是家庭,间接权利主体是全体家庭成员。由于家庭具有独立于家庭成员的民事主体地位,所以家庭财产直接归属于家庭所有,全体家庭成员作为家庭共有财产的直接受益者,是作为间接的权利主体共同享有家庭共有财产。无论是古代社会还是现代社会,家庭都是一个经济单位,都有家庭的经济生产、经营预算和共同的生活消费,因而也就形成了家庭的共有财产。然而,家庭共有财产不同于其他组织的共有财产。因为,家庭是以亲情和血缘为纽带连接起来的,不能完全用经济利益的平衡性来进行规范调整,所以,虽然创造出家庭共有财产的人可能不是全体家庭成员,抑或在取得家庭共有财产的过程中家庭成员的贡献大小并不相同,但对于家庭共有财产来讲,并不能以此来判断其权利归属。

(4)家庭共有财产由全体家庭成员平等享用,目的是保障家庭的稳定存续和家庭成员的生存与发展。

首先,家庭作为一个整体,并非家庭成员的简单集合,家庭成员之间基于各类亲属关系而聚成一个特殊的共同体。家庭财产虽不是家庭产生所刻意追求的目的,但确对家庭的稳定存续和家庭成员的生存和发展具有重要的意义,是维持家庭共同生活延续的根本。尤其对于家庭中的弱势成员来讲,他们的正常生活更需要依赖于家庭共有财产。现代的家庭共有财产制来自于传统社会的家产制,家产制在我国封建社会存续几千年发挥了重要的作用,而在现代社会却受到个人财产的冲击,其地位和作用在不断削弱。受市场经济大潮和个人本位主义的影响,个人的权利意识越来越强,对家庭共有财产的形成和稳定造成了重大的冲击。家庭中的个体更多地关注自己的个人利益,为家庭中其他成员尤其是弱势家庭成员进行奉献或做贡献的责任意识逐步淡化,导致家庭中弱势成员的权益得不到充分保护,甚至产生了很多家庭矛盾和家庭悲剧。如老年人尤其是农村中的老年人由于从市场

[①] 胡扬:《中国农村社会保障改革的路径依赖与制度创新》,载《兰州学刊》2006 年第 1 期。

经济中获得收益的能力较低,务农所获财产又极为有限,加上老年人本身就年老体弱,身体状况受到极大影响,但现代社会医疗费用越来越高昂,因此生存的压力很大。尤其在子女个人权利意识强,又不愿对老人很好地尽义务的情况下,老人的处境极为窘迫。据调查近年来因赡养不足导致农村老年人因生活困窘、孤独无人照顾而自杀的例子日益增多。

其次,因个人财产意识强烈,在夫妻关系中财产划分日益明晰,个人都想从中获取自己的最大经济利益,因此很多的行为也影响到了夫妻感情,损害了夫妻关系的和睦稳定,这也是近年来离婚率不断上升的重要原因。

最后,市场经济所推崇的个人主义和自由主义激发了年轻人的个体私权化观念,不愿意将自己的财产纳入到家庭中去,希望任由自己来处分和支配。这些现象都影响到了家庭共有财产的产生和存在,也影响了家庭关系的和睦与稳定。

我们认为,在当今社会的时代背景下,我们更应该倡导家庭成员要有对于家庭的责任意识和奉献精神,要积极地将个人取得的财产纳入到家庭这个充满温馨、关爱的团体中,为创造互利互惠、各尽所能、齐心协力为家庭做贡献的良好家庭环境而努力。

第四节 家庭共有财产的性质

一、家庭共有财产的权利主体

(一)关于家庭共有财产权利主体的不同观点

如前文所述,家庭共有财产的直接权利主体是家庭,但家庭不能完全独立于家庭成员,家庭和家庭成员在享有权利和承担责任上有着密切的联系。因此家庭共有财产的间接权利主体是家庭成员,即归根结底实际享受家庭共有财产所带来的利益的是家庭成员,家庭成员对家庭共有财产是一种共同共有状态。但是理论上对于哪些家庭成员是家庭共有财产的共有人,则有不同的观点:一种观点认为,所有的家庭成员都是家庭共有财产的共有人,不论其是否对家庭共有财产的形成做出过贡献,这样有利于稳定家庭关系,促进家庭的和睦团结。① 另一观点认为:"家庭共有财产的主体是对家庭财产的形成作出过贡献的家庭成员"②。依此观点,只有对家庭财产的形成作出过贡献的家庭成员,才是家庭财产的共有人。如杨振山教授认为出生不是获得财产所有权的法律根据,财产所有权的取得分为原始取得和继受取得,人的出生既不是所有权的原始取得方法,也不是继受取得方法。只要是家庭成员以合法方式为家庭共有财产的增值有比较长期稳定的或者比较显著的贡献,都可以作为家庭成员取得家庭财产共有权的根据。③ 对家庭财产没有贡献的家庭成员因独立生活而"分"得父母或其他家庭成员的部分财产,则属于父母或其他家庭成员的赠与。也有学者认为将共有人界定为对"家庭财产的形成作出贡献的家庭成员"范围过窄。因为在社会实践中,某些家庭成员可能没有直接参与家庭财产的形成,如只从事家务劳动,没有收人来源,如果将这种家庭成员排除在家庭财产的共有人之外,显然于情理、于法理相悖。④ 也有学者认为家庭财产的主体应该是所有的家庭成员,原因是家庭成员对家庭财产的贡献难以界定和量化;家庭共有财产制度的目的在于实现养老育幼的社会职能;家庭财产为家庭成员共同共有符合我国的传统观念。⑤

(二) 家庭共有财产应当属于全体家庭成员共有

我们认为,鉴于家庭组成的特殊性,家庭成员之间的劳动能力和获取财产的能力参差不齐、差别较大,同时每个人获取财产的能力在其生活中也会不断发生变化,情况比较复杂,为了巩固和谐稳定的家庭关系,实现家庭养老育幼的社会职能,在确定家庭共有财产的权利主体方面不应当采用一般民事法律制度的观念追求绝对的平等和公平,对家庭成员之间的财产奉献斤斤计较,计算非常精细。相反,如果对家庭共有财产采用模糊化的计算方式,会更有利于家庭的稳定与和睦,立法也应当引导家庭向着关爱、奉献以及成员之间不分彼此、利益共享的方向发展,因此,家庭共有财产的权利主体应当属于全体家庭成员共同共有。具体理由如下:

---

① 魏振瀛主编:《民法》,北京大学出版社 2000 年版,第 254 页。
② 陈华彬:《物权法原理》,国家行政学院出版社 1998 年版,第 179 页。
③ 杨振山:《试论我国的家庭财产共有权》,载《中国政法大学学报》1984 年第 2 期。
④ 于大水:《家庭财产的共有制及立法建议》,载《烟台师范学院学报》2002 年第 3 期。
⑤ 田野:《家庭财产制研究》,载《河南省政法管理干部学院学报》2006 年第 1 期。

（1）首先，从我国现有法律规定来看，从未明确规定只有对家庭共有财产做出过贡献的家庭成员才能成为权利的主体。依我国《民法通则》和民事法律基本理论，每个家庭成员对于家庭共有财产均享有平等的权利，承担平等的义务。除法律另有规定或家庭成员间另有约定外，对于家庭共有财产的使用、处分或分割，均应取得全体家庭成员的同意，任何家庭成员都不得随意处分属于家庭所有的共有财产。① 同时，在我国现有的法律规定中，从来没有哪部法律明确规定家庭共有财产仅属于为其做出贡献的家庭成员。

（2）从家庭共有财产的重要职能上来讲，也应当认定为全体家庭成员对其共同享有所有权。根据我国的传统习惯和家庭的社会职能，家庭共有财产一般是维持家庭共同生活所必需的，其重要性在于它是保障家庭稳定存续和家庭成员生存和发展的物质基础，关系到家庭中每一个成员的利益。在共同生活期间，也是由全体家庭成员根据实际需要平等享用的，不是仅归那些为家庭共有财产作出贡献的人享用。从这个角度讲，家庭共有财产是为了整个家庭的利益而存在，是为全体家庭成员服务的，因此其权利主体也应当是全部家庭成员。

（3）将家庭共有财产的权利主体认定为全体家庭成员与家庭这一特殊组织的性质更为相符。家庭是与自然人关系最为密切的组织。自然人自出生到死亡无时无刻不是生活在家庭之中，与其他家庭成员之间不是索取就是奉献的关系，应当说在家庭中所有成员都是休戚相关、生死与共的。然而，由于家庭中各个家庭成员的年龄、身体状况及劳动能力等方面都存在较大差异，因此在对家庭共有财产的形成做出贡献方面是不均衡的。但不同家庭成员根据其自身特点可以负担不同分工，发挥自身特长，为家庭的存续和发展贡献自己的有限力量。有些未成年人可以在上学之余帮家里做些力所能及的事，有些老人不能外出参加劳动，也可以在家里做些简单的家务，如做饭、洗衣服等。因此，在获取财产方面各家庭成员的能力是有较大差别的，有的成员有直接的财产收入，有的没有直接财产收入，有的收入多些，有的收入少些，但基于家庭成员之间的特殊关系，对于这些差异不应锱铢必较，认定所有的家庭成员都是家庭共有财产的共有人，有利于稳定家庭关

---

① 王利明等:《民法新论》(下),中国政法大学出版社 1988 年版,第 115—116 页。

系,促进家庭的和睦团结。① 如果认为没有对家庭财产作出贡献的人享有权利对其他成员来讲不公平,是否对家庭财产作出贡献大的人与那些作出贡献小的人平等享有家庭共有财产也会有不公平之嫌? 既然家庭关系不能适用市场经济规则来进行调整,那么就无需将家庭成员之间的付出与所得分得如此清晰,而在实际生活中这根本也是难以分清的,莫若从维护家庭和睦的角度出发,将全体家庭成员都作为权利主体,平等享有家庭共有财产更为合理,顺应家庭这一特殊组织体之需要,从而使家庭更具有凝聚力。

(4)认定家庭共有财产的权利主体为全体家庭成员,会更有利于维护家庭中弱势成员的利益,更好地体现家庭尊老爱幼、养老育幼的职能发挥。如上所述,家庭成员之间在劳动能力等方面具有较大差别,可谓参差不齐,而若以贡献论,则那些劳动能力强的成年人无疑是受益者,那些老弱病残的人由于缺乏贡献而被排除在权利范围之外。但无论从法律还是伦理上来讲,这些老弱病残的人正是我们所说的家庭弱势群体,是需要特别进行保护的。另外,即使未成年人有了自己的个人财产,法律从保护其利益的角度限制其将个人财产纳入家庭共有财产中,但按照此类确定权利主体的标准,该做法也限制了未成年人成为家庭共有财产主体的可能性。显然,这种结果是违背立法本意的。

(5)实践中无法准确界定何谓"对家庭共有财产形成作出贡献",反而会产生不必要的麻烦和纠纷,将家庭共有财产认定为全体家庭成员共有会减少家庭内部纠纷,有利于维护家庭的和睦团结。如果以贡献的有无来确定家庭共有财产的主体,必须科学界定家庭成员在家庭共有财产产生、积累和增值过程中的行为结果和贡献大小,但是,这在现实中实际上是不可能的,几乎完全不具有可操作性。② 因不同家庭成员之间创造财富的能力有差别,家庭成员个人在成长过程中的劳动能力也在不断发生变化,这些因素都导致难以准确界定"对家庭共有财产形成作出贡献"。有的家庭成员在外工作,而有的家庭成员在家里操持家务,并无直接财产的取得,但其同样在为家庭做着贡献。由于家庭共有财产主要是基于家庭成员的共同生活关系而产生的,其产生原因极为复杂且具有多样性。况且,家庭的存在是具有一代

---

① 魏振瀛主编:《民法》,北京大学出版社、高等教育出版社 2006 年版,第 254 页。

② 田野:《家庭财产制研究》,载《河南省政法管理干部学院学报》2006 年第 1 期。

一代的延续性的,而人自出生一直到死亡都是生活在家庭中的,在人的一生中,个人的劳动能力、获取财产的能力是在不断发生变化的,从最初的一无所知完全依赖父母的抚养,到慢慢地长大具有了获取财产的能力,进而创造财富的能力逐步增强达到鼎盛时期,最后到年老体弱时丧失劳动能力,是一个动态的不断发展变化的过程。所以无论是横向看某一时期家庭成员之间创造财产的不平衡性还是纵向看某一人的创造财富的能力的不断变化性,家庭财产的产生、积累和增值都是一个相当复杂的过程,根本无法以经济学的研究方法来准确衡量谁对家庭财产的产生有贡献、谁无贡献;谁的贡献大,谁贡献小。既然如此,还不如从维护家庭成员间的关系和家庭的整体性角度考虑而根本不去划分,更为有利于减少家庭矛盾、促进家庭的和谐和稳定。

二、家庭共有财产的共同共有性质

(一) 对家庭共有财产性质的理论分析

理论上民法学者在研究共有权时,都普遍承认家庭财产的共同共有。[①]随着法学研究不断深入的发展,有不少学者对家庭共有财产的性质为共同共有在具体适用中提出质疑。如有学者认为,不能笼统地将家庭财产称为共同共有。因为,家庭财产建立在家庭成员个人财产的基础之上,或者说家庭财产实际上是家庭成员个人财产的让渡和汇集,所以家庭成员可以本着意思自治原则对家庭财产的性质进行约定,类似于夫妻间的约定财产制度[②]。而且主张该约定的内容是非常广泛的,当事人可以约定家庭的财产归全部家庭成员共有,也可以约定家庭的财产归部分家庭成员所有;可以约定家庭的全部财产归全部或部分家庭成员共有,也可以约定家庭的部分财产归全部或部分家庭成员共有;可以约定为共同共有,也可以约定为按份共有。在当事人没有约定或约定无效时,法律应推定家庭财产为对家庭财产做出贡献的家庭成员共同共有。其理论依据是这种推定符合通常情况下家庭成员内在的共同意志,其现实价值是为诉讼中解决该类纠纷提供逻辑范

---

① 杨立新:《共有权研究》,高等教育出版社 2003 年版,第 254 页。

② 于大水:《家庭财产的共有制及立法建议》,载《烟台师范学院学报》2002 年第 3 期。

式。① 也有学者基于家庭关系的特殊性，从家庭财产产生的角度、家庭财产增值和积累的角度以及家庭财产存在的目的等三个方面进行论述，主张家庭共有财产的性质不宜自行约定，而应是一种法定的共同共有，目的是巩固和谐稳定的家庭关系，实现家庭养老育幼的社会职能，从而排除了在家庭共有财产性质方面家庭成员个人的主观意愿限制。还有学者从《物权法》第103条关于对没有约定或约定不明情况下对共有类型的推定入手，认为并非是共有人之间存在共同关系，那么其共有的性质就是共同共有；如果不存在共同关系，那么其共有的性质就是按份共有。② 并赞同史尚宽教授在这一问题上的观点，即具有重要法律意义的是，当事人在建构其共同关系的时候，对共同财产所包括的范围是如何确定的。③ 该学者进一步提出在家庭关系或夫妻关系中，如果当事人对某财产的权利共有状态没有约定或约定不明，首先要看共有人之间采取的是共同财产制还是分别财产制，然后再看该财产应当列入哪类财产的范围。比较复杂的情况是，夫妻采取了部分共同财产，部分分别财产制，这时，就有必要根据当事人就哪些财产是共同财产，哪些财产是分别财产的约定，作为进行推定的依据。

我们认为，上述观点都从一定的角度对家庭共有财产的性质进行了分析，确有一定道理，但在具体认识上又存在偏颇之处，进而提出以下见解。

首先，我们在界定家庭共有财产的性质时应先对其内涵和范围进行正确界定，因为不同家庭财产其性质和作用不同，在法律上采取的法律规则不同。通过上文分析，我们已经对家庭共有财产进行了准确界定，在我国无论是法律规定中的"家庭共有财产"还是理论上探讨的家庭共有财产都应是属于全体家庭成员共同所有，供全体家庭成员平等享用，以保障家庭的稳定存续和家庭成员的生存与发展。从此种含义上理解的"家庭共有财产"不包括家庭成员个人所有的财产和部分家庭成员通过共同劳动所取得的属于其部分共有的财产。

其次，我们要对家庭共有财产所具有的不同于一般共有财产的特殊性和重要性进行清楚认识。家庭是一个特殊的集合体，它的产生与存在不以

---

① 于大水：《家庭财产的共有制及立法建议》，载《烟台师范学院学报》2002年第1期。

② 薛军：《〈物权法〉关于共同共有的规定在适用中的若干问题》，载《华东政法大学学报》，2007年第6期。

③ 史尚宽：《物权法论》，中国政法大学出版社2000年版，第177页。

追求经济利益最大化为目的,是家庭成员之间特殊身份关系和情感作用的结果。但家庭共有财产和全体家庭成员又有着密切的联系,关系到每个人的生存和发展利益,因此,法律应从如何更好地维持家庭的稳定生活和保护家庭成员整体利益的角度,对家庭共有财产进行界定和规范。

最后,我们同时应当注意到现代社会对个人权利的充分尊重和保护,不能以家庭的名义来损害家庭成员的个人权利,所以,对于家庭共有财产因何种途径产生及财产属性如何应当尊重家庭成员的个人意愿。从另外一个角度来讲,家庭成员之间的财产关系属于民事法律关系,应当充分体现"意思自治"的民法原则[①],同时从建立和谐的家庭关系角度讲,对于家庭成员自愿达成的有关财产关系的协议,法律似乎也没有特别限制的必要。因此,对于本应属于家庭共有的财产也可尊重当事人的意愿而约定为个人所有似无不可。但是,考虑到家庭成员之间的个体差异,应有特别保护家庭弱势群体利益的必要;同时,由于家庭成员之间的特殊紧密关系,若允许其随意约定而又缺乏相应的公示和监督,有可能产生对与家庭或家庭成员个人进行交易的第三人的不利影响,因此,对于家庭成员之间就家庭共有财产属性所作的特别约定法律亦有进行限制的必要。

尽管我国民法理论上普遍将家庭共有财产作为共同共有来对待,几乎任何一本民法教材和专著都是如此[②],但在《物权法》颁布前,对于家庭共有财产的性质,无论是我国《民法通则》还是《婚姻法》都未作明确规定。但民法理论依《民法通则》关于共同共有的规定,一致认为家庭共有财产是共同共有的一种形式。[③] 我国《物权法》关于家庭共有财产的性质也未明确规定,与该问题最为相关的是《物权法》第103条:"共有人对共有的不动产或者动产没有约定为按份共有或者共同共有,或者约定不明确的,除共有人具有家庭关系等外,视为按份共有。"由此条款可以看出,在共有人没有约定共有的性质或约定不明确的情况下,如果共有人之间存在家庭关系等共同关系则该财产共有为共同共有,否则为按份共有。这也为现实生活中和理论上将家庭共有财产通常作为共同共有财产对待提供了一定的法律依据。由

① 于大水:《家庭财产的共有制及立法建议》,载《烟台师范学院学报》2002年第3期。
② 杨立新:《共有权研究》,高等教育出版社2003年版,第254页。
③ 彭万林主编:《民法学》,中国政法大学出版社1994年版,第257页。

此可见,家庭共有财产在通常情况下应为共同共有应无异议。关键在于家庭成员的约定能否改变家庭共有财产的性质,可否将其约定为按份共有?

我们认为家庭成员应当可以对家庭共有财产的性质进行约定,但由于家庭共有财产的性质为共同共有还是按份共有会影响到与家庭或家庭成员进行交易的第三人的利益,同时份额的确定也直接关系到每一个家庭成员的利益,所以,家庭成员在对家庭共有财产的性质进行特别约定时应有一定的限制。通过分析不同途径的财产来源对家庭共有财产的影响和由此形成的不同类型可以得知,传统模式的家庭共有财产在财产形成方面具有很强的客观性,受家庭成员个人主观因素影响较小,此种情况下的家庭共有财产是以家庭作为权利主体取得财产,体现了家庭的整体利益,家庭成员不能随意对其进行特别约定,应当受到较多的限制。现代模式的家庭共有财产由于是家庭成员个人财产的让渡形成的,以家庭成员的协议为基础,赋予了家庭成员更多的意志自由。因此,我们认为应当在家庭共有财产来源构成模式不同的前提下来讨论家庭成员自愿协议的条件及产生的效果。

（1）在传统模式的家庭共有财产中,如果家庭成员对家庭共有财产性质进行特别约定,应当符合下列条件:一是全体家庭成员一致同意,如果某家庭成员不具有完全民事行为能力,不能独立做出同意的有效意思表示,则该约定不得损害此家庭成员在家庭共有财产中所享受到的利益;二是该约定的内容若损害到与家庭或家庭成员进行交易的第三人的利益,则该协议内容不得对抗该第三人。将家庭共有财产约定为按份共有,该份额的确定不仅关系到家庭成员在家庭共有财产中所应当享受到的直接利益,而且对外所承担的责任也由连带责任变为按份责任,从而影响到第三人利益的实现。基于家庭成员之间这种特殊、紧密的关系,对于其他人来讲很难弄清楚家庭内部的财产状况究竟如何,从保护交易安全和维护第三人利益角度来考虑,在家庭成员的个人权利和交易安全与善意第三人的利益发生冲突时,应当保护后者。当然,如果第三人在与家庭或家庭成员进行交易时,知道该约定的除外。

（2）在现代模式的家庭共有财产中,如果家庭成员对家庭共有财产进行特别约定应当符合下列条件:一是由全体家庭成员进行共同约定,无论是否对家庭共有财产的形成做过贡献的人,都有权参与该约定,如果家庭成员中有无民事行为能力和限制民事行为能力人,在约定时不能损害其利益;

二是该约定的内容应通过某种方式明确告知与之交易的第三人,否则,不能对抗善意第三人要求家庭成员之间承担连带责任的请求。

综上所述,从家庭成员对家庭共有财产的性质进行约定所产生的效果来看可以分为内部效果和外部效果。内部效果即针对家庭成员之间的关系上,一般只要达成有效协议,不损害弱势成员的利益,即应予以认可和保护。外部效果是就家庭和家庭成员与第三人所发生的法律关系角度来讲的,是基于家庭关系的特殊性,当内部约定与维护交易安全、保护善意第三人利益发生冲突时,则该约定的效力就应受到一定限制。如此规范,既尊重了家庭成员的个人权利和意愿,同时又保障了交易安全和交易秩序,从而更好地维持家庭的稳定,保护全体家庭成员尤其是弱势成员的利益。

(二)家庭共有财产为共同共有制度的重新构造

在第四章的第二节"关于家庭财产共同共有的性质所存在的问题"中,我们阐述了我国关于共同共有的基本规定与家庭共有财产的实践状况之间的矛盾和冲突,同时介绍了其他国家民法中关于"共同共有"的特殊规定,并提出在我国将来制定民法典时,有必要对共同共有制度进行全面设计和规范。由于共同共有制度的核心基础是共同关系,而不同共同关系产生的共同共有在关系密切程度上又有所不同,因此应当以不同共同关系产生的特殊组织体为中心,系统地设计出一套完整的包括成员间的关系规则、财产管理、使用和处分的法律规范,从而有效地解决这一问题。

因此,综合前面对于我国现行《婚姻法》中重个人和婚姻而轻家庭的规范特点及法律规定与社会实践的差异等多个方面,我们建议将来我国的《婚姻法》应该修改为《婚姻家庭法》,不能仅仅规定婚姻中的人身关系和财产关系,还应当调整在家庭中产生的各类人身关系和财产关系。相比起婚姻的特殊紧密关系来讲,家庭是一种更为特殊紧密的关系,且与其他个人和组织相比较也更具有独立性,而且在实践中家庭的地位更为重要。婚姻只能是家庭的一部分,不能代表家庭,也不能涵盖所有家庭。不能把家庭随意拆分成不同的关系,进行分散的调整和规范,忽视家庭的整体性地存在。在民法总论部分要明确家庭的民事主体地位,将其列为第三类民事主体即非法人组织。由于家庭关系的特殊性,有关家庭内部的具体内容应当在《婚姻家庭法》中予以详细规范,对于以家庭或家庭成员为主体对外与第三人发生的民事法律关系,则受民法其他部分的相应调整。在《婚姻家庭法》中,应当仿效《瑞士民法典》建立家庭共有财产制度,明确家庭是家庭成员共同生活、同居共财而形成的组织体,基于家庭这样一种紧密的共同关系而产生家庭共有财产,这是全体家庭成员共同享有所有权的财产,是家庭成员紧密团结在一起不分彼此、不分份额、平等享用且不能随意分割的特殊共有财产。再进一步明确,家庭成员在平等享有家庭共同财产时如何来管理财产、使用财产、处分财产,明确制定法律规范,更好地发挥家庭共有财产的价值。这样规定既避免了共同共有必须与所有权联系在一起而在适用中遭遇的尴尬,也显示了与共有共有关系最密切的是共同关系,在此前提下形成的共有财产范围是非常广泛的,不仅限于所有权、用益物权、担保物权,也包括债权、知识产权、股权等其他财产性权利,所以其客体是所有可能存在的财产权利的集合。家庭共有财产的性质为法定共同共有,但如果家庭成员之间自愿达成协议进行特别约定,法律也不进行强行干涉,但约定的前提是:第一,不能损害家庭中弱势家庭成员的利益;第二,不能对抗交易中的善意第三人。

（三）与"家庭共有财产为共同共有"相关的几个问题

（1）在分家析产前,家庭成员对家庭共有财产是否享有潜在份额的理解。

理论上通常认为共同共有是不分份额的共有。在共同共有关系存续期间,共有人不能对共同财产确定份额,只有在共同关系结束后,共有财产分割时才能确定各共有人的份额。不少学者认为,共同共有人对自己的共有份额也享有所有权,不过行使该所有权受身份关系的制约。[①] 我国台湾地区学者则承认在共同共有情形下,也存在份额,只是它是潜在的。这也是说共同共有不是没有份额,而是各共有人的份额处于潜在状态,只有在共有关系终结时,才能确定各共有人的份额。王泽鉴先生的观点是:"各公同共有物的所有权属于共有人全体,而非按应有部分享有所有权,故对该公同共有物的全部,共有人并无应有部分存在。继承人对应继财产的应继份,合伙人对合伙财产的股份,祭祀公业派下的房份,系就抽象的总财产而言,而非对个别的公同共有物,学说上称为公同共有的潜在应有部分"。[②] 有的学者认为,共同共有和按份共有均为按份额共有,区别在于:在按份共有中共有人之间无特定的身份关系,或者说按份共有只存在财产关系,不存在身份关

---

① 李锡鹤:《论共有》,载《法学》2003 年第 2 期。
② 王泽鉴:《民法物权·通则·所有权》,中国政法大学出版社 2001 年版,第 377 页。

系。因此,按份共有人可随时退出共有关系,即向非共有人转让自己的共有份额。而在共同共有中,共有人之间存在特定的身份关系,或者说共同共有既存在财产关系,又存在身份关系,而身份关系是无法转让的。因此,在共同共有关系解除以前,共有人不能向非共有人转让自己的共有份额。实际上,正因为共同共有也是按份额的共有,在共同共有关系解体时,原则上共有人是平均分割共有财产,否则,这样分割就没有根据。我们认同关于共同共有财产中有潜在份额的观点,但认为其和按份共有中的份额有所不同。在共同共有关系存续期间,各共有人对自己在共有财产中所占份额虽无明确约定,但根据共同共有关系的特性,及将来分割共有财产的原则等内容,可以大体预测自己在共有财产中的比例,此种份额称为潜在份额较为恰当。但这一份额只是根据当前共有状况的基本预测,并不像按份共有中共有人所占份额那样准确,在将来分割共有财产时,是否能分得所预测的份额财产并不确定,还会受到许多其他因素的影响。但承认这一潜在份额的存在,也使共有人对自己在共同共有财产中所享有的利益有较为清楚的认识,有利于指导共有人保护自己的合法权益,似乎并无不妥。其实,我们认为这种争论实际的意义并不大,因为不管是否承认潜在份额,在共同关系存续期间,共同共有的财产都是不能随意进行分割的,是否承认份额对各共有人权利的行使并无任何影响和妨碍,而在共同关系结束分割共有财产时,虽然一般原则是平分但也要考虑一些特殊因素,如是否有过错、是否需要特别照顾、对财产贡献大小等,所以这时原潜在的份额也不会发挥什么作用。既然在分割前没有影响,分割时也没有什么影响,那么对这种潜在份额的争议也就没有实际意义了。

（2）如何理解法律对家庭共有财产不得随意分割的规定？

我国《物权法》第99条规定:"共同共有人在共有的基础丧失或者有重大理由分割时可以请求分割。"由此可见,共同共有人原则上不得请求分割共有财产,这是由于共同共有中人的结合关系比较密切,为了维持共同共有关系的稳定、和谐,不允许分割为原则,允许分割为例外。[①] 有学者认为,共同共有与按份共有的最重要区别不在于份额的有无,而在于共同共有人非

---

① 黄松有主编:《〈中华人民共和国物权法〉条文理解与适用》,人民法院出版社2007年版,第308页。

因共同生活等前提关系解除不得处分自己的应有份额,而按份共有除按目的或约定不能分割外,共有人可随时请求分割。因此,家庭共有财产一旦形成,通常情况下非因家庭共同生活的终止或者共同家计的解除,家庭成员不得擅自处分自己的份额,不论是事实上处分还是法律上处分。

我们认为,在家庭共有财产为共同共有的情况下,法律虽然对共有人的分割请求权予以限制,但亦非在不具备共有基础丧失或重大事由时一定不能分割。家庭财产关系是家庭成员之间的民事法律关系,当然要尊重当事人的个人意愿。如果经全体共有人的协商一致同意,在保持共同生活的情况下,也可以全部或部分分割共有财产或转为按份共有。[①] 法律作此规定的目的是为了限制家庭成员随意分割家庭共有财产的权利,以维持家庭生活的稳定存续和家庭成员的生存条件。即在共有基础关系依然存在且没有重大事由时,如果某家庭成员请求分割家庭共有财产,而其他家庭成员不同意的情况下,不能进行分割,若得到其他家庭成员的允许,当然可以进行分割。另外,对于何谓"重大事由"目前尚缺乏权威解释,多是学者们从理论上进行探讨。如当某家庭成员由于其侵权行为造成他人损害需要承担高额的赔偿费用,如果其个人财产没有或很少不足以承担全部责任,需要用家庭共有财产来赔偿,此时,其他家庭成员能否要求分割共有财产,以免自己的利益在此过程中受到损失。根据责任自负的原则,个人责任应当由个人财产来承担,其他人没有义务来替他承担,因此,其他家庭成员因此而请求分割家庭共有财产应当属于"重大事由"。

三、家庭共有财产的权利行使

(一)理论上关于家庭共有财产权利行使的观点

现行法律对家庭共有财产权的行使制度未做明确规定,而家庭消费又是社会消费的主要因素,这就对现代市场经济和市场交易造成了极大的不安全隐患。如家庭成员中哪些人代表家庭实施的交易行为是有效的?哪些人的交易行为是无效的?应当采取什么样的交易方式?只有明确规定家庭共有财产权的行使制度,才能切实保障交易安全,也保障家庭成员的合法

---

① 朱凡:《论我国家庭财产关系的立法缺陷及其完善》,载《西南民族大学学报》2004 年第 4 期。

利益。

关于家庭共有财产权的行使应当采用何种方式,我国法学理论界有以下五种不同观点。第一种观点即通说认为,家庭共有财产权的行使应适用普通共同共有的一般原理。易言之,对家庭共有财产的处分、使用、分割应取得所有家庭成员的同意,任何家庭成员都不得随意处分家庭财产,这种观点认为家庭共有财产具有一般共同共有的性质,当然应适用普通共同共有的一般原理。但是,将该种制度与实践结合可想而知效率会非常低。实践中以家庭名义或为家庭利益实施的民事行为非常普遍,如果要求所有的行为都要经过全体家庭成员的同意才能实施且有效,那么生活中大多数的行为效力都是有缺陷的,显然这种考虑和制度设计严重脱离现实,不能准确规范家庭及家庭成员在生活中的民事行为。第二种观点认为,家庭共有财产在性质上属于结合的共同共有,因此,每个家庭成员均有权行使家庭财产权。即家庭成员对家庭共有财产进行使用、处分、分割时,无需经过所有家庭成员的同意,无行为能力和限制民事行为能力人应由其监护人行使权利。这种家庭财产权行使制度虽然可以有效保障交易中第三人的利益(既然每个家庭成员都可行使权利,第三人就不必担心交易行为的有效性),但是这种制度对家庭财产权的保护却是不利的。因为如果每个家庭成员都可以行使家庭财产权,那么家庭共有财产实际上就变相成为每一个家庭成员的个人财产;如果任由每一个家庭成员任意处分家庭共有财产,势必会损害其他家庭成员的利益,并容易造成家庭矛盾,从而不利于家庭关系的稳定与和谐。第三种观点虽然也认为家庭共有财产属于特殊的共同共有财产,但其主张采取家庭代理制来克服第二种观点的不足。在具体的制度设计上,其实际上认为家庭共有财产与普通共同共有无异。因此所谓的家庭代理制,仍然强调任何一个家庭成员在行使家庭财产权时,都必须经全体家庭成员共同委托授权,否则即为无效。这种观点本质上与第一种观点并无区别,其进步之处在于通过严格的家庭代理制度设计,在一定程度上较为有效地保护了第三人利益。但在实践中该种制度不仅难以实施,而且可能在很大程度上会人为增加交易成本。第四种观点主张应当建立一种新型的家长制来行使家庭财产权,该观点认为新型的家长制与封建家长制不同。在新型的家长制中,家长不是自然产生的,而是经过所有家庭成员选举产生的,并向有关部门进行登记,配发相关身份证明。如要变更家长人选,也应向有关部门办理相关变更手续。① 家长代表家庭成员管理家庭财产,负责交纳与家庭财产有关的费用。其他家庭成员只有在家长授权下才能行使家庭财产权,在未经授权的情况下,家长有权否定其他家庭成员的交易行为,也有追认其交易行为的权利。同时,家长有义务保证家庭财产的安全,其他家庭成员也可以对家长进行监督,并有权提出更换家长。家长还可以在其他有关家庭生活的活动中发挥作用。② 我们认为此种制度设计虽然看起来非常严密,也具有操作性,但在实践中能否真正适用却值得怀疑。法律制度的设计不是凭空想象出来,需要符合社会实践的特点和要求,否则在实践中不被大家所认同,则该制度的价值就难以发挥出来。在当前人们的法律意识尚比较淡薄的情况下,要求每个家庭通过民主选举推选出家长并去相关部门办理登记的做法难以全面实行,况且对于家庭这样一个成员之间关系紧密的组织来讲,没有必要要求其内部按照合伙组织那样进行规范和管理,因为维系他们之间关系的是血缘或者婚姻,是相互之间的特殊情感和信任。第五种观点认为,对共同共有财产的处分采用少数服从多数的原则比较合理。该观点认为《物权法》第 97 条关于共有财产处分的法律规定存在严重的问题,如果共有人共同共有的物从属于一个基于具体的共同关系所形成的共同财产之中,那么对该共有物的处分,应该优先适用共同关系人对共同财产的管理和处分所设定的规则以及法律的规定,而不能适用第 97 条的规定。与按份共有相比,多数决原则在共同共有物的处分中其实更有理由被接受。③ 在共同共有物的处分中,多数决原则并不侵犯单个共有人的处分权,因为在共同共有中,共有人对共同财产(包括处于共同财产中的物)享有的是价值意义上的抽象的份额。④ 由此得出,在行使家庭共有财产权时应按照多数决的原则,由于共同共有中没有明确的比例份额的划分,所以此处的多数决并非以所占份额为标准而是以共有人人数的多数为标准。

---

① 田野:《家庭财产制研究》,载《河南省政法管理干部学院学报》2006 年第 1 期。

② 同上。

③ 关于台湾地区在实践中如何弱化共同共有物的管理、利用,甚至是处分行为时候的一致性要求,参见谢在全:《民法物权论》(上册),中国政法大学出版社 2000 年版,第 333 页以下。

④ 薛军:《〈物权法〉关于共同共有的规定在适用中的若干问题》,载《华东政法大学学报》2007 年第 6 期。

（二）如何设计家庭共有财产的权利行使方式

如前所述,共同共有与按份共有相比最重要的特点在于其以共同关系的存在为前提,不同的共同关系产生的共同共有类型不同,具体的权利行使方式也有所不同。我们认为基于家庭共有财产存在于家庭这一种特殊环境之下,在规范权利行使时应具有不同于其他共同共有的特点。因此,家庭共有财产权利的行使方式和规则应从家庭内部关系和家庭外部关系两个方面来设计。

（1）就家庭内部关系来讲,既然家庭共有财产属于全体家庭成员共同共有,原则上应由全体家庭成员共同决定权利行使,但为了提高交易效率,可以灵活设计具体规则,采用家长代行主要管理职权、家庭成员监督、重大事务方面集体决策的方式进行管理更为合理和有效,即保证了全体家庭成员的个人意志的尊重和利益的保护,同时也提高了财产管理的效率,有利于促进家庭的和睦和家庭共有财产的增加。

其一,由全体家庭成员一致推选一名家长作为家庭财产的管理人和主要事务执行人,当然一般是推选家庭中辈分高、能力强、责任心强、能够很好地管理整个家庭事务的成员。此处的家长与户口登记簿上的"户主"并不完全相同,可以是户主,也可以不是户主。比如在农村家庭一般是以男性为主娶妻生子分家单过,所以男性是户口登记簿上的户主,由于农村主要依靠体力劳动,男性在生产经营活动中占据主要地位,因此多是推选家庭中的男性长辈作为家长,俗称为"当家人"管理家庭一切事务也包括财产事务,此时的家长和户主是一致的。但也有很多家庭由于各种原因,登记的"户主"不一定是男性,如在城市家庭户口登记多是依靠单位,所以如果依靠男性单位则男性为户主,如果依靠女性单位进行户籍登记,则女性为户主。因此,推选家庭主要事务的执行者即家长主要是看其个人的素质、能力及责任心等状况,与其是否为户主没有多大关联。

其二,家庭中的重大事务由家长召集家庭成员进行共同协商决策,一般性事务由家长或其他有相应行为能力的家庭成员单独实施即可,如购买家庭生活用品,进行家庭一般消费等行为,每个具有相应民事行为能力的人都可以单独实施,不必非要征得家长的同意。

其三,家长的主要职责是对整个家庭共有财产进行全面有效管理,包括收入的统计、保管、分配和合理支出等,目的是充分发挥家庭共有财产的价值,既要满足全体家庭成员的基本生活需求和发展需求,也要注意通过多种方式和手段来增加家庭财产,获取更多的财产利益。

其四,其他家庭成员有监督家长的管理权行使的资格,对于家长实施的财产处分不当行为可以通过召开家庭会议的方式进行讨论和表决。即现在的家长非过去传统家庭的家长,其并没有绝对的权利和权威,家长和其他家庭成员的地位是平等的,只是具有了更多的管理职责。如果家长不能很好地管理家庭共有财产,那么其他家庭成员可以通过召开家庭会议的方式改变家长人选。

其五,对于家庭中不具有完全民事行为能力的成员,由其法定代理人代其行使权利发表意见,但不得损害被代理人的个人利益。由于法定代理人在家庭共有财产中也有自己的个人利益,甚至有时会和被代理人的利益存在冲突,所以需要做此限制。但我们认为,此处的不得损害被代理人的个人利益要做综合考量,进行横向比较后认定,不能简单的认为只要对其个人财产有影响,就认为损害其利益了。要综合家庭的整体财产状况和决策对其他家庭成员个人利益的影响状况,如果对全体家庭成员都有相同的影响,而非专门损害其个人利益,那么就不能认定为此种情形。

(2)家庭共有财产所产生的外部关系,是指在行使家庭共有财产权的过程中,家庭及家庭成员与第三人所形成的关系。对于此种关系的处理应当按照一般民事法律规范的要求,不能再强调家庭的特殊性。因此关于家庭特殊规则的适用只能是在家庭内部关系中,对外,家庭作为一般民事主体与其他民事主体进行交易产生民事法律关系,则适用《合同法》《物权法》及《侵权责任法》等相关规则。但是,此处往往涉及一个内外关系如何衔接的问题,即家庭内部的特殊规则与家庭对外产生的法律关系可能会出现不相协调之处。

其一,在判断家庭成员和第三人之间就家庭共有财产实施的交易行为效力和结果如何时,一般要遵循《合同法》和《物权法》的相关规定。由于家庭成员之间具有特殊的紧密关系,在具体的权利行使方式上,对于第三人来讲很难能准确了解家庭成员之间究竟采用何种方式处理家庭共有财产,如果要求第三人在与某家庭成员进行交易时,都需要去调查了解其实施的行为是个人行为还是代表家庭利益的行为,若属于代表家庭利益的行为是否取得了其他家庭成员的同意,既会打击第三人的交易积极性和信心,也会严重影响交易效率和交易秩序,且在很多情况下实无此必要。但如果在交易过程中不对第三人有任何特殊要求,而认为行为一律有效,又可能会导致部分家庭成员擅自处分家庭共有财产而随意损害到其他家庭成员的利益。因此,在保护第三人的利益、维护交易安全与保护家庭成员的利益、维护静态的财产安全方面需要进行利益的权衡和协调。

我们认为,结合我国《物权法》关于物权归属和物权变动的有关规定,对于家庭成员实施的财产处分行为要区分动产物权和不动产物权,按照各自不同规则要求区别对待。对于动产物权来讲,占有是判断物权归属的公示方法,如有相应民事行为能力的家庭成员基于对动产的占有实施财产处分行为,第三人无需追查该财产是否为家庭共同所有及该行为是否是全体家庭成员共同协商一致的。而且对于家庭成员处分动产物权的行为,往往是价值不大的一般财产处分行为,第三人无需对其进行询问和调查,只要在其行为能力范围内所实施的都应当属于有效行为。此种处分行为往往数额不大,属于日常生活中的普通行为,发生较为频繁,若事事需要查询是否经过其他家庭成员的同意会妨碍交易进行,影响交易效率,对第三人造成沉重负担。如果家庭成员对家庭共有财产实施的是重大处分行为,如对不动产房屋的处分,则就其内部来讲应当经过全体共有人的协商一致,对外来说应当符合一般民事规范的要求。由于此种行为往往涉及的财产数额较大,对家庭成员的利益影响也较大,且发生频率不是很高,所以要求第三人对此类行为进行一定的审查也属正当,此举同时兼顾了其他家庭成员的利益安全。按照《物权法》的规定,不动产物权的公示方式是登记,当然就我国的实际情况来看,城市和农村还存在较大的差别,城市的不动产登记制度已经比较完善,因此对第三人来讲需要按照登记所公示出来的物权状况进行交易;而农村房屋的登记制度尚不完善,很多房屋并没有进行登记,无法根据登记来判断权利状况,但农村中的房屋买卖一般也只限于本村集体经济组织内部,因此交易双方完全了解情况,交易行为也往往是双方的户主即家庭中的家长来实施,因此能较好地满足法律的要求。但是对于家庭成员以货币购买价值较大物品的行为则应当特殊对待,由于货币所具有的特殊性即货币的所有权与占有是统一的,所以当持有货币去购买价值巨大的财物(如房屋、汽车等)时,对于出卖人来讲无需调查该货币的来源、性质及是否得到其他共有人的同意。这是基于货币的特殊性而产生的结果。所以,一般所讲的对家庭共有财产的重大处分行为,多是指对以实物形式存在的家庭财产进行处分,而不包括以家庭共有的货币进行的财产购买行为。

其二,在判断家庭成员与第三人之间就家庭共有财产实施的交易行为效力及结果如何时,还要兼顾家庭内部的权利行使情况。如果从家庭内部来讲,某家庭成员的处分行为超出了其享有权利的范围,则对外发生的效果如何?关于部分家庭成员擅自处分家庭共有财产的性质和效力问题,较早的法律规定是《民通意见》第89条:"共同共有人对共有财产享有共同的权利,承担共同的义务。在共同共有关系存续期间,部分共有人擅自处分共有财产的,一般认定无效。但第三人善意、有偿取得该项财产的,应当维护第三人的合法权益;对其他共有人的损失,由擅自处分共有财产的人赔偿。"在《合同法》制定过程中,《合同法(草案)》第三稿曾经将未经其他共有人同意而出卖共有物与无权处分行为一并规定,而在后面的修改稿中又将其删去,这一做法更加引起了对于部分共有人擅自处分共有财产的行为是否为无权处分的争议。一种观点认为,共有人未经其他共有人同意而出卖共有财产,与出卖他人之物、出租他人之物、以他人财产设定抵押或其他权利负担等,都属于无权处分类型。① 因此,按照《合同法》第51条的规定也属于效力待定的行为,该观点为大多数民法学教材的通说。而我国著名民法学者梁慧星教授认为,虽然《合同法(草案)》第三稿,曾经将未经其他共有人同意而出卖共有物与无权处分行为一并规定,而后面的草案将其删去,说明立法思想有所修正,认为共有人未得其他共有人同意而出卖共有物,不属于无权处分,而属于存在权利瑕疵,因此不适用《合同法》第51条的规定,买卖合同应当有效②;也有人主张,共有人若"以自己的名义"擅自出卖共有物,不论买卖双方善意与否,买卖合同均为有效,但买卖双方恶意串通的,合同无效。若以"全体共有人的名义"出卖全部共有物的视为无权代理或表见代理处理。③ 针对认为部分共有人擅自处分共有物不属于无权处分的观点,有学者提出以下质疑:第一,共有是两个以上的人对同一项财产享有所有权。按份共有人可以处分属于自己的份额,无权处分属于他人的份额;共同共有人对

---

① 韩世远:《无权处分与合同效力》,载《人民法院报》1999年11月23日。
② 梁慧星:《物权变动与无权处分》,载《民商法理论争议问题——无权处分》,中国人民大学出版社2003年版,第50页。
③ 李建伟:《国家司法考试专题讲座系列——民法62讲》,人民法院出版社2006年版。

财产要进行共同处分,不能单独处分共有物。在按份共有人处分了他人的份额,共同共有人单独处分了共有物时,如果不认为其是无权处分,那自然是有权处分,其处分权从何而来呢? 第二,《合同法(草案)》第三稿把擅自出卖共有物与无权处分一并规定,恰好说明擅自出卖共有物不属于无权处分,就像合同法对无权代理和表见代理进行分别规定一样。而后面的草案将其删去,也可以说修正了擅自出卖共有物不属于无权处分的立法思想。[①]

我们认为部分共有人擅自处分共有物的行为是否属无权处分行为,关键是看它是否符合无权处分行为的内涵和特征。首先,该行为中存在特定的权利人即其他共有人,因为共有人处分了属于他人享有处分权的财产或份额,并可能损害到他人的利益;其次,部分共有人虽然不能说没有处分权,但其实施处分行为时超出其权利范围,究其本质来讲仍是无权处分,和完全的无权处分相比,只有量的不同,没有质的区别;所以,只要部分共有人是通过合同方式实施了处分共有财产的行为,就应当构成无权处分。[②] 而且从我国无权处分的立法发展来看,最先就是从部分共有人擅自处分共有物开始规定的。当然在出现擅自处分共有财产的情况下,还是要注意其是否符合无权处分的特征,如是否以自己的名义实施处分行为。实践中,对于共有物的擅自处分可能会有两种情况:一是以自己的名义进行处分,则其符合无权处分的要求,属于无权处分行为;另一种是以全体共有人的名义进行处分行为,则就应按无权代理进行对待,也有可能构成表见代理。另外,鉴于家庭内部的特殊关系,不宜动辄就将家庭成员处分家庭共有财产的行为定性为无权处分行为。结合前面对家庭内部关系的分析,我们认为,对于一般的处分家庭共有财产行为,只要符合物权公示的基本要求,就应当认定为有权处分;只有在处分的财产价值较大、对家庭影响较大的情况下,尽管公示的物权状况符合物权法的规定,但实际上该财产为家庭共有财产且按照家庭内部管理规则需要全体家庭成员协商一致才能处分时,此类行为才能认定为无权处分行为,从而限制该行为的效力和物权变动的法律后果的发生。

---

① 　参见傅翠英、胡春雨:《论无权处分法律关系及其调整》,载《民商法理论争议问题——无权处分》,中国人民大学出版社 2003 年版,第 407 页。
② 　肖立梅:《无权处分制度研究》,山东大学出版社 2009 年版,第 99 页。

四、家庭共有财产的分割

尽管家庭共有财产的存续具有一定的稳定性和长期性,但其往往也会由于某种原因的发生而予以终结。为了保护家庭成员的合法权益,能够在分割家庭共有财产时和谐、融洽地解决问题,对家庭共有财产的分割原因、分割的客体范围、分割方式及分割效力发生的具体时间点等问题都应当进行深入的研究和规范。

(一) 家庭共有财产的分割原因

为保障家庭的稳定存续,法律对于家庭共有财产的分割原因大多进行了一定限制,多数国家和地区的民法都规定,共同共有人不得请求分割共有物,以保持共有关系。传统民法也坚持这样的理论。[①] 我国《民通意见》第90 条规定:"在共同共有关系终止时,对共有财产的分割,有协议的,按协议处理;没有协议的,应当根据等分原则处理,并且考虑共有人对共有财产的贡献大小,适当照顾共有人生产、生活的实际需要等情况。但分割夫妻共有财产,应当根据婚姻法的有关规定处理。"我国《物权法》对共同共有财产的分割原因进行了突破,其中第99 条规定:"共同共有人在共有的基础丧失或者有重大理由需要分割时可以请求分割。因分割对其他共有人造成损害的,应当给予赔偿。"允许共同共有人在特殊情况下请求分割共有物,同时保持共有关系。所以,我国目前关于家庭共有财产的分割原因应当存在以下三种:第一种是共同共有人自愿达成分割协议而分割家庭共有财产,此种分割的特点是基于全体共有人的一致同意,所以法律并无强制干涉的必要,可以将家庭共有制变更为分别财产制,仍然维持相互之间的共同生活关系。第二种是共有的基础丧失,即家庭成员之间要结束共同生活关系,进行分家析产,此为分割家庭共有财产的主要原因,因为家庭共有财产的产生是基于家庭成员的共同生活,如果家庭成员不再共同生活,则维持家庭共有财产显然没有必要,需要进行分割。此种分割原则上不需要共有人的请求或协商,是分家的必然结果。第三种是有重大理由需要分割,此种情况并非要结束共同生活关系,而是将属于某家庭成员的财产从家庭共有财产中分割出来,

---

① 黄松有主编:《〈中华人民共和国物权法〉条文理解与适用》,人民法院出版社 2007 年版,第 308 页。

变共同财产制为分别财产制,也可以是其他家庭成员仍然维持共同共有关系,由家庭共有变为部分家庭成员共有。此种分割原因的特殊之处在于此种分割往往基于某家庭成员的请求,在其他家庭成员不同意的情况下,如果司法审判中认为符合法律规定的重大事由也可以允许予以分割。具体的情形可以是某家庭成员由于特殊情况或个人的特殊需要请求分割家庭共有财产,也可以是其他家庭成员为了避免自己的个人利益受到他人行为的牵连而请求分割家庭共有财产。依《瑞士民法典》的规定,家庭共有关系在下述情况下终止:(1)当合意终止或通知终止时;(2)当定期共有关系期限届满时,但默示继续存在共有关系的,不在此限;(3)共有人中一人的共有财产被扣押,且已受作价处分时;(4)共有人中一人破产时;(5)共有人中一人因重大原因请求终止时。[①] 其中第(1)(2)种原因均反映了全体共有人的共同意愿,所以已包含在我国法律中所规定的共有人的约定当中,第(4)种原因在我国立法中尚不存在,第(5)种原因与我国法律中关于"重大理由"下共有人的请求分割相一致。我们认为,瑞士民法中关于家庭共有关系终止的第(3)种原因值得我们借鉴,即当由于某家庭成员的个人违法犯罪行为,需要对其财产进行处罚或承担民事赔偿责任时,如果行为人没有独立的个人财产,则需要以家庭财产来承担责任,但应当保护其他家庭成员的利益,将属于其个人所有的财产从家庭共有财产中分割出来,然后再予以执行。

(二)界定分割家庭共有财产的时间

由于引起家庭共有财产分割的原因与家庭共有财产进行实际分割往往并非同时发生,确定家庭共有财产的分割时间就应遵循一定规则。而明确分割家庭共有财产的时间,直接影响到家庭共有财产的客体范围,对于分割共有财产具有重要意义。依此时间为准,以后的财产不再作为家庭共有财产。[②] 不同原因导致的家庭共有财产关系的终止,其时间点的确定应有所不同。《瑞士民法典》关于家庭共有财产的分割规则作了如下规定:(1)家庭共有财产的分割或对被除名的共有人的财产的清算,应以终止原因发生时

---

① 《瑞士民法典》,殷生根、王燕译,中国政法大学出版社1999年版。
② 杨立新:《共有权研究》,高等教育出版社2003年版,第274页。

的财产状况进行。（2）在不合时宜时,不得请求进行前款的分割及清算。①应以共同生活终止时的财产状况进行分割。我国对此缺乏相应规范,我们认为,对于通过第一种原因引起家庭共有财产关系终止的,应以全体共有人达成协议时作为确定家庭共有财产范围的时间点;对于通过第二种原因引起家庭共有财产关系终止的,应以实际进行分家时的财产状况作为标准;对于第三种原因引起的,应以某家庭成员提出分割家庭共有财产请求时作为确定家庭共有财产范围的时间点。

（三）家庭共有财产的分割原则和具体方式

根据我国《物权法》第100条的规定,共有人间请求分割共有物的方法有协议分割和裁判分割两种。对于分割家庭共有财产来讲亦是如此,家庭成员之间就共有财产的分割能够达成协议的,则根据协商确定的分割方式进行,哪些家庭成员分得多些,哪些家庭成员分得少些,法律并无强行干涉之必要。如果家庭成员之间不能达成一致协议,就只能通过裁判的方式进行分割,此时就应当按照一定的规则来进行。我们认为,在以裁判方式分割家庭共有财产时应当遵循以下原则:

（1）平等分割的原则。所谓平等分割并非是平均分配,而是说作为家庭共有财产的权利人均有权分得相应的财产。我国封建社会实行诸子均分制,并非所有家庭成员都作为权利主体参与分配财产,而是以家庭中的男子作为分割财产的对象,进行均分,这种分家方式对社会影响极大,在广大农村至今还在使用。现代社会强调个人本位主义,每个自然人都是独立的主体,能独立享有权利和承担义务,所以家庭中所有成员包括妇女、老人和儿童,都应当作为独立的权利主体参与分割共有财产。

（2）以贡献大小进行公平分割的原则。尽管在确定家庭共有财产权利归属时,从家庭的和睦、团结及家庭的特殊关系角度考虑,确定全体家庭成员都是家庭共有财产的权利人,但在分割家庭共有财产时,应当考虑各家庭成员对家庭共有财产的形成、积累方面所做的不同贡献,应当体现出多劳多得、权利与义务相一致、公平合理的原则,从而保护家庭成员在创造财富时的主观积极性。尤其是在现代模式的家庭共有财产中,由于家庭共有财产

---

① 《瑞士民法典》,殷生根、王燕译,中国政法大学出版社1999年版,第91页。

的形成主要是依赖家庭成员将其个人财产让渡出来,所以在分割家庭共有财产时,更需要对个人的贡献大小特别予以考虑。

（3）照顾弱势家庭成员的原则。要充分体现出家庭养老育幼的功能,分割共有财产时适当照顾没有劳动能力又没有生活来源的家庭成员。[①] 同时,在分割家庭共有财产后,如果弱势家庭成员的生活受到一定影响,可以根据法律规定要求具有扶养义务的近亲属承担扶养义务,满足自己的基本生活需求。

在家庭共有财产的具体分割方式上,应当以效益最大化为指导原则,在我国,应按照《物权法》第100条规定的分割共有财产的三种方法进行,即实物分割、变价分割和作价补偿。我国物权法以"定分止争、物尽其用"作为立法宗旨。所谓"物尽其用",即物权法律关系的设立、变更、消灭都要以发挥物的最大效用与最大经济效益为主要目标,从而使有限的资源得到最充分的利用。共有财产的分割也应当以效益最大化作为追求的价值目标,通过有效率的分割方法,使分割后的共有财产的效用得到充分发挥,体现最佳的经济效益。[②] 分割共有财产的三种具体方法各自适用不同的情形,根据需要分割财产的具体情况来定。实物分割往往是分割共有财产时首先要考虑的一个方法,其适用的条件包括从物理属性上来看,共有财产可以进行实物分割,从经济价值来看,不会因分割减损其共有财产的价值。由于家庭共有财产的客体范围广泛,既包含有形态各异、价值不同的财物,也包含有各种财产性的权利,所以家庭成员在价值划分无异议的情况下,可以根据家庭成员的个人需要将全部财产分成几部分,分别由不同家庭成员取得,此种方式虽和法律规定的实物分割不完全相同,但也能产生实物分割的法律效果,应当提倡使用。对于变价分割和折价补偿的方式,都适用于从物理属性上对共有财产难以进行分割,或者虽然可以进行分割,但从经济价值来看又会减损共有财产的价值等情况。

---

① 田野:《家庭财产制研究》,载《河南省政法管理干部学院学报》2006年第1期。
② 黄勤武:《共有财产分割的法律适用及立法完善》,载杨立新、刘德权主编:《物权法实施疑难问题司法对策》,人民法院出版社2007年版,第380页。

第五节　家庭成员之间的关系类型

一、家庭成员之间的基本亲属关系类型

在民法的调整范围内,家庭成员之间存在着两种最基本的法律关系,即人身关系和财产关系,而此处之人身关系则是以亲属制度中的亲属关系为基本。亲属关系是人生而就有的,是最基本的社会关系,也是法律调整的基于自然人的特定身份而产生的关系。亲属人身关系是基于一定的法律事实如出生、结婚、收养等而发生的,也因一定的法律事实而终止,如死亡、离婚、解除收养等。根据我国《婚姻法》第三章"家庭关系"的规定,凡是该章所规定的亲属关系都属于我国民事法律中的近亲属,这些亲属之间的人身关系都受到法律的调整,并且往往都是家庭的组成成员。具体包括这样几种类型:父母子女关系、夫妻关系、兄弟姐妹关系和祖孙关系。

(一) 父母子女关系

父母子女关系因出生或收养而发生,是亲属关系中最近的直系血亲关系,也是家庭关系中的重要组成部分,是最亲近的直系血亲关系。父母子女关系又由于子女是否成年能独立生活而导致关系密切程度和内容有所不同,父母与未成年子女之间的关系要更为密切,一般称为亲子关系或亲权。子女成年后由于具有了独立的民事行为能力,和父母的关系相对疏远一些,但在父母年老体弱需要照顾时,父母子女的关系又会表现得密切。这些内容体现在法律规定上,则是父母对未成年子女有抚养教育的义务,而成年子女对父母有赡养扶助的义务。

我国古代实行家族主义,子女受家长的支配,并须绝对服从父母,所以父母子女之间的关系并不是建立在平等的基础上。随着社会的发展和思想观念的不断进步,父母子女之间的关系才朝着尊重子女、保障子女利益、男女平等的方面发展。新中国成立后,1950 年《婚姻法》专章规定了"父母子女间的关系",规定父母对子女有抚养教育的义务,子女对父母有赡养扶助的义务,双方均不得虐待或遗弃,并且规定父母子女有相互继承遗产的权利。1980 年《婚姻法》在规定父母对子女有抚养教育和子女对父母有赡养

扶助义务的同时,增加了一方不履行义务时另一方有请求的权利,子女的姓氏权,父母对未成年子女的管教和保护的权利义务及造成他人损害时的赔偿责任。随着改革开放政策的深入发展,市场经济在给经济生活带来丰厚利益的同时,也影响到了人们在婚姻家庭方面观念的转变。《婚姻法》中原本就过于抽象的有关亲子法律的规定,更显得苍白无力,难以应付这一迅速发展变化的现实。① 2001 年修订的《婚姻法》进一步强调了父母子女间民主平等的权利义务,将 1980 年《婚姻法》中"父母有管教和保护未成年子女的权利和义务"修改为"父母有保护和教育未成年子女的权利和义务",突出了父母对未成年子女的保护和教育职责是以对未成年子女的人格尊重为基础的。2001 年修订的《婚姻法》还将 1980 年《婚姻法》中"在未成年子女对国家、集体或他人造成损害时,父母有赔偿经济损失的义务"修改为"在未成年子女对国家、集体或他人造成损害时,父母有承担民事责任的义务",实现了与民法上民事责任制度的衔接。我国《民法通则》和《侵权责任法》还规定了监护人对于被监护人造成他人损害的民事责任承担,如果被监护人有财产,则从本人财产中支付赔偿费用,不足部分由监护人承担。立法的逐步改变表明了将父母和子女作为各自独立民事主体的立法理念,他们有自己独立的权利、义务和责任,相互间基于这种特殊亲属关系有抚养义务、赡养义务和承担监护人的职责。

（二）夫妻关系

婚姻关系或称夫妻关系是家庭关系中最基本的关系,所以,在各国关于亲属关系的法律规定中往往将夫妻关系作为立法和研究的重点。夫妻关系包括夫妻人身关系和夫妻财产关系两大类。夫妻又称夫妇或配偶,指婚姻关系存续中的男女双方,在亲属法上配偶是处于核心地位的近亲属。在中国古代社会,为了维护"父权——夫权"家庭利益的需要,受男尊女卑封建思想的影响,妻子在家庭中没有独立地位,人身上依附于丈夫,遵守所谓"未嫁从父、既嫁从夫、夫死从子"和"妇德、妇言、妇容、妇功"的三从四德观念。

1931 年的《中华苏维埃共和国婚姻条例》明确了"男女婚姻以自由为原则,废除一切封建的包办强迫和买卖婚姻制度"和"实行一夫一妻,禁止一夫多妻",从婚姻的成立基础和婚姻的形式上体现了男女平等的思想。新中国

---

① 　杨大文:《亲属法》,法律出版社 2004 年版,第 208 页。

颁布的第一部婚姻法即 1950 年的《婚姻法》从基本原则的角度明确规定了
"实行男女婚姻自由、一夫一妻、男女权利平等、保护妇女和子女合法利益的
新民主主义婚姻制度"。在夫妻之间的人身关系方面,规定了夫妻在家庭中
地位平等,夫妻有互爱互敬、互相帮助、互相扶养、和睦团结、劳动生产、抚育
子女的义务。夫妻有各用自己姓名的权利,有选择职业、参加工作和社会活
动的自由,夫妻之间有互相继承遗产的权利。第一次从立法上较为全面地
规范了夫妻之间平等的人身关系。1980 年《婚姻法》在延续 1950 年的《婚
姻法》关于男女双方权利平等的观念的同时,又进一步发扬光大,增加规定
了第 16 条"子女可以随父姓,也可以随母姓";第 14 条"夫妻有互相扶养的
义务,一方不履行扶养义务时,需要扶养的一方,有要求对方付给扶养费的
权利"。2001 年修订的《婚姻法》在夫妻人身关系上基本没有改变,说明我
国已经在法律上建立了较为全面的夫妻人身关系,夫妻关系中男女双方地
位完全平等,各自具有独立的人格,具有自己独立的权利和一定的社会活动
自由。

　　(三) 兄弟姐妹关系

　　在亲属法上,兄弟姐妹属于最近的旁系血亲。在 1980 年以前的婚姻立
法中,并没有关于兄弟姐妹之间的关系规定,如 1950 年《婚姻法》仅规定了
夫妻关系和父母子女关系。在 1980 年《婚姻法》的"家庭关系"一章中第 23
条规定:"有负担能力的兄、姊,对于父母已经死亡或父母无力抚养的未成年
的弟、妹,有抚养的义务。"2001 年修订的《婚姻法》中对该条款又进行了一
定补充,第 29 条规定:"有负担能力的兄、姐,对于父母已经死亡或者父母无
力抚养的弟、妹,有扶养的义务。由兄、姐扶养长大的有负担能力的弟、妹,
对于缺乏劳动能力又缺乏生活来源的兄、姐,有扶养的义务"。从上述法律
规定中可以看出,兄弟姐妹之间的关系要比父母子女关系和夫妻关系疏远
一些,无论是兄、姐对弟、妹的扶养还是弟、妹对兄、姐的扶养都是有条件限
制的,并非必须承担。另外,在双方之间的扶养关系上,法律更侧重保护的
是兄、姐对未成年弟、妹的扶养,而弟、妹对年老的兄、姐的扶养则是以其被
扶养为前提条件的。关于兄弟姐妹之间的遗产继承关系则是规定在 1985
年颁布的《继承法》中,兄弟姐妹是作为第二顺序的继承人来继承遗产。

　　(四) 祖孙关系

　　与兄弟姐妹的关系一样,1980 年《婚姻法》中首次规定了祖孙关系,第

22 条规定:"有负担能力的祖父母、外祖父母,对于父母已经死亡的未成年
的孙子女、外孙子女,有抚养的义务。有负担能力的孙子女、外孙子女,对于
子女已经死亡的祖父母、外祖父母,有赡养的义务。"2001 年修订《婚姻法》
对此没有改变。关于祖孙之间的遗产继承关系同样是在《继承法》中予以规
定,与其他亲属之间的双向继承关系有所不同的是,祖孙之间的继承是单向
的,即祖父母、外祖父母是作为孙子女、外孙子女的第二顺序继承人,而孙子
女、外孙子女则是通过代位继承的方式来继承祖父母、外祖父母的遗产。当
然,从立法目的和效果来看,此种规定更有利于孙子女、外孙子女获得祖父
母、外祖父母的遗产。

从以上法律规定也可以看出,家庭的组成是以家庭成员之间存在的亲
属关系为基础,没有亲属关系的人之间往往不会组成法律意义上的家庭。
所以,对家庭的定义是"因婚姻、血缘或法律拟制而形成的组织体",因婚姻
而形成夫妻关系,因血缘而形成父母子女关系、兄弟姐妹关系和祖孙关系,
因法律拟制即收养而形成养父母子女关系、养兄弟姐妹关系和养祖孙关系。
当然,实践中的家庭类型也并非包括所有这些亲属关系,可能仅包括其中的
一种关系或几种关系,如夫妻关系和父母子女关系,尤其在我国长期实行计
划生育政策以及家庭类型越来越向核心化发展的趋势下,同时存在这几种
亲属关系的家庭越来越少。

二、家庭成员之间以亲属关系为基础形成的财产关系类型

(一) 家庭成员之间的扶养关系

亲属关系的一个重要的内容就是亲属扶养,任何社会都会存在着老、
弱、病、残、幼等丧失劳动能力或没有独立生活来源的弱势群体,亲属扶养一
直担负着对亲属中的弱者给予基本生活保障的重要角色,扶养制度是弱者
保护体系中的重要法律制度,家庭则是亲属扶养的结构载体。法律意义上
的亲属扶养,有广义和狭义之分,广义上的扶养泛指特定亲属之间根据法律
的明确规定而存在的经济上相互供养、生活上相互扶助照顾、精神上相互慰
藉的权利义务关系,囊括了长辈亲属对晚辈亲属的抚养、平辈亲属之间的扶
养和晚辈亲属对长辈亲属的赡养等三种具体形态。狭义的扶养则专指平辈
亲属之间尤其是夫妻之间依法发生的经济供养和生活扶助的权利义务关
系。在说到亲属扶养时,应包括扶养、抚养和赡养三种类型,采用其广义含

义,在具体说到三种类型时,则采扶养之狭义含义。

亲属之间的扶养是基于他们之间的亲属关系(如父母子女关系、夫妻关系、兄弟姐妹关系、祖孙关系等)而产生的财产关系,因为扶养更多地表现为经济上的供给,但与亲属关系又有非常密切的联系,即只有具有特定亲属关系的人之间才有这种扶养的义务。亲属扶养关系所依据的法律通常为强制法,法律根据亲属模式、家庭结构、经济发展水平和社会保障水平以及传统习惯,以强制性规范明确规定亲属扶养关系的范围、扶养关系中权利义务内容以及实际扶养的顺序和条件等内容。

1. 亲属扶养的主体范围

配偶之间具有相互扶养的义务。扶养义务是婚姻的本质要求,如果男女双方没有相互之间的扶助和供养,则婚姻也无法存续,各国法律都规定"在夫妻关系存续期间,夫妻之间具有互相扶养的义务"。有些国家甚至还规定"离婚后一方对另一方的扶养",虽然此时双方已不再有配偶身份,这种扶养可以视为配偶间扶养关系的延伸。如《德国民法典》规定夫妻一方在离婚后不能自行扶养的,对另一方依法享有扶养请求权。我国《婚姻法》第33条也规定:"离婚时,如一方生活困难,另一方应给予适当的经济帮助。"

直系血亲之间具有相互扶养的义务。各国民法都规定了直系血亲之间的相互扶养关系,如《德国民法典》第1601条规定,直系血亲负有相互给予扶养的义务;《日本民法典》第877条规定,直系血亲及兄弟姐妹之间有相互扶养的义务;《法国民法典》第205条规定,子女在父母或其他直系尊血亲有需要时,应负赡养义务;第207条规定,依这些规定而产生的义务是相互的。我国《婚姻法》规定了父母对子女的抚养教育义务和子女对父母的赡养扶助义务,同时也规定了一定条件下的祖父母、外祖父母和孙子女、外孙子女之间的扶养关系。该法第28条规定:"有负担能力的祖父母、外祖父母,对于父母已死亡或者父母无力抚养的未成年孙子女、外孙子女,有抚养的义务。有负担能力的孙子女、外孙子女,对于子女已死亡或子女无力赡养的祖父母、外祖父母,有赡养的义务。"

关于旁系血亲之间的扶养关系,各国立法有所不同。德国民法典和法国民法典均未规定兄弟姐妹及其他旁系血亲之间的扶养关系,而《瑞士民法典》第328条和《日本民法典》第877条则规定了兄弟姐妹之间的扶养关系。

但是由于兄弟姐妹之间的关系毕竟属于旁系血亲,关系比起直系血亲来说要疏远一些,因此各国法律也都限定了一定的条件,如《瑞士民法典》第328条"兄弟姐妹间,无充分财力的,不负扶养义务"。我国《婚姻法》第29条也规定了兄弟姐妹之间一定条件下的扶养关系。

关于姻亲之间是否有扶养关系,尤其是直系姻亲即儿媳与公婆、女婿与岳父母之间是否存在扶养关系,各国立法和实践有很大不同。依法国民法典和意大利民法典的规定,姻亲之间也存在扶养关系。《意大利民法典》第433条规定:"承担给付抚养费、扶养费、赡养费义务人顺序如下:(1)配偶;(2)婚生子女、准正子女、私生子女、养子女,在上述子女死亡的情况下,包括非婚生在内的近卑亲属;(3)父母;父母死亡的,包括非婚生血亲在内近尊亲属;养父母;(4)女婿和儿媳;(5)公婆与岳父母;(6)同父同母的兄弟姐妹和同父异母、同母异父的兄弟姐妹;同父同母的兄弟姐妹先于同父异母、同母异父的兄弟姐妹承担义务"。① 我国台湾地区法律规定:"同居生活的直系姻亲之间具有扶养的义务"。我国《婚姻法》中则没有明确规定姻亲之间的扶养关系,只在《老年人权益保障法》第11条第3款规定:"赡养人的配偶应当协助赡养人履行赡养义务"。据此看来,在我国法律中姻亲之间并不具有直接的扶养关系。

2. 亲属扶养法律关系的生效条件

关于亲属扶养关系的生效,一般认为需从两个方面来考虑,即受抚养人的需求和扶养人的负担能力。史尚宽先生认为:"扶养,谓一定亲属间有经济能力者,本于身份关系,对于无力生活者,应予以扶助维持。有扶养义务的,称为扶养义务人,有受扶养之权利者,称为扶养权利人"。如果没有权利人的扶养需要,就无所谓扶养权利和扶养义务,也就谈不上扶养成立的问题。② 如我国《婚姻法》对扶养需要也进行了相应规定,对于关系较近的父母子女和夫妻之间的扶养,从受扶养人的需求方面进行了限定,如父母子女之间的扶养关系,要求是"未成年的或不能独立生活的子女"和"无劳动能力或生活困难的父母",夫妻之间的扶养要求是"需要扶养的一方"。对于关系较远的兄弟姐妹和祖父母、外祖父母与孙子女、外孙子女之间则从扶

---

① 《意大利民法典》,费安玲等译,中国政法大学出版社2004年版。
② 高留志:《扶养制度研究》,法律出版社2006年版,第170页。

养人的能力和受扶养人的需要两个方面进行了限定,即"有负担能力的兄姐"对"父母已经死亡或者父母无力抚养的未成年的弟、妹"和"有负担能力的祖父母、外祖父母"对"父母已经死亡或父母无力抚养的未成年的孙子女、外孙子女"有扶养的义务。

3. 亲属扶养法律关系的内容

关于扶养关系的内容,一般认为应当包括经济上的供养、生活上的照顾和精神上的慰藉三个方面。然而我国《婚姻法》对扶养关系的调整仅体现为对相关费用的给付行为,即经济上的供养,而对于其他的扶养要求并未明确规定。如《婚姻法》第 20 条规定:"夫妻一方不履行扶养义务时,需要扶养的一方,有要求对方付给扶养费的权利。"第 21 条规定:"父母不履行抚养义务时,未成年的或不能独立生活的子女,有要求父母付给抚养费的权利。子女不履行赡养义务时,无劳动能力的或生活困难的父母,有要求子女付给赡养费的权利。"我国法律对扶养内容要求有所变化的是 2012 年修订的《老年人权益保障法》第 14 条第 1 款的规定:"赡养人应当履行对老年人经济上供养、生活上照料和精神上慰藉的义务,照顾老年人的特殊需要。"可见法律对于赡养的要求不再满足于经济上的供养,而是要求更加全面和广泛。这与我们社会生活状况有关,过去生活条件差,能够得到经济上供养已经比较满足了,随着人们物质生活水平的提高,越来越多的老年人对于赡养的要求不再局限于经济上供养,甚至很多老人不再需要经济上的供养,更需要的是精神上的慰藉。《老年人权益保护法》第 18 条规定:"家庭成员应当关心老年人的精神需求,不得忽视、冷落老年人。与老年人分开居住地家庭成员,应当经常看望或者问候老年人。"这些规定都说明了法律对精神赡养的重视和要求,既然赡养的义务中不仅包含经济上的供养,那么推而广之,在抚养和扶养关系中,也不能仅限于经济供养。尤其随着社会发展,人民生活水平逐步提高,绝大多数人的温饱问题已经解决,甚至经济生活条件比较富足,但精神方面更需要亲人的慰藉,所以,扶养的内容也应该与社会发展同步,以更好地满足家庭中弱势成员对亲情的渴望。另外,按照我国继承法的规定,自然人可以与扶养人签订遗赠扶养协议,根据协议内容扶养人承担该自然人生养死葬的义务,享有受遗赠的权利。从法律规定可以看出,此处扶养的内容更多是指生活上的照料而不是经济上供养。所以,亲属之间扶养关系的内容随着社会的发展也在逐步变化和完善,从单纯的经济供养到生活上的照顾和精神上的慰藉等更为全面的要求。

4. 亲属扶养的履行方式

对于扶养义务人采用何种履行方式履行自己的扶养义务,我国法律中没有明确规定。《法国民法典》规定了两种扶养方式,给付扶养费和接至家中供给生活所需,即给养和迎养。我国婚姻法中仅规定了给养的方式,没有体现出迎养即将受扶养人接至家中共同生活的方式,但无论是在传统习惯上、社会实践中还是在理论研究方面,大家都认为和受扶养人共同生活应当是履行扶养义务的一种非常重要和有效的方式,尤其是在关系密切的人之间,即父母子女之间、夫妻之间。

学界中扶养成立的条件和扶养的程度也因扶养主体之间的关系不同而有所不同,将扶养义务分为两类,即生活保持义务和一般生活扶助义务。生活保持义务是指在夫妻之间和父母子女之间,扶养是无条件的,义务人必须履行的义务,一般是以共同生活的方式履行义务,维持对方的生活,也是保持自己生活。若一方不履行或不适当履行此义务,则在法律上构成虐待或遗弃。只有在特殊情况下,双方不能共同生活在一起时,才能采取给付扶养费的方式履行,如父母离婚的情况下或者在抚养非婚生子女时。根据我国《婚姻法》第25条的规定,不直接抚养非婚生子女的生父或生母,应当负担子女的生活费和教育费,直至子女能独立生活为止。夫妻之间如因工作原因而两地分居,这时即可采用给付扶养费的方式来承担义务。一般生活扶助义务比生活保持义务要低,通常以受扶养方无力独立生活,另一方有扶养能力为条件,主要适用于关系较远的扶养人之间,如兄弟姐妹之间和祖孙之间。扶养关系双方主体不共同生活,以给付扶养费的方式履行扶养义务,且扶养人可给予受扶养人低于自己生活水平的扶养程度。

(二)亲属之间监护制度和扶养制度的关系

1. 监护制度和扶养制度的联系

监护制度是针对无民事行为能力人和限制民事行为能力人设置的,属于自然人这类民事主体中的一项法定制度,目的在于弥补自然人在民事行为能力方面的缺陷,保障其合法权益得到充分有效的实现,进而有利于未成年人的健康成长和精神病人的正常生活,同时监督其行为避免侵害国家利益、社会利益和他人利益。根据我国关于监护的法律规定可以看出,我国的监护实质上是一种家庭监护,以有扶养义务的亲属担任监护人为主,特殊情况下才由其他亲属、朋友或单位进行监护。《民通意见》第 10 条规定:"监护人的职责主要包括:保护被监护人的身体健康,照顾被监护人的生活,管理和保护被监护人的财产,代理被监护人进行民事活动,对被监护人进行管理和教育,在被监护人合法权益受到侵害或者与人发生争议时,代理其进行诉讼。"有学者认为监护人原则上不承担被监护人的经济供养责任。[①] 我们认为,虽然从表面上看,监护人的职责不包括对被监护人的经济供养,但是保障被监护人的正常生活应是被监护人的最基本需求,无此保障则其他权利保障也无实际意义。因此,监护人的职责中应当也包含了扶养的内容,即在被监护人有独立财产时,监护人可以用其财产供养被监护人,但在其无独立财产时,监护人也应当用自己的财产来保障被监护人的基本生活,而且监护人通常情况下是与被监护人共同生活在一起,正是在此过程中履行了供养被监护人的义务。

扶养制度主要是基于自然人之间的亲属关系针对无劳动能力和无生活来源的人设立的制度。扶养的主要内容是对受扶养人的经济供养,同时还可能包括生活照料和精神慰藉。一般来说,监护人同时就是扶养义务人,但也可能发生分离,如没有法定扶养义务人时,则由其他自然人或单位来担任监护人,从监护人的顺序安排也可以看出,排在前面的是有法定扶养义务的近亲属,其次才是关系较远的亲属、朋友或单位。

监护制度与扶养制度既有其各自独立之处,又有重合之处。两者的重合之处是监护人同时也是扶养义务人时,监护职责吸收了扶养关系。监护的独立之处在于监护人不是法律上的扶养义务人,若有其他扶养义务人则监护人可以代替被监护人依法要求扶养义务人承担扶养义务,若没有其他扶养义务人则监护人在监护过程中自行承担扶养被监护人的义务;扶养的独立之处在于受扶养人是完全民事行为能力人,无需设立监护人,则扶养人仅履行自己的扶养义务即可,无需代理被扶养人进行民事活动或诉讼。

---

① 饶健:《抚养及相关概念的再界定》,载《福建法学》1998 年第 1 期。

2. 监护制度与扶养制度的区别

（1）被监护人的范围与受扶养人的范围不同。

监护制度只适用于不完全民事行为能力人，是基于被监护人的精神状况和年龄、智力状况的不完善而设立；受扶养人可以是不完全民事行为能力人，也可以是完全民事行为能力人，主要是针对无劳动能力和无生活来源的自然人设立。

（2）监护职责与扶养义务的内容不同。

监护中一定包含了扶养的内容，但比扶养的内容更加广泛，经济上的供养、生活上的照顾只是监护职责中的一部分内容。所以，当监护人同时也是具有扶养义务的人时，此时监护职责吸收了其扶养的义务。即使不是法律上的扶养义务人，但在担任监护人的同时也包含了扶养的内容，如其他亲属和朋友自愿担任监护人，如果被监护人没有充裕的财产，该监护人实际上也在履行着扶养被监护人的义务。

（3）监护人与扶养义务人范围不同。

监护人不仅限于有近亲属关系的自然人，还可以是近亲属之外的其他自然人或者是单位，如未成年人父母所在单位、住所地的居委会或者村委会以及民政部门等。而按照法律规定，扶养义务人只能是与受扶养人有特殊亲属关系的自然人。

共同生活在一起的家庭成员之间基于法律规定和相互之间的亲属关系产生监护关系和扶养关系，通常有下列几种情况：一种情况是既有扶养关系又有监护关系，即监护人同时也是法定的扶养义务人，他们共同生活在一起，则扶养关系被监护关系所吸收。第二种情况是只有扶养关系而没有监护关系，即受扶养人具有完全民事行为能力，则可以通过共同生活这种方式履行扶养义务。如果没有共同生活在同一家庭，则扶养义务的履行是通过给付扶养费和定期的探望、慰问等方式。第三种情况是只有监护关系没有扶养关系，如法定扶养义务人以外的单位或者自然人担任监护人，他们不具有法律上的扶养义务，或者被监护人有充裕的财产，监护人不需要对被监护人提供经济上供养义务。

第六节　家庭共有财产制度与家庭 其他财产制度的关系

一、家庭共有财产制度与夫妻财产制度的关系

不管学者关于现代社会家庭结构的研究得出怎样的结论,即认为现代家庭规模变小,核心家庭和主干家庭所占比重居首位,还是认为主干家庭是中国家庭的主要模式,而核心家庭是派生的①,对于家庭与婚姻之间的关系总有清醒的认识,即没有人认为婚姻可以代表家庭、涵盖家庭、婚姻只是家庭中的一种基本关系,所以婚姻法关于夫妻财产关系的规定不能涵盖家庭中的财产关系,两者既有密切的联系又有明显的区别。

(1) 家庭关系中只有夫妻关系,即所谓夫妇核心家庭。这种家庭形态生活中也存在不少,年轻人刚刚结婚后与父母分开单独生活,形成的即是此种家庭形态。在这种家庭中家庭财产也只有夫妻财产,此时用婚姻法的相关规定即可全面解决家庭中财产问题。然而,我们认为,即使在此种情况下家庭也并不是不存在,不发挥作用,夫妻二人组成的即是家庭,夫妻之间的共有财产仍然应当作为家庭共有财产,其直接权利主体是家庭,间接权利主体是夫妻二人。因为夫妻并不是一个独立的组织,不具有民事主体的法律地位,所以代表夫妻二人的意愿和利益所实施的民事行为仍然应当看作是家庭行为,与其个人行为相区别。从结果上来看,并无实质区别,即家庭行为所产生的法律后果以家庭共有财产即夫妻共有财产来承担,个人行为所产生的法律后果由夫妻一方的个人财产来承担。

(2) 家庭关系中除夫妻关系还有其他亲属关系,这是生活中比较常见的一种家庭形态。根据夫妻和其他家庭成员之间的关系密切程度和自愿协议,夫妻财产和家庭财产会有以下两种不同情形:一种情况是夫妻共有财产融入到家庭共有财产中去,不再独立存在,夫妻二人和其他家庭成员共同享有权利、享受家庭共有财产带来的利益、承担因家庭生活消费产生的责任。

---

① 张应祥:《中国婚姻家庭研究综述》,载《中山大学学报论丛》1996 年第 6 期。

这种情况产生在家庭成员共同从事经营活动、具有共同的利益或者成员之间关系密切自愿将所得收入纳入家庭共有财产中,供全体家庭成员共同消费。这种家庭中的夫妻关系与其他亲属关系在财产方面是一致的,不再具有特殊性。另一种情况是夫妻二人所得财产独立于家庭共有财产,只是将夫妻财产中的部分财产纳入家庭中,供家庭的基本生活消费。无论是哪种情形,在分割家庭共有财产时,都应当以夫妻作为整体分割出属于他们共有的部分,当然在前一种情况下分割的财产会多些,后一种情况下分割的财产比较少。

(3)家庭关系中没有夫妻关系。这种家庭在实践中也比较常见,如离异或丧偶的父亲或者母亲带着未成家的子女共同生活,或者未成家的兄弟姐妹共同生活等。在此类家庭中产生的财产关系与夫妻财产没有联系,当然按照家庭共有财产的规则处理。

二、家庭共有财产制度和扶养制度的关系

家庭共有财产制度和亲属之间的扶养制度看似风马牛不相及,实际上在某些情况下两者有密切的关联。家庭共有财产制度反映了以家庭作为一个独立整体,全体家庭成员共同享用家庭共有财产所带来的利益。亲属之间的扶养制度则是从自然人个人角度,强调具有特殊亲属关系的人之间具有法律上的扶养关系,即处于弱势的、不能完全独立生活的自然人有要求其他人对自己尽扶养义务使自己能正常生活的权利。两者发生关联是指当共同生活在家庭中的成员之间,既有法律上的扶养关系,同时又共享家庭共有财产所有权时,两者如何协调的问题。

有些学者之所以反对将家庭共有财产的权利主体认定为全体家庭成员,是因为家庭成员之间往往存在扶养关系,如父母对未成年子女的扶养,如果承认未成年子女也是家庭共有财产的主体,那就意味着未成年子女根本无需父母的财产抚养,其他家庭成员取得的财产,未成年子女是以共有人的身份享用,这显然与法律精神和人们的通常理解相悖。[①] 我们认为,认定家庭共有财产的权利主体是全体家庭成员与亲属之间的扶养关系并无矛盾,二者可以进行协调统一。理由是如果有扶养关系的亲属是共同生活在

---

① 于大水:《家庭财产的共有制及立法建议》,载《烟台师范学院学报》2002 年第 1 期。

家庭中,那么通过同居共财、共享家庭成员创造的物质财富来满足家庭存续和发展的需求,正是在此共同生活、共享财产过程中履行了亲属之间的扶养义务,没有必要将彼此之间的关系分得特别清楚,认为未成年子女所享用的财产就是父母提供给他的,是父母在尽扶养义务,如此强调反而会疏远父母与子女之间的关系。亲属之间同居共财在家庭中共同生活,就是履行扶养义务的最好方式。当然,此种情形下的家庭在分割共有财产时,应当着重考虑贡献的大小,不能让没有做贡献或做贡献很小的家庭成员和其他人一样平分财产。在分家析产后,如果弱势家庭成员的生活受到严重影响,分得的财产不能满足其基本生活需要,他可以再以扶养权利人的身份要求法定扶养义务人向其履行义务。当然,如果有扶养关系的亲属之间没有共同生活在一起,如离婚后不直接抚养子女的父亲或母亲,结婚后单独生活没有和年老的父母生活在一起的子女,那么扶养关系就不会和家庭共有财产制度发生关联,只需要特别向受扶养人履行扶养义务即可,如支付抚养费、进行必要的生活照顾和精神慰藉等。当然从法律上来讲,履行法定扶养义务是义务人的个人责任,而不是整个家庭的责任,原则上来讲不能以家庭共有财产来履行义务,但具体生活中只要其他家庭成员没有异议,也完全可以这样做。

三、家庭共有财产制度与监护制度的关系

如前所述,监护人一般是和被监护人共同生活在家庭中,因此会形成家庭共有财产,被监护人也应当成为家庭共有财产的权利主体之一。但同时依照法律关于监护制度的规定,被监护人享有独立的财产权,其财产独立于监护人的财产。监护人有管理、保护被监护人财产的职责,除为被监护人利益外,不得处理被监护人的财产。根据法律的规定,未成年子女的财产包括:未成年人的法定抚养人履行抚养义务所给付的抚育费、教育费;未成年人通过继承遗产、接受赠与及其他无偿方式取得的财产;未成年人通过从事文学创作、才艺表演、发明创造、体育竞技等获得的报酬;未成年人受到人身伤害而获得的医药费、伤残补助费、保险金等。在监护关系确立时,监护人应当对被监护人的全部合法财产进行清理,并在相关近亲属或有关组织的监督下进行造册登记或设立专门账户。非为被监护人的利益,不得随意处分被监护人的财产。

　　两者进行对照就会发现似乎存在问题：即家庭共有财产制度强调被监护人要作为家庭共有财产的权利人，如此规范是从保护家庭中弱势成员的利益角度出发；同时监护制度又限制监护人对被监护人财产的处分，也强调对被监护人财产的单独特殊保护，最终的结果却变成被监护人的财产不能纳入家庭共有财产中去，同时其又要作为家庭共有财产的权利主体和其他家庭成员平等享用家庭财产，如此规范有对被监护人保护过重而损害监护人利益之嫌。

　　我们认为，在家庭共有财产制度和监护制度的关系处理上，要从以下两个方面进行考虑和比较，然后选择合适的处理方式及规则。

　　第一，家庭共有财产的形成类型。

　　家庭共有财产的形成类型即家庭财产中是以家庭共有财产为主、个人所有财产为辅，还是以家庭共有财产为辅、个人所有财产为主。如果家庭采用传统模式家庭共有财产即主要是以家庭共同经营方式形成家庭共有财产，或者现代模式中的约定实行家庭共有财产制度即家庭成员一致协议将自己个人所得全部或大部纳入家庭共有财产中，再结合监护人与被监护人之间的关系情况，如果关系紧密属于正常家庭成员，则可以按照家庭共有财产制度将被监护人财产纳入家庭中，其也作为家庭共有财产的权利主体。如果家庭财产以家庭成员个人所有为主，家庭共有财产所占比重较轻，仅够维持基本生活，则应遵照监护制度确立的规则，由监护人保管好被监护人的财产，不得进行随意处分。

　　第二，监护人和被监护人的关系。

　　按照我国《民法通则》的规定，能够担任监护人的主体主要有三类：第一类是被监护人的近亲属，他们和被监护人之间关系密切，具有法定扶养义务，往往共同生活在一起；第二类是其他亲属和朋友，他们并没有法定的监护义务，需要本人自愿并经过有关部门同意才能做监护人，他们和被监护人关系较远，在担任监护人之前一般不会和被监护人生活在一起；第三类是其他组织，当然不会组成家庭，不会产生家庭共有财产。在第一类人担任监护人的情况下，在监护人与被监护人的财产关系上可以较多参照家庭共有财产制度，如果家庭成员之间关系非常密切，家庭共有财产在家庭财产中占有较大的比重，家庭成员共同经营获取收益或者愿意将个人所得全部或大部纳入家庭共有财产中，则不必拘泥于法律对被监护人财产特殊保护的限制，将其个人财产纳入家庭共有财产,同时作为家庭共有财产的权利主体共同享用。但在第二类人担任监护人时,由于监护人和被监护人之间没有特殊紧密的亲属关系,不宜完全以家庭成员来对待,按照民法关于监护制度的相关规定执行对被监护人比较有利。

四、家庭共有财产制度与遗产继承制度的关系

按照家庭共有财产制度,家庭成员的财产不是完全独立的,而是存在于家庭共有财产中。在某家庭成员死亡时,其所遗留的属于其个人合法所有的财产为遗产,按照遗产的处理方法进行相应分配。根据继承法的规定,对遗产的处理方式有这样几种:遗赠扶养协议、遗嘱继承和遗赠、法定继承、无人继承或无人受遗赠的遗产收归国家或集体所有。遗赠扶养协议是优先执行的,因为受遗赠人之所以获得遗赠的遗产是因其在遗赠人生前尽了扶养义务,因此与单纯受遗赠人和继承人纯获财产有所不同。遗赠和遗嘱继承都是通过被继承人的遗嘱来进行的,反映了被继承人的个人意愿,因此优先于法定继承。对于没有遗赠扶养协议和遗嘱或者虽然有遗赠扶养协议和遗嘱但是无效以及没有处分完全部遗产的情况,根据法律规定来执行遗产的处分,即为法定继承。根据法律规定,第一顺序的法定继承人包括:配偶、父母、子女,丧偶儿媳和丧偶女婿在对公婆、岳父母尽了主要赡养义务时也可以作为第一顺序继承人参与继承,孙子女、外孙子女在其父母先于祖父母、外祖父母死亡的情况下可以代位继承祖父母、外祖父母的遗产。第二顺序的法定继承人是祖父母、外祖父母和兄弟姐妹。结合前面关于我国家庭财产制度的历史发展研究,可以得知我国现行法律中的继承法是通过借鉴西方国家的继承制度发展而来,采用的是个人本位主义的立法理念,遗产继承制度是建立在个人财产制度基础上,对死者个人财产得继承和分割,以被继承人和继承人分别为各自独立的民事主体,摒弃了我国传统历史上的分家习惯,不承认家庭财产的独立性和特殊性。因此,自然人死亡后,要将属于其个人所有的财产从家庭共有财产中分割出来,按照遗产处理方式予以分配。

由于家庭成员之间往往存在着特殊亲属关系,如父母子女关系、夫妻关系等,因此能够继承被继承人遗产的经常是生活在一起的其他家庭成员,在此情况下分配遗产可结合家庭共有财产制度,不必非要对遗产进行分离和

分割。如果能够分得遗产的人全部生活在同一家庭中,家庭中又适用传统家庭共有财产模式或现代模式中的约定家庭共有财产制,即使将遗产分离又分割后,每个家庭成员所获得的遗产也都将作为家庭共有财产继续存在时,则没有必要再对遗产进行专门处理,直接由全体家庭成员共享家庭共有财产就可以了。但从法律上来讲,因自然人的死亡,继承关系已经发生,只是基于继承人之间的特殊关系不必要再具体操作而已。另外,如果能够参与分得遗产的人不仅是家庭成员,还包括家庭外其他自然人,则应按照实际需要将遗产从家庭共有财产中分离出来再进行分配。总之,遗产的取得是自然人的个人权利,而非家庭共同的权利,因此继承的权利主体不会是家庭,也不存在所谓家庭成员共同继承遗产之说,即使如前所述遗产无需分离也无需分割,是因为继承人之间关系紧密,继承人和遗产关系紧密,没有必要再进行分割的缘故。至于个人继承或受遗赠后所得财产属于个人所有还是家庭共有,既要看家庭采用的财产制度类型也要看家庭成员之间的协议。

第七节　家庭内部财产侵权法律问题[①]

一、研究家庭内部财产侵权法律问题的必要性

(1) 从社会对家庭和个人的观念上来说,已从过去的家庭本位转向个人本位的方向发展,保护家庭成员的个人财产利益既有必要也有可能。家庭本位要求个体克制己欲达到道德的完善以认同既存的社会秩序,它以维护家庭稳定来实现社会和国家的稳定,而以个性的丧失和自我压抑为代价。在不平等的封建社会里,就存在着不平等的家长制。[②] 于家长制下,家属服从家长,家长有扶养家属的义务,但其握有绝对的权力,是家族中唯一的财产所有者。[③] 在古代中国,从妻家得到的财产,于婚姻关系存续中,被夫之财

---

① 肖立梅:《家庭内部财产侵权法律问题研究》,载《社会科学家》2009 年第 8 期。
② 林秀雄:《夫妻财产制之研究》,中国政法大学出版社 2001 年版,第 44 页。
③ 同上。

产所吸收,妻对之无所有权。① 子女在家长制之下,不能拥有私有财产,但于结婚之时,家长往往会为了新娘的利益而设定嫁资或给与嫁妆。② 历史反复证明个人的生机和活力是社会发展的动力和标志。时代呼唤自由个性,同时随着社会职能重新回归社会,家庭又重新焕发出它固有的魅力——亲情、友情等情感慰藉功能。③ 随着社会、经济诸条件的变化,家族形态在不断转换,人的人生观或家族观亦起了变化,自由、平等的观念渗入了家庭。在现代家庭中,各家庭成员具有平等、独立的法律地位,不存在人身和财产上的依附关系,更加重视个人的权利和利益,个人本位意识逐步加强。因此,对家庭成员在家庭中个人财产利益的保护也成为必要和可能。

(2) 现代社会虽然以核心家庭为主要模式,但家庭成员关系复杂、人员较多的直系家庭、联合家庭也比较普遍,婚姻法关于夫妻之间的财产侵权制度不能解决关系复杂的家庭成员之间发生的侵权行为。传统大家庭的形成与自给自足的自然经济有着密切的关系,随着生产力的发展,经济基础发生了明显的变化,家庭规模也在发生重大转变,规模逐渐减小,形成以夫妻关系和父母子女关系为基本构成关系的核心家庭模式。但我国历来重视亲情和家庭伦理道德,城乡在经济发展上存在较大的差异,在家庭结构上也有明显不同。城镇的核心家庭占家庭总数的 71%,而农村的直系家庭比重约为其家庭总数的四分之一,表明父母同一个已婚子女居住有一定的普遍性。④ 中国人历来重视血缘关系,这种关系的存在表明他们属于一个特定的血缘共同体,具有共同的经济利益。⑤ 在我国,家庭养老仍是目前养老的主要模式,根据我国第五次人口普查资料,目前我国老年人有 77.2% 属于传统的家庭养老。可见,当前社会家庭成员复杂的家庭类型仍然大量存在,仅依靠婚姻法关于夫妻财产关系的规定难以进行有效调节,法律理论中对于夫妻之间的财产侵权虽有一定研究,但其不能适用于所有家庭成员之间的财产侵

---

① 〔日〕滋贺秀三:《中国家族法原理》,张建国、李力译,法律出版社 2003 年版,第520 页。

② 林秀雄:《夫妻财产制之研究》,中国政法大学出版社 2001 年版,第 45 页。

③ 黄琳、唐孝东:《从传统家庭到现代家庭》,载《重庆工学院学报(社会科学版)》2008年第 3 期。

④ 王跃生:《当代中国城乡家庭机构变动比较》,载《社会》2006 年第 3 期。

⑤ 喻中:《论习惯法的诞生》,载《政法论丛》2008 年第 5 期。

权,对成员复杂的家庭存在的财产侵权有进行特别研究的必要性。

(3)随着社会不断发展,家庭的生产功能由自然化转变为商品化,家庭获取财富的方式和途径更加丰富,获得的财富数量也大大增加,从而对家庭成员在家庭中独立财产利益的保护有了现实的迫切需要。过去,由于生产力水平较低,生产方式简单,财产来源单一等原因,家庭财产数量很少,在家庭财产仅够维持家庭成员基本生活的情况下,对家庭成员个人财产利益进行特殊保护的需求并不强烈。当今时代,在社会物质财富极大丰富,个人创造和获取财富的方式和数量都有较大提高的情况下,家庭财产也日益增多,在维持正常家庭生活外还有较多的剩余财产。因此,如何界定家庭成员之间的财产利益,保护家庭成员的个人财产尤其是弱势家庭成员不受其他家庭成员的侵害就显得非常必要。

依据传统,家庭矛盾一般由家庭内部协商解决,正所谓"法不入家门"。除非家庭成员间的侵权非常严重,或者是引发其他的法律后果,此时才会引起社会和法律的关注。而我国的传统观念也认为"清官难断家务事",由于家庭关系的复杂和特殊,家庭成员之间更多的是依靠感情来维系家庭共同生活,因此无论是我国的《民法通则》还是《婚姻法》,都缺少对家庭内部侵权行为的相关规定,即使有也主要集中在人身侵权方面或者是基于特殊人身关系所产生的侵权如因不履行抚养、赡养义务而产生的民事责任,对家庭成员的虐待、遗弃或家庭暴力等侵权行为,对平等家庭成员之间在共同生活过程中所可能发生的财产侵权关注很少。在侵权法上考虑更多的是家庭成员对外产生民事责任时如何以个人财产来承担,或是在被监护人因侵权行为产生民事责任时,监护人如何承担监护责任。可见,在我国民法观念中,更多的是将家庭成员和家庭作为一个共同体来看待,他们有着共同的利益,基于家庭成员之间存在特殊紧密关系,法律规范的重点放在了如何处理家庭和家庭成员与第三人之间的责任承担上,忽视了家庭成员在家庭中相互之间也有其独立的财产利益,在共同生活过程中,由于家庭成员个人意思能力、财产情况差别较大,极可能会出现某些弱势成员的财产利益受到其他家庭成员损害的情形。尽管《民法通则》第 18 条关于监护人职责的规定及《民通意见》第 89 条关于部分共有人擅自处分共有财产的法律后果的规范,对该问题也有涉及,但家庭内的财产侵权不仅限于此类,况且该法律规定欠缺具体操作规范,使很多家庭内的财产侵权行为发生后无法得到妥善有效的处理。

二、研究家庭内部财产侵权问题的重要意义

家庭内部财产侵权行为不同于一般侵犯财产权的行为,法律需要对其进行特别研究,其重要意义主要表现在以下几个方面:

(1)家庭内部财产侵权的涉及面广,若不进行妥善处理会产生较大的危害性。每个人都生活在家庭中,家庭从它产生之日起就具有其他任何一种社会组织所无法代替的社会职能或功能。① 正是由于家庭作为一个社会的基本单位具有不可替代的作用——给家庭成员以关怀、扶助,并使其心理得到稳定与满足,所以,迄今为止没有任何一种新的形态能够完全取代家庭,社会仍将与家庭休戚与共,法律也将继续对家庭制定规则,以最大限度地减少家庭关系中规则的不确定性和不公正性,全面保护家庭中各个成员特别是处于弱者地位的成员的利益。② 如果法律不对家庭内部的财产侵权行为足够重视并建立完善的保护机制,则会使此种侵权行为因缺乏监督和惩戒而愈演愈烈,从而产生更大的危害。

(2)研究家庭内部财产侵权并进行法律上的完善,是保障家庭成员个人财产利益,维护家庭稳定的需要。家庭生活的幸福和谐是每个家庭成员的愿望,但这样的愿望在现实生活经济利益的考验下往往会扭曲变形。如有些家庭成员为了个人享受而侵占其他成员的财产,如果不对这样的行为进行及时纠正与补救,会引发更大的家庭矛盾,影响家庭的稳定与和谐。在家庭关系仍然能够维持的前提下,通过有效的方式将家庭成员间的财产纠纷消解于生活中,从而使家庭成员树立起法律意识以及尊重他人财产权益的观念,在平等、自由和尊重他人的观念中建立的家庭关系会更为融洽。

(3)家庭内部侵权较一般维权更为困难,更需进行特别保护。家庭关系的产生主要是基于婚姻、血缘和法律拟制等原因,家庭成员之间多具有特殊的人身关系。虽然在特殊情况下,家庭也包括非亲属在内,但此种情况较为少见。在家庭内部财产侵权中,侵权人和受害人之间由于存在某种亲属

---

① 黄琳、唐孝东:《从传统家庭到现代家庭》,载《重庆工学院学报(社会科学版)》2008年第3期。

② 夏吟兰:《美国现代婚姻家庭制度》,中国政法大学出版社1998年版,第5页。

关系,甚至是受害人的监护人,由此造成受害人在维权时非常困难。如果法律对此类侵权行为不予重视,对此类责任承担不进行特别规制,会导致受害人的利益难以进行维护,由此更加放纵此类侵权行为的发生。

(4)保护社会中弱势群体是法律的重要使命,而保护弱势群体在家庭中的财产利益应当更为必要和重要。关心和保护弱势群体不只是政府和社会的责任,也是法律的责任。① 弱势群体的构成较为复杂,不同的角度有不同的标准,一般而言,儿童、老人、残疾人和精神病人等都属于弱势群体,这些人不仅是社会上的弱势群体,同时也是家庭中的弱势成员。既要保护他们在社会上能够得到公正的待遇,满足他们的基本需求,更应保障他们在家庭中的合法权益不受损害,因为家庭内部的这种损害更为隐蔽,危害也更大,在损害弱势成员财产的同时也会给其心理造成难以弥补的创伤。因此,确定家庭内部财产侵权责任,对家庭中处于弱势地位的一方切实提供法律救济手段和保障机制,实现了法律的公平正义和对弱者的人文关怀,体现出我国民法保障弱势群体利益的人权理念和精神,实现对弱势群体从家庭到社会的全面保护。

(5)确定家庭内部财产侵权责任符合我国的民法原理,也是完善婚姻家庭法和侵权法的需要。在现代法律观念中,家庭成员都具有独立的人格,作为民事法律关系的独立主体而存在。依据民法通则之规定,无论是自然人还是法人,因为过错造成他人的人身或财产上的损害,都应当承担相应的民事责任;没有过错,但法律规定应当承担民事责任的,也应当承担民事责任。故此,侵权人和受害人之间存在特殊关系,共同生活于家庭中,不能成为其免于承担法律责任的理由。在某些家庭成员造成其他成员财产损害时,亦应承担损害赔偿之民事责任,该观点符合民法基本原理当无异议。由于历史和社会意识形态等方面的影响,我国现行的《民法通则》《婚姻法》和《物权法》对夫妻共有财产以外的家庭财产关系,均无明确规定,从而给我国实践中解决家庭财产侵权纠纷造成很大障碍。因此确定家庭内部财产侵权责任对于理清家庭财产关系,保护家庭成员独立财产权益,完善家庭财产关系法律及侵权责任法具有重要意义。

---

① 仇婷婷:《我国传统社会弱势群体救助思想与制度的历史变迁》,载《政法论丛》2008年第3期。

三、家庭内部财产侵权的特点

日本学者对家事纠纷有着深刻的分析和独特见解,认为家事纠纷与民事纠纷相比有以下几个重要的特征:第一,引起家事纠纷的原因复杂,不能轻易探明;第二,家事纠纷的过程时时刻刻在变动,对它的变化无法预先判断;第三,解决家事纠纷的方法和途径多种多样;第四,家事纠纷的处理结果往往伴随着家事纠纷的拖沓、复杂和困难,而出现当事人不予执行的情况。①

分析我国家庭内部财产侵权行为,其特殊性主要表现在以下几个方面:

第一,发生的环境特殊。

家庭内部财产侵权行为主要发生在家庭这个特殊环境中,而家庭是以成员之间的人身关系为基础建立起来的,以亲情、爱情等情感为维系纽带,不以追求经济利益最大化为存在目的,因此在处理家庭关系时不能完全适用市场规则中公平、等价有偿等原则,要考虑到家庭所具有的情感因素和所承载的伦理道德等特点,防止在追求财产利益平衡的情况下伤害家庭成员之间的感情。

第二,该类侵权行为具有较强的隐蔽性。

此种侵权行为由于发生在家庭中,难以受到外界监督。被害人又多是家庭中的弱势成员,或者是不敢主张自己的权利或者因意思能力的欠缺无法提出请求,所以此类侵权行为难以被人发觉,具有较强的隐蔽性。

第三,侵权责任难以真正实现。

由于家庭成员共同生活在一起,在财产方面具有较为密切的联系,即使某些家庭成员的侵权行为受到法律的制裁,追究其损害赔偿责任,在家庭这种特殊环境下,此类赔偿责任能否真正实现也未可知。以至于法律上虽然维护了其权利,但实际上损害并未得以真正弥补。

第四,受害人比较特殊,主要是家庭中弱势成员。

年富力强的家庭成员通常是家庭内部侵权行为的实施者,而老弱病残的家庭成员往往是家庭中财产利益的受害者,这些人或者不具有完全的民事行为能力,或者身体状况不好,不能有效去维护自己的权利,所以即使他

---

① 李青:《中日"家事调停"的比较研究》,载《比较法律文化论集》,中国政法大学出版社2007年版,第297页。

们利益受到损害,往往也会因维权困难而放弃。

第五,构成要件应具有一定特殊性。

基于侵害人和受害人之间的特殊关系,在认定家庭内侵权行为承担民事责任的要件时,应较一般侵权行为更为严格,这样才符合法律保护家庭和谐、稳定的立法宗旨。我们认为,应以侵害人的主观故意为其必要条件,若过失造成其他家庭成员财产损害时,不构成侵权,从而鼓励家庭成员之间能够互谅互让,促进家庭和睦。

第六,解决方式具有特殊性。

在处理该类纠纷时应当注意采用适当的方式,尽量不伤害当事人之间的感情,避免用处理其他一般侵权行为的方式硬性解决,用尽可能温和的方式来处理家庭内部的财产侵权,以维护家庭的和谐与稳定。

四、家庭内部财产侵权的主要类型

要研究家庭内部财产侵权,需要明确家庭中存在的财产类型。家庭中存在的财产主要有:家庭共有财产、家庭成员个人财产和夫妻共有财产。对于夫妻共有财产及夫妻间基于财产侵权所发生的损害赔偿责任,学者们已进行较多的关注和研究,我们在此主要以普通家庭成员之间所发生的侵犯财产权的行为为研究对象。该种行为主要包括以下四类。

第一,在对家庭财产的性质进行约定时产生的侵权行为。

如前文所述,家庭共有财产的来源应由三部分组成:一是以家庭作为直接权利主体通过经营活动或受赠所获得的财产;二是单个或部分家庭成员进行独立经营取得但与家庭有密切联系的财产;三是家庭成员个人取得但自愿纳入家庭共有的财产。在这三种取得财产的途径中,第一、二种属于家庭共有财产取得的基本途径,这样的财产无需进行特别约定而当然作为家庭共有财产,归全体家庭成员共有。第三种途径取得的财产只有在家庭成员有特别约定时才纳入家庭共有财产之中。如果家庭财产中主要以第一、二种取得方式获取的财产为主,则该家庭共有财产类型为传统模式家庭财产,如果以第三种方式取得财产为主,则该家庭财产类型为现代模式家庭财产。在现代模式家庭财产制度中,更多地体现了对于个人权利的充分尊重和保护,家庭成员可以进行多种方式的约定,可以约定实行家庭个人财产制、家庭共有财产制和个人财产制并存或者实行家庭共有财产制。虽然从尊重家庭成员个人意愿和维护家庭和睦角度考虑,赋予家庭成员较大的约定自由和权利,但考虑到家庭中不同成员之间的个体差异,应特别保护家庭弱势成员的利益,因此,对于家庭成员之间所做约定明显损害弱势成员利益的行为应当予以禁止和纠正。如将本应属于家庭共有的财产约定为某些成员的个人财产,在其他家庭成员保留大量个人财产时将弱势成员的个人财产约定为家庭共有财产,这些都是明显损害弱势家庭成员利益的行为。如果上述约定是在本人自愿情况下尚可实行,但如果弱势成员本人不具有完全民事行为能力,其法定代理人不得代其作出此种意思表示,否则,即构成对其财产权益的侵害。

第二,监护人在管理被监护人财产时实施的侵权行为。

财产私有和继承观念的变化是监护制度产生的根源,享有继承权的未成年人和无行为能力人的出现导致了监护的产生。财产的监护是早期监护制度的核心。① 人并非一出生即具有独立思考之能力,因此在事实行动或法律行为上须由父母加以保护。未成年人在行动上,须由父母保护与教养,此为事实上之保护;在法律行为上,须有法定代理人之存在,此为行为上之保护;在经济生活上,须由父母抚养,此为经济上之保护。前二者之保护为亲权之范围,第三种保护为抚养之范围。② 未成年人因尚未长成,为保护他们的人身和财产方面的利益,各国法律都制定了相应的制度。在大陆法系中,主要是亲权制度和监护制度。我国的《民法通则》没有对监护和亲权予以区分,只在民事主体制度中对监护作了简单的规定,对监护人处分被监护人财产也做了严格限制,除为被监护人的权益外不得进行处理。如果监护人违反法律规定,不当的处分被监护人的财产则会构成财产的侵权。结合前面论述家庭共有财产制度和监护制度之间的关系,我们认为,在近亲属做监护人时,对被监护人的财产的处理可以按照家庭共有财产制度的规则执行;在其他亲属朋友或单位做监护人时,应当严格遵循民法关于监护制度的规定,不得随意处分被监护人的财产,因被监护人行为能力欠缺即使表面征得其同意也不可以,否则即会构成侵权。监护人以被监护人的财产来支付其本人的生活、教育等费用,或者如果被监护人由于其侵权行为需要承担侵权责

---

① 陈苇主编:《外国婚姻家庭法比较研究》,群众出版社 2006 年版,第 456—457 页。
② 林秀雄:《婚姻家庭法之研究》,中国政法大学出版社 2001 年版,第 202—203 页。

任时,监护人以其个人财产来赔偿等,这些财产处分行为都是正当的。

第三,某些家庭成员擅自处分家庭共有财产或者处分其他家庭成员的个人财产所发生的侵权。

家庭共有财产的权利主体是全体家庭成员,对家庭共有财产的处分应按照全体家庭成员一致协议确定的管理模式进行,即通常以大家一致推选的家长为代表、重大事务集体决策、其他家庭成员共同参与管理和监督的方式。对于部分家庭成员实施的擅自处分家庭共有财产的行为对外一般不宜作为无权处分行为来对待,要考虑其外部公示效果,但就其内部来讲,如果确实超出家庭管理规则授予的权利,应当视为对其他家庭成员的侵权,对造成的不利后果要承担相应的责任。如果擅自处分属于其他家庭成员的个人财产,更应作为典型的无权处分行为来对待。

第四,某家庭成员以事实行为故意损害其他家庭成员的个人财产或家庭共有财产。

各家庭成员在家庭中有自己的个人财产利益,该财产利益表现在其对家庭共有财产的享有及对自己个人财产的享有。首先,对家庭成员的个人财产来讲,其利益归属是明确的,只有家庭成员个人可以行使该权利,其他家庭成员不得行使其权利亦不得损害其财产,如果某家庭成员故意损害其他家庭成员的个人财产,则应当构成侵权。其次,对家庭共有财产来讲,其权利属于全体家庭成员共同共有,全体家庭成员应当共同对财产进行管理、处分,享受财产所带来的利益。在共同生活期间,如果某家庭成员故意损害共有财产,则会侵害到其他家庭成员在共有财产中的利益,亦构成侵权。此种侵权行为虽是发生在家庭中,但其基于家庭这一组织所具有的特殊性表现并不明显。

五、家庭内部财产侵权纠纷的解决机制

在财产受到其他家庭成员侵害时,如果受害人是完全民事行为能力人,则由当事人自己主张权利的保护,受诉讼时效的限制。如果受害人是无民事行为能力或限制民事行为能力人,则由其法定代理人代其行使权利,如果侵害人是法定代理人,则可以由受害人的其他近亲属代其行使权利。如果没有其他人为其主张权利,则适用诉讼时效中止。根据家庭内财产受侵害的具体情况,侵害人可以承担停止侵害、排除妨碍、消除危险、返还财产、赔

偿损失等责任。对于应当承担赔偿损失责任时,如果家庭中采用的是个人财产制,则由侵害人以其个人财产对受害人进行赔偿,赔偿金作为受害人的个人财产;如果采用家庭共有财产制,则应先对家庭共有财产进行分割,转为个人财产后再进行赔偿;如果是家庭共有财产和个人财产并存,则先以个人财产进行赔偿,不足的再通过分割家庭共有财产的方式进行赔偿。如果实施侵害行为的是两名以上家庭成员,则应由共同侵害人承担连带赔偿责任。

由于家庭内财产侵权纠纷的特殊性,进行处理时应当注意采用特殊的解决机制,不能采用一般侵权行为的处理方式。世界主要先进国家均有其独特的家事裁判制度,其中日本的家事裁判制度专业化程度走在了各国前列。日本设置家庭裁判所,对家事纠纷实行与诉讼不同的调停审判程序。家事调停的目的不仅是解决与缓和家庭纠纷,而且是为了积极地维持美满幸福的家庭。这是日本家事调停制度的出发点和特色。① 20 世纪 60 年代,美国掀起了成立独立的家庭法院运动,这些家庭法院由对此类问题有兴趣或有特殊才能的法官、社会工作者及其他专家组成。家庭法院所采用的程序规则更为灵活变通,较少具有对抗性。我国解决家庭内纠纷并无专门家事法庭,但调解制度在处理家事纠纷中也可以很好地发挥作用。调解制度遵循当事人意志自由和合法的原则,依据法律的规定、政府各部门的政策、社会公德及人们在社会生活中形成并被认可的习惯、规约、人情等进行调解,使当事人之间能够相互宽容、求大同存小异,温和、妥善地解决好纠纷,达到息讼宁人、社会安定的目的。② 但我国的调解制度并不专门针对家事纠纷,而是对所有的民事纠纷都可以适用,因此在处理家事纠纷方面欠缺较强的专业性和针对性。不妨借鉴其他国家的良好经验,在解决家事纠纷时能够运用更为专业的方法,对家事调解者的资格进行特殊限定,从而为家事纠纷得到更有效的解决创造良好的条件。同时,在条件成熟时能够设立专门的家事法庭,其在法官设置、裁判程序等方面都应该适应家事纠纷的特殊性,可以更有针对性地解决有关家事的纠纷,从而既维护家庭成员的个人利

---

① 李青:《中日"家事调停"的比较研究》,载《比较法律文化论集》,中国政法大学出版社 2007 年版,第 298 页。

② 同上书,第 299 页。

益又能保障家庭的和睦团结。

通过上述分析,我们将有关家庭财产制度的法律理论和法律规范总结如下。

第一,关于家庭和家庭共有财产。

家庭是人类社会发展到一定阶段产生的,以婚姻关系和血缘关系为实质内容的,受社会物质资料的生产方式决定的人类基本的生活组织形式。家庭的基本特征表现为:首先,家庭是人类社会发展到一定阶段的历史产物,并且随着社会的发展和物质资料的生产而不断的发生变化;其次,家庭是以婚姻关系和血缘关系为必要条件的;再次,家庭是受物质资料的生产方式制约的;最后,家庭是由个人组成的社会基本生活单位。

法律上的家庭是指在不同自然人之间基于婚姻、血缘和法律拟制而产生特定的权利义务关系,他们以共同生活为目的,以同居共财为基本特征而形成的稳定共同体。家庭虽然是由自然人组成,但是它已经成为相对独立于家庭成员的社会组织,它有自己相对独立的意志和利益,不能完全被家庭成员个人所代替,因此家庭在民事法律领域应当具有自己的民事主体地位,属于第三类民事主体——非法人组织的一种。

家庭共有财产是指在家庭成员共同生活期间,以家庭作为直接权利主体通过经营活动或受赠所获得的财产、单个或部分家庭成员进行独立经营取得但与家庭有密切联系的财产以及家庭成员个人取得但自愿纳入家庭共有的财产的总和,该财产供全体家庭成员平等享用,以保障家庭的稳定存续和家庭成员的生存与发展。

在家庭共同生活过程中,家庭共有财产既非当然产生,也非必须依靠家庭成员的协商选择才能产生,而要看其来源途径。若是通过正常途径获取的家庭共有财产,无需特别约定即可依法产生;若通过家庭成员对个人财产进行让渡才能产生,则必须以家庭成员的协议选择为前提。

家庭共有财产一般为共同共有,如果家庭成员约定为按份共有,则按其约定。但该约定不得损害家庭中弱势成员的利益,不得对抗善意第三人。

家庭共有财产应当属于全体家庭成员共有。如果家庭共有财产主要是由家庭成员让渡个人财产而形成,则将个人财产纳入家庭共有的这些家庭成员可以通过协议约定家庭共有财产为其部分共有。

家庭共有财产应当由全体家庭成员协商一致,共同行使共有权,亦可共同推选一名代表人,代替全体共有人行使共有财产权。在外部关系上,任何家庭成员在其行为能力范围内均可实施一般的家庭财产处分行为。如果对家庭共有财产实施重大处分行为,则必须经全体共有人同意或由大家推选的代表人来实施。但第三人有理由相信该行为是经过大家协商一致的,其他家庭成员不能以不同意或不知情为由来对抗该善意第三人。

部分家庭成员擅自处分家庭共有财产的,若以自己名义实施的处分行为,属于无权处分行为,若以家庭名义实施的处分行为,则构成无权代理或表见代理。

在家庭共有财产和个人财产并存的情况下,通常按照个人财产优先承担个人责任、家庭财产优先承担家庭责任的原则来处理。所谓个人责任,是指家庭成员个人实施的,单纯反映个人意志,追求个人利益的行为所产生的责任。所谓家庭责任,是指以家庭名义进行的,反映家庭成员共同意志,代表全体成员共同利益的行为所产生的责任以及因家庭共有财产造成他人损害而产生的责任。在个人财产不足以承担个人责任时,应当继续以家庭共有财产来承担,但其他家庭成员要求将其个人财产从家庭共有财产中分割出去时,应当予以许可。家庭共有财产不足以承担家庭责任时,家庭成员需要以自己的个人财产继续承担连带责任。无论哪种情况,都应当给家庭成员的基本生活保留必要财产。

家庭共有财产关系可以由以下原因引起终止:全体共有人协议一致;共同生活要终止;某共有人因发生重大理由而请求分割共有财产;发生其他能够引起家庭共同财产关系终止的事由。上述原因发生之时,家庭共有财产的客体范围即应确定下来,以后再获取的财产不再列入家庭共有财产。

家庭共有财产的分割应按照平等、公平和适当照顾的原则进行。以效益最大化为指导,从物理属性和经济价值两个方面进行考虑,对共有财产按照实物分割、变价分割和折价分割的方法进行具体分割。

家庭成员在家庭中有其相对独立的财产利益,如果其他家庭成员故意侵害某家庭成员的财产,则可依法追究其民事责任。

在财产受到其他家庭成员侵害时,如果受害人是完全民事行为能力人,则由当事人自己主张权利的保护,受诉讼时效的限制。如果受害人是无民事行为能力或限制民事行为能力人,则由其法定代理人代其行使权利,如果侵害人是法定代理人,则可以由受害人的其他近亲属代其行使权利。如果没有其他人为其主张权利,则适用诉讼时效中止。根据家庭内财产受侵害的具体情况,侵害人可以承担停止侵害、排除妨碍、消除危险、返还财产、赔偿损失等责任。对于应当承担赔偿损失责任时,如果家庭中采用的是个人财产制,则由侵害人以其个人财产对受害人进行赔偿,赔偿金作为受害人的个人财产;如果采用家庭共有财产制,则应先对家庭共有财产进行分割,转为个人财产后再进行赔偿;如果是家庭共有财产和个人财产并存,则先以个人财产进行赔偿,不足的再通过分割家庭共有财产的方式进行赔偿。如果实施侵害行为的是两名以上家庭成员,则应由共同侵害人承担连带赔偿责任。

第二,关于调整家庭财产关系的法律适用。

无论是婚姻还是家庭,都是一个依靠情感、责任和义务维系的特殊组织,不能完全用市场经济的方式对待,更不能把每个个人看作是在婚姻家庭中追求自己经济利益最大化的民事主体。因此,不能直接用《物权法》和《合同法》的规范来处理夫妻财产关系和家庭财产关系。《婚姻法》《物权法》和《合同法》在解决家庭财产问题上并无实质的矛盾和冲突,各部法律调整的对象不同,但彼此间又有密切联系,关键是如何衔接的问题。婚姻家庭内部的财产关系优先适用《婚姻法》的规定,而婚姻家庭与第三人之间的财产关系要优先适用《物权法》和《合同法》的规定。

参 考 文 献

一、著作和教材

(一) 外国学者著作和教材

1. 〔德〕恩格斯:《家庭、私有制和国家的起源》,人民出版社 1999 年版。

2. 〔德〕罗尔夫·克尼佩尔:《法律与历史———论德国民法典的形成与变迁》,朱岩译,法律出版社 2003 年版。

3. 〔德〕马克思、恩格斯:《马克思恩格斯选集》(第 1 卷),人民出版社 1995 年版。

4. 〔德〕马克思、恩格斯:《马克思恩格斯选集》(第 3 卷),人民出版社 1995 年版。

5. 〔德〕马克思:《摩尔根〈古代社会〉一书摘要》,人民出版社 1964 年版。

6. 〔德〕马克思、恩格斯:《马克思恩格斯全集》(第 36 卷),人民出版社 1974 版。

7. 〔德〕马克思、恩格斯:《马克思恩格斯选集》(第 4 卷),人民出版社 2012 年版。

8. 〔德〕迪特尔. 施瓦布:《德国家庭法》,王葆莳译,法律出版社 2010 年版。

9. 〔法〕雅克·盖斯旦、吉勒·古博、缪黑埃·法布赫—马南:《法国民法总论》,陈鹏等译,法律出版社 2004 年版。

10. 〔美〕摩尔根:《古代社会》(下册),商务印书馆 1978 年版。

11. 〔美〕W. J. 古德:《家庭》,魏宗玲译,社会科学文献出版社 1986 年版。

12. 〔美〕凯特. 斯丹德利:《家庭法》,屈广清译,中国政法大学出版社 2004 年版。

13. 〔美〕哈里. D. 格劳斯、大卫. D. 梅耶:《美国家庭法精要》,陈苇等译,中国政法大学出版社 2010 年版。

14. 〔日〕森冈清美:《家族社会学》,转引自林秀雄:《夫妻财产制之研究》,中国政法大学出版社 2001 年版。

15. 〔日〕滋贺秀三:《中国家族法原理》,张建国、李力译,法律出版社 2003 年版。

16. 〔苏联〕谢苗诺夫:《婚姻与家庭的起源》,中国社会科学出版社 1983 年版。

17. 〔意〕桑德罗·斯奇巴尼选编:《人法》,黄风译,中国政法大学出版社 1995 年版。

18.〔英〕梅因:《古代法》,沈景一译,商务印书馆1996年版。

19.〔英〕F. H. 劳森:《英国财产法导论》,曹培译,法律出版社2009年版。

20.〔英〕丹宁勋爵:《法律的正当程序》,杨百揆、刘庸安译,法律出版社1999年版。

（二）中国学者著作和教材

1. 曹诗权:《婚姻家庭继承法》,中国法制出版社2002年版。

2. 陈华彬:《物权法原理》,国家行政学院出版社1998年版。

3. 程颢、程颐:《二程集》,中华书局2004年版。

4. 陈苇:《外国婚姻家庭法比较研究》,群众出版社2006年版。

5. 窦仪:《宋刑统》,法律出版社1999年版。

6. 费孝通:《江村经济》,江苏人民出版社1986年版。

7. 费孝通:《乡土中国:生育制度》,北京大学出版社1998年版。

8. 冯桂:《美国财产法》,人民法院出版社2010年版。

9. 高留志:《扶养制度研究》,法律出版社2006年版。

10. 顾炎武:《日知录集释》卷13《周末风俗》,上海古籍出版社2006年版。

11. 黄松有主编:《〈中华人民共和国物权法〉条文理解与适用》,人民法院出版社2007年版。

12.《英国婚姻家庭制定法选集》,蒋月等译,法律出版社2008年版。

13. 李宜琛:《日耳曼法概说》,中国政法大学出版社2003年版。

14. 梁慧星:《民法总论》,法律出版社1996年版。

15. 李开国:《民法原理与实务》,中国政法大学出版社2002年版。

16. 李建伟:《国家司法考试专题讲座系列——民法62讲》,人民法院出版社2006年版。

17. 林秀雄:《夫妻财产制之研究》,中国政法大学出版社2001年版。

18. 林秀雄:《婚姻家庭法之研究》,中国政法大学出版社2001年版。

19. 李焘:《续资治通鉴长编》,世界书局1983年版。

20. 楼钥:《攻愧集》,影印文渊阁四库全书本。

21. 林耀华:《义序的宗族研究》,三联书店2000版。

22. 李喜蕊:《英国家庭法历史研究》,知识产权出版社2009年版。

23. 孟元老:《东京梦华录》,上海古典文学出版社1956年版。

24. 马新彦:《美国财产法与判例研究》,法律出版社2001年版。

25. 潘允康:《社会变迁中的家庭》,天津社会科学院出版社2002年版。

26. 彭万林:《民法学》,中国政法大学出版社1999年版。

27. 钱穆:《理学与艺术》,载《宋史研究集》（第七辑）,台湾书局1974年版。

28. 瞿同祖:《中国法律与中国社会》,中华书局出版社2003年版。

29. 史尚宽:《亲属法论》,中国政法大学出版社 2000 年版。

30.《史记·商君列传》。

31.《商君书》卷 2《垦令篇》,燕山出版社 2010 年版。

32.《孙中山全集》(第 9 卷),中华书局 1981 年版。

33. 邵义:《民律释义》,王志华勘校,北京大学出版社 2008 年版。

34. 佟柔主编:《中国民法》,法律出版社 1990 年版。

35. 魏振瀛主编:《民法》,北京大学出版社 2006 年版。

36. 王利明:《民法》,中国人民大学出版社 2000 年版。

37. 王利明等:《民法新论》(下),中国政法大学出版社 1988 年版。

38. 王泽鉴:《民法物权·通则·所有权》,中国政法大学出版社 2001 年版。

39. 巫昌祯:《婚姻家庭法新论——比较与展望》,中国政法大学出版社 2002 年版。

40. 王胜明、孙礼海:《〈中华人民共和国婚姻法〉修改立法资料选》,法律出版社 2001 年版。

41. 谢在全:《民法物权论》,中国政法大学出版社 1999 年版。

42. 谢在全:《物权法论》,中国政法大学出版社 1999 年版。

43. 肖爱树:《20 世纪中国婚姻制度研究》,知识产权出版社 2005 年版。

44. 谢在全:《民法物权论》(上册),中国政法大学出版社 2000 年版。

45. 肖立梅:《无权处分制度研究》,山东大学出版社 2009 年版。

46. 夏吟兰:《美国现代婚姻家庭制度》,中国政法大学出版社 1998 年版。

47. 谢振民:《中华民国立法史》,中国政法大学出版社 2000 年版。

48. 夏吟兰:《美国现代婚姻家庭制度》,中国政法大学出版社 1999 年版。

49. 尹田:《民事主体理论与立法研究》,法律出版社 2003 年版。

50. 杨大文:《亲属法》,法律出版社 2004 年版。

51. 郁巍:《亲属法要论》,北平朝阳大学 1932 年版。

52. 杨晋玲:《夫妻财产制比较研究》,民族出版社 2004 年版。

53. 杨立新:《共有权研究》,高等教育出版社 2003 年版。

54. 郑曦原、李方惠:《通向未来之路:与吉登斯对话》,四川人民出版社 2002 年版。

55. 曾世雄:《民法总则之现在与未来》,中国政法大学出版社 2001 年版。

56. 曾世雄:《民法总则的现在与未来》,台湾三民书局 1993 年版。

57. 张晋藩:《中国法制史》,北京群众出版社 1994 年版。

58. 周枏:《罗马法原论》,商务印书馆 2002 年版。

59. 张国刚主编:《中国家庭史》第 1 卷《先秦至南北朝时期》,广东人民出版社 2007 年版。

60.《唐律疏议》,法律出版社 1999 年版。

61．赵凤喈:《民法·亲属编》,国立编译馆 1945 年版。

二、论文

（一）期刊和论文集论文

1．白和平:《家庭的消亡》,载《延安大学学报(社会科学版)》1986 年第 1 期。

2．丁文:《家庭本质初探》,载《社会学研究》1987 年第 2 期。

3．丁文:《家庭系统探析》,载《烟台大学学报(哲学社会科学版)》1995 年第 2 期。

4．邓伟志、徐新:《当代中国家庭的变动轨迹》,载《社会科学》2000 年第 10 期。

5．邓颖超:《关于中华人民共和国婚姻法的报告》,载《党的文献》2010 年第 3 期。

6．方乐:《法律实践如何面对"家庭"?》,载《法制与社会发展》2011 年第 4 期。

7．傅翠英、胡春雨:《论无权处分法律关系及其调整》,载《民商法理论争议问题——无权处分》,中国人民大学出版社 2003 年版。

8．付翠英:《家庭破产制度初探》,载《金陵法律评论》2006 年春季卷。

9．巩方健:《认真对待法律的空间性》,载《政法论丛》2008 年第 4 期。

10．郭虹:《亲子网络家庭》,载《浙江学刊》1994 年第 6 期。

11．高永平:《中国传统财产继承背后的文化逻辑——家系主义》,载《社会学研究》2006 年第 3 期。

12．胡扬:《中国农村社会保障改革的路径依赖与制度创新》,载《兰州学刊》2006 年第 1 期。

13．黄友林:《家庭的本质是什么——与邓伟志同志商榷》,载《社会》1983 年第 5 期。

14．何道宏:《社会主义家庭的本质是感情关系》,载《社会》1984 年第 1 期。

15．黄本莲:《家庭财产制度在我国民法中的定位》,载《江苏警官学院学报》2007 年第 1 期。

16．黄勤武:《共有财产分割的法律适用及立法完善》,载杨立新、刘德权主编:《物权法实施疑难问题司法对策》,人民法院出版社 2007 年版。

17．黄琳、唐孝东:《从传统家庭到现代家庭》,载《重庆工学院学报(社会科学版)》2008 年第 3 期。

18．胡汉民:《民法亲属继承两编中家族制度之意义》,载《中华法学杂志》(第 2 卷第 2 期),正中书局 1931 年版。

19．蒋大兴:《关于合伙为独立民事主体观点的评价》,载《山东社会科学》1997 年第 6 期。

20．姜密:《中国古代非"户绝"条件下的遗嘱继承制度》,载《历史研究》2002 年第

2 期。

21.《家庭革命说》，载《江苏》1904 年第 7 期。

22. 林辉煌:《家产制与中国家庭法律的社会适应——一种"实践的法律社会学"分析》，载《法制与社会发展》2012 年第 4 期。

23. 路风:《单位:一种特殊的社会组织》，载《中国社会科学》1989 年第 1 期。

24. 李锡鹤:《论共有》，载《法学》2003 年第 2 期。

25. 梁慧星:《物权变动与无权处分》，载《民商法理论争议问题——无权处分》，中国人民大学出版社 2003 年版。

26. 李青:《中日"家事调停"的比较研究》，载《比较法律文化论集》，中国政法大学出版社 2007 年版。

27. 梁景和:《论清末的"家庭革命"》，载《史学月刊》1994 年第 1 期。

28. 李志凯:《家庭的产生、发展与消亡——学习马克思主义有关论述札记》，载《理论导刊》1996 年第 9 期。

29. 孟宪范:《家庭:百年来的三次冲击及我们的选择》，载《清华大学学报(哲学社会科学版)》2008 年第 3 期。

30. 麻国庆:《分家:分中有继也有合》，载《中国社会科学》1999 年第 1 期。

31. 裴桦:《关于共同共有两个基本问题的思考——兼评我国〈物权法〉相关条款》，载《甘肃政法学院学报》2008 年第 4 期。

32. 彭诚信:《论民事主体》，载《法制与社会发展》1997 第 3 期。

33. 强世功:《司法能动下的中国家庭——从最高法院关于〈婚姻法〉的司法解释谈起》，载《文化纵横》2011 年第 1 期。

34. 仇婷婷:《我国传统社会弱势群体救助思想与制度的历史变迁》，载《政法论丛》2008 年第 3 期。

35. 饶健:《抚养及相关概念的再界定》，载《福建法学》1998 年第 1 期。

36. 石碧波:《民法上的"家"——兼论我国民法上"家"的二元结构》，载《当代法学》2003 年第 7 期。

37. 孙建江、吴亚晖:《民事结合制度对传统婚姻家庭制度的冲击》，载《法学》2005 年第 10 期。

38. 石碧波:《民法上的"家"——兼论我国民法上"家"的二元结构》，载《当代法学》2003 年第 7 期。

39. 石五学:《试论知识经济必将引致家庭的革命和消亡》，载《河南师范大学学报(哲学社会科学版)》2002 年第 2 期。

40. 田韶华:《婚姻领域内物权变动的法律适用》，载《法学》2009 年第 3 期。

41. 田野:《家庭财产制研究》，载《河南省政法管理干部学院学报》2006 年第 1 期。

42．王利明：《论业主的建筑物区分所有权的概念》，载《当代法学》2006 年第 5 期。

43．王跃生：《当代中国城乡家庭机构变动比较》，载《社会》2006 年第 3 期。

44．王速会：《论家庭共同财产》，载《公安部管理干部学院山西分院学报》2000 年第 1 期。

45．王跃生：《当代中国家庭结构变动分析》，载《中国社会科学》2006 年第 1 期。

46．王跃生：《个体家庭、网络家庭和亲属圈家庭分析——历史与现实相结合的视角》，载《开放时代》2010 年第 4 期。

47．王跃生：《十八世纪中后期的中国家庭结构》，载《中国社会科学》2000 年第 2 期。

48．魏道明：《古代社会家庭财产关系略论》，载《青海师范大学学报（社会科学版）》1997 年第 1 期。

49．魏茂恒：《马克思恩格斯史前家庭研究的历史考察》，载《齐鲁学刊》1997 年第 6 期。

50．魏道明：《商鞅强制分户说献疑》，载《青海师范大学学报（哲学社会科学版）》2003 年第 4 期。

51．王习明：《当代中国农民的家庭财产观念演变及其对家庭伦理的影响》，载《马克思主义研究》2012 年第 10 期。

52．汪兵：《诸子均分与遗产继承——中西古代家产继承制起源与性质比较》，载《天津师范大学学报》2005 年第 6 期。

53．魏道明：《中国古代遗嘱继承制度质疑》，载《历史研究》2000 年第 6 期。

54．吴燕燕：《略论家庭的存在与消亡》，载《社会科学家》1993 年第 4 期。

55．肖立梅：《我国农村土地家庭承包经营权的权利主体探究》，载《法学杂志》2012 年第 4 期。

56．薛军：《〈物权法〉关于共同共有的规定在适用中的若干问题》，载《华东政法大学学报》2007 年第 6 期。

57．许莉：《夫妻财产归属之法律适用》，载《法学》2007 年第 12 期。

58．肖立梅：《家庭的民事主体地位研究》，载《河北法学》2009 年第 3 期。

59．肖立梅：《家庭内部财产侵权法律问题研究》，载《社会科学家》2009 年第 8 期。

60．许檀：《清代山东的家庭规模和结构》，载《清史研究通讯》1987 年第 4 期。

61．徐泓：《明代的家庭：家庭形态、权力结构及成员间的关系》，载《明史研究》1994 年第 4 辑。

62．徐永志：《略论晚清家庭的变动》，载《历史教学》1998 年第 1 期。

63．于大水：《家庭财产的共有制及立法建议》，载《烟台师范学院学报》2002 年第 1 期。

64．杨晓林：《婚姻财产约定制下不动产是否需要履行物权变动形式——兼谈我国夫妻财产约定制度的完善》，载《婚姻家庭法律师实务》（第3辑），中国法制出版社2008年版。

65．俞江：《中国亟宜确立新型的家制和家产制—婚姻法解释（三）评议》，载《清华法治论衡》2011年第1期。

66．杨振山：《试论我国的家庭财产共有权》，载《中国政法大学学报》1984年第2期。

67．喻中：《论习惯法的诞生》，载《政法论丛》2008年第5期。

68．俞江：《论分家习惯与家的整体性——对滋贺秀三〈中国家族法原理〉的批评》，载《政法论坛》2006年第1期。

69．俞江：《家产制视野下的遗嘱》，载《法学》2010年第7期。

70．俞江：《继承领域内冲突格局的形成》，载《中国社会科学》2005年第5期。

71．周宝余：《论家庭的本质》，载《吉林大学社会科学学报》1988年第4期。

72．张双根：《共有中的两个问题——兼谈对〈物权法（草案）"共有"章的一点看法〉》，载《比较法研究》2006年第2期。

73．赵晓力：《中国家庭资本主义化的号角》，载《文化纵横》2011年第1期。

74．张晓鸥、吴一鸣：《论"其他组织"的法律地位：兼论民事主体标准》，载《南通职业大学学报》2003年6月。

75．曾培芳、王冀：《议"家庭"概念的重构》，载《南京社会科学》2008年第11期。

76．朱凡：《论我国家庭财产关系的立法缺陷及其完善》，载《西南民族大学学报》2004年第4期。

77．张应祥：《中国婚姻家庭研究综述》，载《中山大学学报论丛》1996年第6期。

78．张本顺：《变革与转型：宋代"别籍异财"法的时代特色、成因及意义论析》，载《法制与社会发展》2012年第2期。

（二）网络、报刊和学位论文

1．"家庭结构"：载百科名片网，http://baike.baidu.com/view/3114365.htm。

2．韩世远：《无权处分与合同效力》，载《人民法院报》1999年11月23日。

3．"家庭结构"：载知识百科网，http://www.upicture.com.cn/Knowledge/nPost/nPost_13267.htm。

4．靳玉馨：《夫妻财产制比较研究》，载成都法院网，http://cdfy.chinacourt.org/article/detail/2005/09/id/553436.shtml。

5．《史记·商君列传》（白话译文），载新法家网，http://www.xinfajia.net/967.html。

三、词典、辞书和资料汇编

1．《德国民法典》，陈卫佐译，法律出版社2010年版。

2.《法国民法典》,罗结珍译,北京大学出版社 2010 年版。

3. 日本《新法律学词典》"商法"条,转引自《外国民法资料选编》,法律出版社 1986 年版。

4.《瑞士民法典》,殷生根、王燕译,中国政法大学出版社 1999 年版。

5.《亲属法先决各点审查意见书》,载南京三五学社主编:《法学季刊》第 1 卷第 1 号(1930 年 12 月)。

6. 谢联辉、宋玉华主编:《全球行动——迎接人口老龄化》(联合国老龄话题文件总汇),华龄出版社 1998 年版。

7.《意大利民法典》,费安玲等译,中国政法大学出版社 2004 年版。

8.《中国大百科全书·中国历史》"商鞅"条,中国大百科全书出版社 1992 年版,第 898 页;《辞海》"商鞅变法"条,上海辞书出版社 1990 年,第 408 页。